古代歷史文化研究輯刊

七　編

王　明　蓀　主編

第 1 冊

《七編》總目

編 輯 部 編

楊堅代周建隋之側面研究

林 靜 薇 著

國家圖書館出版品預行編目資料

楊堅代周建隋之側面研究／林靜薇 著 — 初版 — 新北市：花
木蘭文化出版社，2012〔民 101〕
目 2+194 面；19×26 公分
（古代歷史文化研究輯刊 七編；第 1 冊）
ISBN：978-986-254-811-0（精裝）
1. 隋史 2. 中國政治制度 3. 政治權力
618   101002370

ISBN-978-986-254-811-0

9 789862 548110

古代歷史文化研究輯刊
七 編 第 一 冊   ISBN：978-986-254-811-0

楊堅代周建隋之側面研究

作　　者　林靜薇
主　　編　王明蓀
總 編 輯　杜潔祥
出　　版　花木蘭文化出版社
發 行 所　花木蘭文化出版社
發 行 人　高小娟
聯絡地址　新北市永和區中正路五九五號七樓
　　　　　電話：02-2923-1455／傳眞：02-2923-1452
網　　址　http://www.huamulan.tw 信箱 sut81518@gmail.com
印　　刷　普羅文化出版廣告事業
初　　版　2012 年 3 月
定　　價　七編 24 冊（精裝）新台幣 38,000 元

《七編》總目

編輯部 編

《古代歷史文化研究輯刊》七編　書目

《古代歷史文化研究輯刊》七編
各書作者簡介・提要・目錄

第一冊　楊堅代周建隋之側面研究

作者簡介

林靜薇，臺灣雲林縣人

目前為國立中正大學歷史研究所博士候選人

研究領域為中國中古史，尤以南北朝政治社會史為主

提　要

　　趙翼曾言：「古來得天下之易，未有如隋文帝者。」然國家興亡豈是兒戲，再怎麼容易也是經過一番謀劃，故本文欲探討楊堅代周建隋的過程中，有別於傳統因素的關鍵性問題。如對於西魏北周以來賜姓政策的反動，建立以漢人政權為號召的旗幟，調整北周政權組成的地域分佈，利用興佛政策拉攏民心，重新採用漢魏以來的禮儀與官制，以及利用讖緯謠諺建立天命形象等等。這些面向的探討，都是在傳統的研究成果上再進一步的發揮，並為傳統中古史研究加入新的元素，產生新的面貌。

目　次

第二冊　《大唐新語》人物考釋──以唐代前期君臣關係事蹟為中心

作者簡介

　　吳泓哲家中排行老三。求學期間的成績並非突出，國中畢業後考進淡水工商資訊管理科，畢業之後隨即服兵役，隔年參加插大考試，考上東海中文。在學期間對中國儒家、道家及漢傳佛教思想產生極大興趣，同時也關注散文及古典小說。

2005 年考上東海中文所，在中文的領域繼續鑽研、深造，深入的課程與問題討論，激發了更多的思考與想法，在李建崑老師的指引之下，循序漸進地往唐代文學的領域發展，於 2009 年 12 月，完成碩士論文學位論文「大唐新語人物考釋──以唐代前期君臣關係事蹟為中心」。

提　要

唐代史風頗盛，國史又相對容易取得，使得國史紀傳體性質之文類，直接影響唐人歷史性筆記型小說的創作，而此類筆記小說，在有關唐代的圖書目錄裡，常出現以補國史為命名之圖書。

「小說」這個概念越到後朝越寬廣，使得唐士人的「筆記」、「小說」、「雜史」，在唐朝後的藝文志或私人藏書家所著的圖書目錄裡的規類不能劃一，唐代很多傳統「筆記」、「筆記小說」，在宋朝以後圖書分類，出現一書兩類的狀況。《大唐新語》它在《新唐書藝文志》被分為雜史類，《郡齋讀書志》被分為雜史類，《遂初堂書目》被分為小說類，《宋史藝文志》被分為別史類，在這些圖書目錄裡的「傳記類」、雜家類」、「小說家類」、「雜史類」、「故事類」相混難以劃分。

此外《大唐新語》一書，被冠上「新語」兩字，使近代多數研究小說史及筆記小說史的學者，將《大唐新語》歸為「世說體」，加上《大唐新語》一書在圖書目錄上定位不明，多以「雜史」、「小說」兩類為主，致使近代學者一看本書之歸類，多認為《大唐新語》是作者「有意為之」的軼事小說，導致對書裡的記人、事材料之真實性，產生相對性懷疑，故筆者以「人物及史事考釋」作為本文所討論之主要範疇，進而討論《大唐新語》一書在歷史上的定位。

目　次

第三冊　李唐、回紇、吐蕃三邊關係之探討——以肅、代、德宗時期爲中心

作者簡介

　　林冠群，1954 年出生於台北市。祖籍福建林森。政大東語系土耳其文組學士、政大邊政所碩士、文大史學所博士，美國印地安那大學阿爾泰學系訪問學者。歷任政治大學民族系教授；中正大學歷史系教授兼主任、代理院長。現任文化大學史學系教授兼史學系主任、文學院代理院長。專攻唐代吐蕃史、藏族史、中國民族史、隋唐史。著作有《吐蕃贊普墀松德贊研究》、《唐代吐蕃史論集》、《唐代吐蕃歷史與文化論集》、《唐代吐蕃史研究》。

提　要

　　李唐由於安史之亂，國力隳壞，榮景不再。當時正值肅、代、德宗三位皇帝在位，內有安史叛眾與宦官、方鎮；外有吐蕃、回紇諸外族之虎視眈眈；唐室危如累卵。幸有郭子儀、李泌等猛將謀臣策劃「聯回抗蕃」政策，此項政策，歷經肅、代、德宗三位皇帝，其間有著相當曲折的變化，其過程與演變對唐朝均有莫大的影響。例如吐蕃爲當時亞洲一等一的強國，剽悍好戰，對外採擴張政策，打遍天下無敵手，於西元七六三年竟直入長安，代宗逃出京師，狼狽不堪。吐蕃順勢在長安成立傀儡政權，雖僅歷時十三天，但在國史已首開紀錄，大放異彩。反觀回紇一反北方游牧民族每乘中原動亂入兵中原的規律，出兵助唐。凡此種種，於我國史冊上，確是罕見。本文透過民族史的方法，即盡量以吐蕃、回紇之史料與觀點，檢討此時期唐、回、蕃三邊關係的互動情形。

目　次

第四冊　唐代的捕亡制度

作者簡介

　　楊曉宜，1985 年出生，臺灣彰化人。2008 年畢業於國立嘉義大學史地系，2011 年畢業於國立臺灣師範大學歷史研究所，現爲國立臺灣大學歷史所博士生。主要研究領域爲中國法制史、唐宋史，曾參與「唐律研讀會」、「宋代史料讀書會」等學術活動，並透過讀書會的啓發，先後發表研究著作有〈碑刻解讀與討論——以宋代蔣緯「題澹山巖」爲例〉(《嘉大史地》第二期)、〈女子有才便是美——以唐代婦女墓誌銘爲例〉(《嘉大史地》第三期)、〈北宋緝捕者與逃亡者的法律問題——以《天聖・捕亡令》爲中心〉(《史耘》第十四期)、〈唐代捕亡的程序與法律規定〉(出刊中)及碩士論文〈唐代的捕亡制度〉。

提　要

　　關於捕亡律令的沿革，《唐律疏義》對此記載：「捕亡律者，魏文侯之時，里悝制法經六篇，捕法第四。至後魏，名捕亡律。北齊名捕斷律。後周名逃捕律。隋復名捕亡律。」唐代之後又稱爲「捕亡」，就其法律上的歷史溯源而言，各朝皆有捕亡組織與法規，更見此制度的建立延續已久。此外，《唐律疏義・捕亡律》云：「若有逃亡，恐其滋蔓，故須捕繫，以實疏網。」乃因擔心犯罪行爲人，具有持續危害社會秩序及國家政策執行之情況發生，故於歷代法典中皆有關於「捕亡」的相關規定，顯示出「捕亡」的重要性。

　　國家社會秩序的維護與安定，捕亡制度扮演重要角色。本文之所以將「捕亡」設定爲一制度，乃因唐代皆有捕亡律令的存在，且司法訴訟中時常出現緝捕罪人的內容，但目前學界對此卻無另作深入、廣泛之研究。筆者透過律令及相關法律文獻，分析唐代的捕亡制度，其中所涉及的對象爲緝捕者、逃亡者與犯罪者，再透過各項史料的分析，討論兩者之間身分的界定與法律問題，探究捕亡制度與社會秩序的聯繫性與影響。從基層行政組織的角度觀察，可發現唐代中央與地方的連結關係，若再更深入的分析，更可看出逃亡現象對於國家政權穩定性的影響，逃亡現象是社會秩序的指標，它反映了中央政權與地方官府的運作狀態，以及爲政者的治國策略。捕亡制度雖只是基層的行政組織，卻控管了中央對於全國的治理體系，以維護良好的社會秩序。

　　本文就唐代捕亡制度而言，可分成四大面向討論。第一，捕亡制度的建立與組織，探討此制度的組織概況與工作執掌。第二，緝捕對象的探討，界

定犯罪者與逃亡者的身分關係，以及國家政權運作的影響。第三，緝捕程序與法律規定，討論緝捕者在追捕過程中可能面臨的狀況，以及所涉及的法律課題。第四，捕亡制度與社會秩序的關係，如罪人的處置、緝捕者的角色、國家政權的影響等，此制度之建立影響國家整體的運作，與社會秩序的維繫密切相關。

目　次

第五冊　唐代殺人罪研究——以六殺爲中心的探討

作者簡介

廖婉君，國立中正大學歷史系學士、國立臺灣師範大學歷史研究所碩士，現職高中歷史教師。

提　要

本文以庶民殺人犯罪爲研究中心，首先從律文出發，探討唐律對於不同型態、不同對象之殺人罪的定義及刑罰考量，釐清律文之意。其次，透過與前朝法律的比較，了解唐律的特殊性，試圖追溯六種殺人罪概念的歷史淵源，並檢視歷朝殺人罪的刑責變化，討論影響律文發展的相關因素。第三、利用正史、筆記小說案例檢視殺人罪律文在唐代社會中實際落實的有效性。第四，從俠義小說出發，討論「俠義行爲」涉及殺人犯罪時可能牽涉的法律或文化議題，藉此探討社會、文化、政治、行政等因素如何影響法律條文的落實，試圖理解唐代民眾的法律價值觀，表現庶民社會的主動性，了解社會與政府法令之間的互動關係。

目　次

第六冊　日唐中央統治體制異同之研究——以大寶令和養老令爲主

作者簡介

　　山下訓儀，出生於日本長崎縣，1990 年來台教日文，現任實踐大學應用日文學系專任助理教授。研究領域是中、日文比較文法教授法及中日關係史、日本史、日本企業實務。曾經就讀國立成功大學歷史研究所（碩士班）與國立中正大學歷史研究所（博士班）。碩士論文爲《六三法之研究》，其他歷史相關的論文有〈唐朝對日本大化革新土地・租稅制度之影響及其比較〉、〈日據末期爲配合日本國家總動員法，在台灣施行的勞務動員之狀況及其影響〉。出版書籍有《山下基礎日本語》、《依中、日文比較語言對照法的文法解說書》、《實力養成日本語基礎》、《商用日語 I》、《商用日語 II》。

提　要

　　日本在西元 645 年經過大化革新之後，爲了實現以天皇爲中心的中央集權體制，而向唐朝不斷的學習。但因爲日本的國情與唐朝不同，所以無法完全採用其統治體制。因此日本引進唐朝統治和律令制度的同時，篩選、修改了不符合日本國情的部分，創造出日本獨特的統治和律令制度。筆者主要研究唐、日間中央統治體制之差異，以及日本爲何未全採用唐朝統治體制之原因。本文共五章（第一章緒論不包含在內）十節（前言和小結不包含在內），第二章「古代天皇之性質與氏族間之權力架構」中主要分析並探討日本天皇的淵源和日本國家的形成過程；大化革新前後的天皇性質與氏族之間的權力架構，以及有否取代天皇氏的抗衡勢力。本論文的核心部分在第三章到第五章，第六章爲結論。

　　第三章「日本皇位繼承法未全採用唐制的原因及其影響」中，以「古代家族」家長制度的角度，來探討日本未採用類似中國的直系嫡子皇位繼承法之理由。並分析由於皇家企圖採用中國式的直系嫡子皇位繼承法，以及自古以來根深蒂固的氏族制度，而受到兩者極大影響的家族法，用以闡明當時天皇家爲了企圖仿照中國皇位繼承法，如何利用日令家族法，和實際的「古代家族」家長繼承法之間如何產生矛盾，以及爲何必須改良唐令家族法的理由。

　　第四章「日本政體之性質以及未全採用唐政體之原因」中，把重點放在

日本的二官制和唐三省制，並進一步探討當初日本未能完全採用唐政體，以及只採用唐宰相的合議體制，而未採用唐三省制等原因。

在日本中央政府的中樞組織架構中沒有像唐三省制那樣，以分權制衡為基礎的三權分立體制存在；相對的，唐制政事堂的合議體制是以分權制衡為基礎的三省，使各機關實際運作上謀求方便，也為皇帝正確判斷國政並進行決策。既然太政官中樞組織的性質與唐制不同，唐、日之間的國政決策程序也會產生不同的結果。因此在第五章「唐、日國政決策程序之比較」中，主要進行唐、日間中樞決策與上奏及執行流程之比較，並分析產生差異之原因。

目　次

第七冊　宋代對蝗災的認識與回應

作者簡介

　　張志強，1977 年生，臺灣宜蘭人。工科畢業後基於興趣接受歷史本科生的訓練，於 2003 年 6 月、2007 年 1 月，分別取得淡江大學歷史學系學士、碩士學位。現為國立中正大學歷史學系博士生。主要關注環境史（歷史地理、歷史氣候）、科技史（醫療、生物、災害）以及政治史（危機處理、地方行政）等新興領域的研究。先後在《歷史月刊》、《淡江史學》、《科學史研討會彙刊》以及《宋史研究通訊》等刊物發表多篇文章。碩士論文榮獲 2007 年中國歷史學會「李安獎學金」碩士論文評比第一名並獲頒獎學金。

提　要

　　本文是以宋人對蝗蟲的觀察與認知為中心，來探討宋代社會對於「蝗蟲生態」與「蝗災成因」的瞭解，同時分析當時治蝗措施的運用，與相關知識累積的關係，進而探索當時社會在蝗災衝擊下所衍生的各種問題，例如官吏失職、匿災以及貪污等等。

　　首先，說明宋代蝗災的分布情形，再探究蝗災對當時社會所造成的影響，以作爲後續研究的基礎。其次，說明宋人對蝗蟲生活史的觀察，再歸納當時社會上普遍的蝗蟲來源說，藉以瞭解宋人對蝗蟲生物知識的認知情形。接著，從宋人對蝗災成因的解釋及其治蝗方法，分析這些措施的歷史意義。最後，呈現宋代社會在蝗災衝擊下，所產生的各種現象，如捕蝗法令的由賞入罰、官民捕蝗的苦況、多靈驅蝗的信仰型態等，以便增進對宋代社會眞實面貌的瞭解。

　　綜而論之，透過這四個部份的討論，可以瞭解蝗災爲宋代社會帶來了飢荒、民亂等問題，使得朝廷制定嚴苛的捕蝗法，以減少蝗蟲的危害。然而此舉雖然舒緩了蝗災所造成的傷害，增進了人們對蝗蟲生態的瞭解，甚至提升了治蝗的技術，但頻繁的捕蝗活動，不僅官吏疲於奔命，還造成百姓們額外的負擔，並衍生許多執行上的弊病。這些問題的產生，正彰顯出飛蝗史研究的複雜性，需依靠跨領域的研究模式，它不僅是災荒史的研究，同時也是科學史、社會史、經濟史乃至於環境史等領域的研究課題。

目　次

第八冊　宋代刑罰修正之研究——以盜賊重法與左教禁令為中心

作者簡介

　　黃純怡，出生於台北市，中興大學歷史學博士，師承王明蓀教授專研宋代歷史。目前任教於中興大學歷史學系，講授宋史、中國歷史與民間傳說等

課程。爲「宋史研讀會」成員，並曾參與中研院「年輕學者精進計畫」（三年期）。

　　著作《宋代行會之研究》（中興大學歷史學研究所碩士論文），論文有〈唐宋時期的復讎——以正史案例爲主的考察〉、〈宋代戶絕之家的立嗣——以判例爲主的探討〉、〈法律執行與地方治安——論宋代的盜賊重法〉、〈宋代的賭博風習及其社會意義〉等多篇。目前正進行宋代外戚與政治的相關研究。

提　要

　　有關中國史的分期，二十世紀初日本學者內藤湖南提出了「唐宋變革期」的看法，而在法制史研究上，唐宋之際的相關討論則往往將此兩代相提並論，並將宋的法律視爲唐代的延續。本書作者認爲，法制史研究不能只看律文，而應透過實際執行的狀況來理解，因此藉由宋代「盜賊重法」、「左教禁令」爲主來討論宋代刑罰修正的特色。根據本書的研究，此兩法在宋代法規上都有加重懲治的律文，然而實際執行卻常較規定爲輕，因此對懲治盜賊及遏止左教的成效有限。

　　本書並就此提出幾個原因：第一是皇權的提高，使得皇帝有權做出最後的判決，並藉此顯示皇恩浩蕩。第二，宋代不編纂新的法典，而承繼唐代的法典，以敕令格式與判例來補律文的不足，隨處增敕的結果使得詔令混亂，使得法官有時也會無所適從，往往依照己意或是之前的判例來處理。第三，宋代國策重中央輕地方，地方治安不佳時常無有效軍力可用，只好藉招安盜賊將領來處理，並將盜賊編制爲士兵加入軍隊，以致立法與執行常不能有效配合，呈現出宋代刑罰修正的特色。

目　次

宋代的祠廟與祠祀——一個社會史的考察

作者簡介

　　劉志鴻，國立政治大學歷史系畢業。清華大學歷史研究所碩士。現職爲大仁科技大學講師。

提　要

　　本論文主要描述宋代祠廟與祠祀活動在當時社會基本樣貌。首章〈前言〉討論研究取向及研究回顧。第二章〈宋代以前祠廟、祠祀活動發展概況〉主要探討祠廟信仰源頭先秦農村社祭基本樣貌和儒家祠祀觀念的形成，以及秦漢以後受到神仙鬼怪觀念影響下民間祠廟發展概況。第三章〈宋代祠廟、祠祀活動與民眾生活〉首先敘述宋代各式各樣的祠廟發展情形，接著討論祠廟與當時民眾生活的關係：無論士大夫與一般民眾都期望祠廟靈力展現使得祠廟信仰在民間有著強韌生命力。最後討論祠祀活動在當時概況及所造成的社會問題。第四章〈政府對民間祠廟管理政策及士大夫對民間祠廟、祠祀活動的批判〉主要討論政府透過賜廟額及對祠廟神祇加爵封號方式承認祠廟存在的合法性，並藉祠典編纂將民間祠廟納入國家祭祀體系之中，以及堅持儒家傳統禮制觀念的知識份子對民間祠祀活動的批判，顯示儒家傳統禮制觀念與民間信仰需求的差距。終章爲〈結論〉。

目　次

第九冊　宋高宗朝宋金水戰（1127-1162）

作者簡介

　　劉川豪，畢業於淡江大學歷史學系碩士班，目前為臺灣師範大學歷史學系博士生，研究興趣是南宋政治、軍事、戰爭、外交。

提　要

　　本書從南宋高宗朝水軍戰史的研究出發，觀察水戰對當時國防政策的影響以及水軍的重要性。首先盡力還原高宗朝六次重要宋金水戰（明州之戰、海道之行、太湖之戰、黃天蕩之役、膠西之役和采石之役）的詳細經過，並分析其特色、成敗因素及影響。

　　六次水戰南宋皆成功運用水軍對金國造成巨大的威脅，究其因除每場戰役中宋金雙方雙方的決策得失，以及某些不可抗力的因素外，南宋水軍建置的普遍、將領水戰素養的平均及技術方面的優勢，是南宋水軍常勝的整體性因素。

　　由於幾次水戰的影響，以及疆域的地理特性，南宋的國防政策中，江海防禦成為一大課題，高宗朝君臣對此有許多討論，並提出具體的執行方案。因特殊的國防態勢，使南宋朝野對於海道有新的認識，對於其在國防、經濟上的作用有不少新看法，並未將其視為安全的後方，而是另一道國防線。

目　次

第十冊　征服或擴大——遼朝的政治結構與國家形成

作者簡介

廖啓照，台灣台中人，1968 年生。中興大學歷史學系碩、博士，主要研究領域爲遼金元史，專攻遼代政治與政治制度史，著有〈從部落聯盟到契丹王朝——以遼代中央政樞之官僚化爲中心〉等論文數篇。兼任中部數所大學通識教育中心教席，講授中國歷史與文化、台灣歷史與文化、文明史等課程。

提　要

遼朝政權統治兩個生活背景差異很大的社會，一個是以游牧、漁獵生活爲主的北亞草原社會，一個是以農業生活爲主的漢文化社會。遼代的統治者必須思考，採取何種制度才能有效地統治這個「複合國家」，以及政治權力如何分配方能鞏固其政權。本書企圖從社會史的角度討論遼朝的政治結構與國家形成，本書的研究取向可說是帶有社會史傾向的政治史研究。

歸納本書研究的結果，可略述數端：

契丹部族勢力、漢文化圈的漢人與渤海人，及其它北亞游牧民族是構成遼朝政權的三大勢力。隨著遼朝政權的鞏固，逐漸發展出足以代表此三大社會基礎的統治階層。遼太祖耶律阿保機吸收具有經濟優勢的漢人，誘殺其它七部大人，成爲中國式集權王朝的君主。遼太祖主要是利用遼朝治下各股社會勢力互相牽制，建立皇室與后族的權威地位，成爲高於契丹各部之上的獨立族帳。

在政治制度方面，遼朝的統治者必須建立一套適當的行政制度，以便集權中央而能成功地統治這個「複合國家」，又必須適應生活方式差異極大的社會，於是形成兩元政治的特殊型態。儘管契丹的皇帝們並沒有明顯的改造其政府，但確實以其中央集權的需要運作漢制與契丹制度，改變了這兩種制度

的原貌。

　　權力結構方面，以統治階層的構成而言，表現出遼朝擴大政局基礎的開放面。然而，北樞密院等核心官署的權力結構，具有相當明顯的征服性格。這些權力機構高級官員的選任，顯示封閉的征服民族至上主義，往往不是一般漢人所企盼的職位。遼朝的統治者也非常重視家世背景，所以蔭緣是其最主要的用人管道。中葉以後，進士出身的官員在官僚結構的比列上升，顯示行政組織官僚化後需要有效率的高級行政人才。這反映在行政傑出進士官員可以升到最高政治中樞的使相職位。

目　次

第十一、十二冊　元朝中葉中央權力結構與政治生態

作者簡介

　　傅光森，1958 年出生於臺灣南投，淡江大學歷史學系學士，東海大學歷史研究所碩士，中興大學歷史學博士。現為中國醫藥大學、朝陽科技大學、中臺科技大學、勤益科技大學、弘光科技大學兼任助理教授。曾擔任教育部

助理秘書、臺灣高等法院臺中分院科員、臺南藝術大學秘書、國立臺灣美術館股長、臺灣省文獻委員會組長、國史館臺灣文獻館編纂等公職。自幼即對史地有著濃厚興趣，追隨東海大學古鴻廷教授研讀清代官制，並在其指導下，完成碩士論文《清代總督制度》，後師事中興大學王明蓀教授攻讀蒙元史專業，以《元朝中葉中央權力結構與政治生態》取得博士學位。近年來研究方向，主要集中在蒙古語直譯體史料《元典章》及波斯語伊兒汗國史料《瓦薩夫書》的解讀。

提　要

　　元朝中葉是觀察邊疆民族統治全中國的最佳時期，因為這個時期蒙古人已逐漸停止征伐，而維持帝國和平與鞏固中央政權成為首要國策。但是忽必烈的繼承者，元朝中葉諸帝的更替頻繁，加上此時期史料殘缺不全，因而較少獲得學者關注，撰者乃基於這個研究背景而探索此時期中央政府的權力鬥爭與政治作用。

　　蒙古與色目、漢人勳貴，也就是所謂「大根腳」家族，與蒙元皇室構成統治階層，他們分成二個系統，一個是代表蒙古傳統以征戰為主的怯薛系統；另一個是代表政府管理的官僚系統。在這兩個系統的分合之下，首相逐步掌握了財政權與禁衛軍，造成相權的突出，首相從官僚首腦演進為軍閥權臣，這也是元朝中葉中央權力結構的最大特色。

　　元朝中葉中央政治生態的最大變化是色目勳貴地位的提升，色目人在忽必烈時期原以怯薛系統的畏吾兒人，官僚系統的回回人最為重要，武宗海山之後，康里、阿速、欽察等色目軍閥成立侍衛親軍，成為中央基本武力，也是最重要的隱形力量。南坡之變後，中央蒙古統治階層幾乎全面瓦解，泰定帝也孫鐵木兒以漠北外藩繼統，回回人再度掌控官僚系統。天曆政變後，欽察軍官燕鐵木兒則利用其軍事專業擊潰上都政權，擁立文宗圖帖睦爾，並掌控怯薛與官僚系統，元朝也進入軍閥權臣時代。

目　次

第十三冊　元朝衰亡文化因素之研究

作者簡介

　　張瑞成，東海大學歷史學系畢業、政治大學民族（邊政）研究所法學碩士、美國史丹佛大學胡佛研究所訪問學者。曾任行政院新聞局「蔣經國先生全集」特約執行編輯、彰化縣芬園鄉志編輯委員、南投縣竹山鎮志編輯委員、南投縣鹿谷鄉志副總編纂、國立勤益科技大學通識教育中心主任；現任國立勤益科技大學通識教育學院專任副教授；學術專業領域：元代史、中國近現代史、臺灣近現代史、臺灣光復史、中臺灣地方志、蔣中正蔣經國父子研究等。

提　要

　　蒙元衰亡，豈「民族革命」可爲解釋？本文試由文化因素之觀點，擇其重大情節及關鍵所在，據理印證，而要略詮釋之。期予此一中國邊疆民族政權衰亡之實質，作成合理報告。

　　本論文分六章，茲摘要如下：

　　第一章，緒論。說明研究動機、目的與方法，並提出（1）文化特質；（2）涵化與同化；（3）政治文化與政治發展等三則觀念，以爲其後諸章節討論之基本態度與架構。第二章，元代在國史上之地位。分三節：一、元以前中國境內之邊疆民族政權；二、元史之範圍；三、元代在國史上之特殊地位。其中引衛特福格爾（Karl A. Wittfogel）氏之「征服王朝」理論，解釋蒙古入主中國建立元朝之性質。並由「正統」之說，確立其在中國歷史發展過程中之應有地位，俾可以中國傳統史觀衡量其得失。第三章，元朝衰亡之一般性見解。分二節：一、元朝衰亡原因之各家解釋；二、元朝衰亡與中國歷代王朝崩潰原因之比較。本章首則述一般對元朝衰亡之看法，而與其後筆者所提出不同意見加以比對。次由中國「一治一亂」史觀及歷代王朝崩潰之型態，比較元朝衰亡之性質。第四章，元朝衰亡之本質。分四節：一、元朝建國之特性與

基礎；二、元朝文化之發展；三、衰亡之關鍵；四、元朝衰亡與主要文化因素之關係。首言元代建國之意義、規模及其隱憂。次則說明元代文化「多元性」發展，尤其漢文化與西域文化互相推移與消長，所造成文化發展上之困難、弱點及其影響。繼則引湯恩比（Arnord Joseph Toynbee）「歷史研究」巨著中對文明衰落之詮釋，藉以指出元朝衰亡之關鍵。本章即從文化特質以揭露元朝衰亡之眞象。第五章，元朝衰亡之基本因素。分三節：一、政治衰微之性質；二、經濟衰弱之性質；三、社會不安以至解體之性質。述元代領導階層腐敗而表現於實際政治之衰象，以及經濟政策偏差所造成財政衰落之事實，此二者即乃肇社會不安之因，社會不安則是政權解體之前奏。本章由文化特質加以剖析，意在端正若干有關元朝衰亡「倒果爲因」之說法。第六章，結論。元朝之衰亡，因素殊多。除上所述外，蒙古人在各期統治階段心理意識型態之轉變，包括元朝內部之矛盾與心理弱點，加上「奉天承運」之理想與精神喪失，影響元朝政權存亡至大。最後，總述蒙古文化之性質、帝國擴充後之文化融合，以及治理中國所持之政治取向，特別揭櫫蒙元統治中國之特異性，而藉以顯現其衰亡之實質因素。

目　次

第十四冊　明代廣東沿海經濟發展之研究

作者簡介

　　鄭俊彬，1957 年 5 月 1 日生於台東縣卑南，成長於彰化縣溪州，大學、碩士、博士皆就讀於中國文化大學史學系，以明代社會經濟生活史為專攻研讀方向，累進成果，匯集成書，提供對明代庶民生活經濟有興趣者參考閱讀。

提　要

　　《明代廣東沿海經濟發展之研究》文中對明代廣東庶民經濟生活及其對外貿易，有極詳細之探討，可作為讀者瞭解明代庶民經濟生活的指南。農、商時代，產品環境決定商業條件，首先討論農產品及其特殊產物；再則探討商業行銷網路之硬體交通建設，條條道路通京城，條條航線通南洋，是廣東

商業競爭優勢；進一層次討論商人應用農產品及交通網活暢商業情形；地方商品之行銷，則以廣鹽爲例，在管制行銷下，探討政府的商策；特殊產業，如「珍珠產業」和「漁民生活」等專題探討當時地方庶民經濟生活之先鋒；最後討論庶民經濟發展中之阻礙，從天災到人禍，廣東的庶民如何克服層層阻礙，讓經濟更加活暢。本論文對當時庶民經濟生活有極詳細討論，可作爲瞭解明代庶民生活經濟可參考之書。

目　次

第十五冊　明代四川的民變

作者簡介

　　鄭俊彬，1957 年 5 月 1 日生於台東縣卑南，成長於彰化縣溪州，大學、碩士、博士皆就讀於中國文化大學史學系，以明代社會經濟生活史爲專攻研讀方向，累進成果，匯集成書，提供對明代庶民生活經濟有興趣者參考閱讀。

提　要

　　「明代四川的民變」文中對四川民變變亂之遠、近因及其對民生經濟之影響，有極詳細之探討，可成爲讀者瞭解明代民變亂向之參考指南。明代四川經濟發展和唐、宋二朝代相比，呈現緩慢下降，經濟重心漸漸南移後，位於邊陲的四川經濟地位更不被重視。此外和四川遠離政治中心，遙遠無期的北京城，任官有如同被放逐，在四川任官者非但不爲朝廷所重視，亦爲一般仕宦者所不願接受，因此政治地位和中央的關懷度遠不如唐、宋時期。

　　政治地位不被重視，經濟地位又漸漸下降，加上吏治制度不建全，軍事措施又失當，終於釀成社會危機，民變不斷迭起。治國者的疏忽和整治無方，及地方農民抗官宿怨的累積激盪下，從明初開始的民變竟然和明代亡國相始終。

　　本論文從政治、軍事、經濟等面向深入追尋民變迭起的原因，探討民變「變向」之來龍去脈分析，是探討「明代民變」變向、延伸、及其造成經濟成長停滯、亡國等因素之重要閱讀參考書。

目　次

第十六冊　講學與政治：明代中晚期講學性質的轉變及其意義

作者簡介

張藝曦，臺灣臺中縣人，國立臺灣大學歷史學研究所博士，現職為國立交通大學人文社會學系助理教授。主要研究明清史與近現代文化史，著有《社群、家族與王學的鄉里實踐》（臺灣大學文史叢刊）、《孤寂的山城：悠悠百年金瓜石》（麥田）二書，及〈明代士人的睡眠時間與睡眠觀念〉、〈明中晚期古本《大學》與《傳習錄》的流傳及影響〉、〈史語所藏《宋儒學案》在清中葉的編纂與流傳〉、〈飛昇出世的期待：明中晚期士人與龍沙讖〉等文。

提　要

本書著眼於明代中晚期陽明學的發展過程中，學術思想內容與講學活動性質的轉變，並討論其政治理想與現實情勢之間的落差，以及對陽明學帶來的影響。陽明學者常以講學使其思想或學說影響及於中下層士人，所以本書

不以學術而以講學爲題，把焦點放在對當時士人有所影響的言論或思想趨向；所選擇的陽明學者，多數是活躍於講學活動的人物，尤其是泰州學派最受到注意。

　　陽明學於十六世紀最盛，進入十七世紀後則已轉衰，因此本書的時代斷限自 1521 年王守仁倡學始，至 1627 年東林書院被毀止，對此百餘年的時間，大略分作四期，各時期各有重要的陽明學者主持學術，而同一時期的陽明學者所關注的議題不時有共通處，因此本書試圖觀察不同時期的陽明學者所關注議題的轉變，以及前後時期對同一議題的不同看法，藉此了解陽明學在各時期的發展情形。另一方面，分析各時期陽明學者的政治理想與現實情勢之間的辯證關係，以說明其政治理想的曲折轉變；最後以東林學派受到閹黨的禁抑告終。

目　次

第十七冊　清代總督制度

作者簡介

　　傅光森，1958 年出生於臺灣南投，淡江大學歷史學系學士，東海大學歷史研究所碩士，中興大學歷史學博士。現爲中國醫藥大學、朝陽科技大學、中臺科技大學、勤益科技大學、弘光科技大學兼任助理教授。曾擔任教育部助理秘書、臺灣高等法院臺中分院科員、臺南藝術大學秘書、國立臺灣美術館股長、臺灣省文獻委員會組長、國史館臺灣文獻館編纂等公職。自幼即對史地有著濃厚興趣，追隨東海大學古鴻廷教授研讀清代官制，並在其指導下，完成碩士論文《清代總督制度》，後師事中興大學王明蓀教授攻讀蒙元史專業，以《元朝中葉中央權力結構與政治生態》取得博士學位。近年來研究方向，主要集中在蒙古語直譯體史料《元典章》及波斯語伊兒汗國史料《瓦薩夫書》的解讀。

提　要

　　本文首章爲「建置」，清代總督轄區建置沿革的演變，可分爲延續與變革及常制與穩定前後二期。乾隆二十五年以前轄區變化相當複雜，之後轄區則大體固定。各總督轄區之裁併分合，員額多寡增減狀況，在順治元年（1644）僅有三員總督，但順治十八年（1661）到康熙四年（1665）則有十七員總督，康熙六十年（1721）則僅有八位總督。乾隆二十五年以後則總督轄區變化較小，總督員額約維持在十一員左右。

　　第二章爲「人物」，詳述六百八十六位總督的籍貫與出身背景，分旗籍分

析與出身分析二節。從順治到乾隆的前面四個時期，旗籍的考量較受到朝廷的重視，順治、康熙時期總督大部分是明朝降將出身的漢軍八旗將領，到了雍正與乾隆時期，總督大部分又成為滿洲權貴子弟為多；而從嘉慶到宣統的後期六個皇帝任內，出身的考量成為任用的考慮重點，總督又大部分為漢人進士出身或有軍功的將領出任。

第三章為「人事遞嬗」，探討六百八十六位總督甄補途徑及總督與總督之間的遷轉情形，分甄補途徑與陞遷轉調二節。總督從甄補與遷轉過程，慢慢形成地方最重要的官僚體系。前期著重的是甄補途徑，強調中央與地方的關係；後期著重的是總督與總督之間的遷轉，單地單任者是有其專業考量，而多地多任者則有其功能考量。

第四章為「權力」，探討總督權力的演進，分為分割型權力與整體型權力二節。初期總督的權力有限，單純的加銜制度以監督地方與統率綠營標兵督導糧餉，職權頗分散；後期的總督衙門權力逐漸擴張，行政權與司法權位階提高，另外軍事權、財政權也逐漸統一集中，尤其湘淮團練興起，總督成為地方勢力最大的軍閥。

第五章為「體系的鞏固」，探討總督體系之形成，分綠營征伐與團勇防衛二節。初期總督只統領部分綠營兵，是征伐體系之一環而已，在大將軍或經略的統領下配合作戰，主要任務為籌餉補給與安民剿逆；後期則統領轄區團勇及綠營兵，是清季國家防衛體系的核心，成為真正地方最重要的疆臣。

目　次

第十八冊　湖南新政（1895-1898）與近代中國政治文化論述之形成

作者簡介

　　羅皓星，澳門人，臺灣政治大學歷史學系碩士，現於上海復旦大學歷史學系就讀博士，近年關懷之領域為地域視野下的中日關係史。

提　要

　　本論文將重新探討湖南新政的實際成效與其形象的塑造過程。在現今的學界中，對湖南新政的認識受限於維新人士的觀點。往往停留在「新舊之爭」上。此觀點往往過於僵化，侷限研究者的視野。在這種歷史認識的限制下，研究者沒法解釋當時錯綜複雜的歷史事實，故只有去熟悉化，以不同的眼光去重新書寫這段歷史，重新還原當時之歷史時空，才能找回失去的歷史知識。

　　本論文會先探討地方官吏在湖南新政中的角色與貢獻。江標、陳寶箴、張之洞等人在湖南新政中所扮演的角色相當重要，惟後人對其的認識，往往是經過維新人士而來，因而不免與歷史事實有所落差。所以，重新研究地方官吏的角色，則有助於重新檢討湖南新政之形成過程及對中國近代政治文化

所造成之影響。

在以往的研究中，對於湖南保衛局在湖南新政的影響力，缺乏深入的研究。事實上，在湖南新政的主事者看來，湖南保衛局是為湖南新政成敗之關鍵。本論文將探討湖南保衛局的興起與頓挫，其重點將放在湖南保衛局的構想之形成，在其實行過程中所遇到之困難，以此作為了解湖南新政的一個側面。在湖南保衛局施行過程中，不同人士都對於保衛局的實行有所討論，亦對於其有所批評。而從保衛局的實施過程中，可以證明這些批評有其道理。不過，由於受到「新舊之爭」思維的影響，後人對於這些批評者，多視其為「守舊」，因而對其言論多以負面眼光看待。事實上，這些批評者也是推動新政的主力。但是，在後來的歷史論述中，往往忽略這些史事。究其原因，與湖南士人之間的論爭有所關連。而這亦是決定湖南新政前途的重要關鍵。

所以，本論文將分析湖南士人之間論爭之起因，以及論爭的經過。在此過程中，不同士人之間因各種原因而產生矛盾與衝突，從而使得湖南新政遭受衝擊。這些衝擊有的來自於湖南士人本身，也有一些是來自於省外。而這些衝擊，很大程度上與康有為有相當密切之關連。湖南新政與戊戌變法在本質上就有所不同，而康有為一派意圖影響湖南新政的發展，引來不少士人的反彈。因此，士人之間開始出現分歧。而反對康有為一方之人士，往往援引省外反對康有為的言論作為思想資源，以抗衝康學，以拿回新政的主導權。因此，他們所反對的，只是康有為一派的康學，而非針對西學或新政。

因此，從當時的歷史時空看來，參與論爭的雙方在思想上均沒有太大的分別。他們對於西學，都抱持接納的態度；在新政的事務上，他們都有所參與。但在後人看來，王先謙等人被貼上「守舊」的標籤。因此，這種觀點如何形成？本身就是一個值得探討的課題。所以，本論文將探討當時人如何看待湖南新政，並從而形成中國近代政治文化的其中一種特色。在當事人看來，湖南新政並沒有因戊戌政變而中止，在後來仍有所延續。而在日本當時的言論看來，湖南士人並沒有所謂的新舊之別。革命黨人和立憲黨人都以湖南新政作為他們的政治本錢，因而塑造一種「新舊之爭」的氛圍。在報刊等傳播媒介的推動下，這種「新舊之爭」成為當時人的歷史想像，並成為後人對於該段歷史的集體記憶，從而構成了中國近代的政治文化。

目　次

第十九冊　無政府主義與辛亥革命

作者簡介

　　洪德先，1955 年生，東海大學歷史系學士、台灣師範大學歷史研究所碩士、博士。碩士論文為《辛亥革命時期的無政府主義運動》，博士論文為《民

國初期的無政府主義運動（1912-1931）》。曾任勤益工商專科學校講師、銘傳大學講師、副教授。曾授中國通史、中國現代史、台灣開發史、台灣近代史、世界通史等課程。於中國現代史、台灣開發史領域，著有論文多篇。

提　要

　　《無政府主義與辛亥革命》是由碩士論文《辛亥革命時期的無政府主義運動》修改而成。近代中國在西方勢力衝擊下，傳統體制無力抗拒，面臨整體結構必須全面性變革之境。其間歷經器物、制度層改革的兩次嘗試，但皆無法有效挽回困局，革命遂因應而生。在救亡圖存的急迫心理催促下，民族情懷固是革命產生的原動力。但是，西力衝擊卻是近代中國變動的主導力量，故西方事物、學理及文化也就深深地吸引國人目光。當時盛行於歐美的社會主義思潮，也伴隨著歐美勢力流向東方，於十九世紀後期，日本為東方首先受到影響的國家。至於中國，部分的西方傳教士或商人，曾經由報刊點滴介紹，但影響不大。二十世紀初，一方面因中國社會不斷遭受挫折而引發激進思潮孳生；另一方面則是出國留學人數激增，致使流行於歐美、日本的社會主義也聚集國人之注目。無政府主義可謂是多樣的社會主義中最為浪漫、激進的一派，因此分別吸引旅居歐洲、日本的留學生與革命黨人，陸續成立組織，發行刊物鼓吹之。由於鼓吹者的環境及個人背景等因素，以致所倡導的無政府主義內容亦有所不同，並且該思想、主張生成於西方社會，傳入中國後也會因中國主、客觀需求而產生變化，這些都是本文要處理的重點，也可從此面向的探討，詮釋近代中國吸取學習外來事物的特質。又因無政府主義基本精神是反對國家、政府及民族主義，因此若倡導無政府主義勢必會與革命主流民族主義派爆發衝突，此一結果對革命會產生什麼影響及革命陣營又如何化解分合，對此部分的探討，也可提供我們從另一角度觀察辛亥革命。本文附錄收入〈劉師復與中國無政府主義運動〉及〈五四運動前後的無政府主義運動〉二文，可作為本書之延伸閱讀。

目　次

第二十冊　《左傳》之敘事與歷史解釋

作者簡介

　　陳致宏，1974 年生於臺灣屏東。屏東中學畢業，國立中山大學中國文學系畢業，國立成功大學中國文學系碩士班、博士班畢業。曾擔任國立臺南護理專科學校兼任講師、國立成功大學中文系兼任講師、陸軍步兵少尉排長(預官 56-1)，2008 年 2 月任教於國立臺北藝術大學通識教育委員會共同學科。

　　以《左傳》及先秦文化爲主要興趣與研究範圍，秉持賦古典以新意之理念，嘗試由現代角度詮解先秦典籍。通識教學上則關注生命教育議題，並探討 PBL 於文史通識課程之有效運用。著有《語用學與左傳外交賦詩》、《語用學與左傳外交辭令》等書，曾發表〈蘇洵六經論次第與經學思想探析〉、〈《左

傳》「何」字運用探析〉、〈《左傳》晉楚弭兵及其「隱含作者」〉、〈論《左傳》
敘事結構〉、〈《左傳》歷史想像析論〉、〈《左傳》敘「諫」析論〉、〈敘事態度
與《左傳》微言之旨〉、〈《左傳》外交辭令之說服藝術〉、〈實用語用學——語
用與寫作〉、〈PBL 於文史通識課程之運用：以「史傳文學與生命圖像」課程
爲例〉、〈生命教育融入文史通識課程規劃之觀念與方法——以「寓言文學與
生命反思」課程爲例〉等論文。

提 要

　　本論文以《左傳》敘事文本爲主要探討對象，由敘事、閱讀、歷史解釋
等角度，嘗試建構具中國特色之經典閱讀方法與歷史解釋體系。敘事態度、
敘事結構、歷史想像與文化語境，是解讀《左傳》敘事之關鍵。本文提出「因
果結構」、「屬辭結構」、「比事結構」以建構《左傳》之敘事結構；並由歷史
想像角度切入，探討史家態度如何藉由敘事表達而呈現。同時就敘事結構與
「以人統事」等角度，指出《左傳》突破編年體史書限制之設計。

　　在敘事藝術方面，除討論《左傳》人物敘寫藝術外，更以被學界所忽略
之「初」字敘事法爲對象。探討其來源、特色與歷史解釋功能。整體而言，
因果揭示、補充說明與錄異保存是「初」字敘事法之功能，而奇聞異事與歷
史想像爲其主要內容。史家運用「初」字敘事法，區別史書敘事與神異題材，
透過此字法之標示，一則能達成資鑑勸懲之功能，另則能保持史書敘事之可
信度與眞實性。

　　敘事是解釋之一類，亦是文化理解。剪裁取捨間，已寓史家褒貶。探討
中國敘事作品，除借鏡西方敘事理論操作外，建構屬於中國文化之敘事審美
理論，是今後敘事研究之重心。秉此理念，試以晉國諸氏興廢、晉楚弭兵、
禍福敘事等爲論述對象，冀能釐清《左傳》敘事與歷史解釋之相關問題。如
此，除對探討中國歷代敘事觀念之發展與變化，有源頭探討之貢獻外，更能
修正西方史家誤認中國無史學之偏見。此外，以《史記》爲首之中國一系列
正史，其敘事與歷史解釋或受《左傳》影響，本文以「《左傳》之敘事與歷史
解釋」爲題，期能對文史學界有所貢獻。

目 次

第二一冊 從學術交涉談六朝史學的形成與延展

作者簡介

游千慧，臺灣大學中國文學研究所碩士班畢業，現任教於臺北市立中山女高。

提 要

六朝史學之大盛，歷來頗受注意。面對這一重要的學術史現象，本文關注的焦點在於：六朝史學究竟以什麼樣的面貌，確立它在當時的學術價值？同處一個時代，學術之間本當互涉，六朝時期，各種學術俱成氣候，當時整個學術環境亦煥發著一種彼此交涉、互有進退的活潑氛圍。史學之所以能在這樣的學

術環境中蔚爲大觀，其運會之形成，與其他三種學術的交涉互動，必是一個重
要的學術因緣。史學不但在與他種學術的交涉中益發確立其學術面貌，同時也
延展觸角，影響其他學術。故本文取徑「學術交涉」，期能藉由分別鉤稽史學與
經學、子學及文學之互動狀況，進而豁顯史學所以能卓然自立於六朝的因緣際
會，此言其「形成」。同時，也觀察史學對於其它學術的影響，此言其「延展」。
簡言之，本文的討論以六朝史學內蘊爲核心焦點，取徑學術交涉，以觀其形成
與延展，希望能進一步了解六朝史學大盛現象的諸般因果。

　　研究方法上，本文分於二、三、四章中，討論史學與經學、子學及文學
的交涉及互動。第二章談經學與史學的交涉。本章先討論經與經學的原始性
質，見出經與經學的歷史意蘊。其後，探究經史交涉在兩漢以至晉代的進展，
並結合當世的玄學風尚及政治情況，看出史學所展現的經世之用，以明史繼
經起的學術大勢。第三章談子學與史學的分合轉化。本章先溯源司馬遷「成
一家之言」所樹立的亦「子」亦「史」的典範，比觀六朝時人「立言不朽」
心態之承襲及其轉變；同時，並討論六朝著作於子、史取徑間的變化，說明
六朝時期子的滑落與史之繼起。其後，以「子不離史」與「史不離子」兩方
面對立而言，更進一步探討子學與史學學術性質的複雜糾葛，並提呈史學轉
承失落之子家精神的積極意義。第四章談文學與史學的互動。本章先檢討劉
知幾與蕭統不同的文史區隔觀，於此，文史看來混淆的界限，在不同角度的
辯證下便顯得清晰。接著，以史家擅文之例證說明文之於史的關涉，又以文
學作品的歷史性，說明史學觸角的延展。最後，則以史學作品爲例，申論其
中的文學意涵，總觀文學寄跡於史學的新發展。藉由上述的討論，本文希望
能將史學的面貌在與經學、子學及文學的互動中，有什麼樣的繼承、轉化與
延展，作一清楚的交代；冀能從學術交涉的角度上，嘗試提出史學何以大盛
於此時，而又能輻射其學術影響的現象與原因。

目　次

第二二冊　陳寅恪論學的四個面向

作者簡介

　　王震邦，1950 年生於台灣新竹，原籍江蘇黃橋。長期擔任台灣聯合報系記者，2007 年春，以「陳寅恪論學的四個面向」獲中正大學歷史學博士，短期留校任博士後研究。現任玄奘大學歷史系助理教授兼系主任。

提　要

　　本論文主旨在探求史家陳寅恪學術思想發展的淵源和軌跡，以期通過史實的考掘，以及陳寅恪論學思維和學術發展之間的關聯，重新呈現陳寅恪過去長期爲人所忽視的一些側面，補充和增強對陳寅恪的理解和認識。

　　陳寅恪嘗言「自由之思想，獨立之精神」，非僅事關學術發展，也是個人出處進退的考驗。若論其思想源流，及其辯證思維發展，推論應可上接希臘古典辯證思維。這是陳寅恪論學的核心價值和立身大節之所在。

　　「中體西用」自近代以來迭見時賢引用，爭議甚大；作者爬梳陳寅恪處理傳統體用論的過程，證明陳寅恪固爲「中體西用」論者；通過〈論韓愈〉一文，發現陳寅恪論述韓愈心性思想的突破係來自佛家，拈出「天竺爲體，華夏爲用」，等同肯定「西體中用」。皆可謂石破天驚之論。

　　陳寅恪好爲「對對子」，但不知陳寅恪曾以「對對子」入題遭遇連番挑戰，作者挖掘出當年北平世界日報所刊一連串的讀者論戰，以及陳寅恪親爲答辯的史料，重新審視當年陳寅恪所以辯證地提出中文文法之建立，當從比較歷史語言學入手的論斷；但惜誤解者多，或視此爲談趣。作者窺其用心，許爲「假西學以崇中學」，亦可謂用心深，寓意遠。

目　次

第二三、二四冊　商周青銅禮器龍紋形式與分期研究

作者簡介

　　陳麗年，高雄人。民國 94 年於國立中正大學中國文學系畢業，民國 99 年於國立中正大學中國文學系碩士班畢業，現於嘉義縣國民中學任教。

提　要

　　本文寫作目的在於整理龍紋各紋飾出現在何器、何時，及分析其間細微的藝術差異，歸納出不同類型的紋飾標準；又不論何種形式之紋飾，皆共具有目、唇、龍首裝飾、身、足等各部件，此亦為本文探討的重點之一。透過分析、歸納紋飾類型與各部件特徵所出現的時間，使其成為協助青銅器斷代分期的標準之一。龍紋依其身軀形式可概分為三大類，分別為爬行龍紋、卷龍紋、交體龍紋等，由於交體龍紋中個別龍紋的差異性極低，較無分析探究的價值，故本文僅針對爬行龍紋與卷龍紋進行探究。

　　在此基準下，本文正文部分共分為六章：

　　第一章「緒論」，說明研究動機、目的、範圍、方法、步驟、前人研究成果。

　　第二章「前顧型爬行龍紋與下視型爬行龍紋研究」。

　　第三章「顧首型爬行龍紋研究」。

　　第四章「雙身型爬行龍紋與卷龍紋研究」。

　　其中二至四章主要為材料的分析與呈現，以類型為分析主軸，將所見資料皆予以納入，以求讀者對紋飾發展及演變的掌握。故分章標準主要以類型、特徵相似者歸做一章。

　　第五章「龍紋各部件紋飾特色與時代關係之分析研究」。

　　以部件為分析主軸，希冀在類型之外，亦歸納出各部件的時代特色，提供另一種斷代的依據；此外，亦探討器類與紋飾出現部位與時代關係。

　　第六章「結論」，總結研究成果，提出未來研究之展望。

目　次

楊堅代周建隋之側面研究

林靜薇　著

作者簡介

林靜薇，臺灣雲林縣人
目前為國立中正大學歷史研究所博士候選人
研究領域為中國中古史，尤以南北朝政治社會史為主

提　　要

　　趙翼曾言：「古來得天下之易，未有如隋文帝者。」然國家興亡豈是兒戲，再怎麼容易也是經過一番謀劃，故本文欲探討楊堅代周建隋的過程中，有別於傳統因素的關鍵性問題。如對於西魏北周以來賜姓政策的反動，建立以漢人政權為號召的旗幟，調整北周政權組成的地域分佈，利用興佛政策拉攏民心，重新採用漢魏以來的禮儀與官制，以及利用讖緯謠諺建立天命形象等等。這些面向的探討，都是在傳統的研究成果上再進一步的發揮，並為傳統中古史研究加入新的元素，產生新的面貌。

第一章　緒　論

一、研究動機

　　自東漢政權崩潰，以迄隋王朝的統一，魏晉南北朝時期歷經了近四百年（189～590）的分裂與動亂，其中只有西晉時期曾建短暫統一，但也僅約二十年（280～300）。歷經這麼長時期的動亂，中國能夠再次統一自有其趨勢，而其統一者—隋文帝—應當是值得研究的。

　　「古來得天下之易，未有如隋文帝者。」〔註1〕此話一出，幾成一般史家對隋文帝的印象評價。一般通論性的著作也多以此為出發點，認為楊堅得權之易乃在於其繼承父爵的先天優勢政治地位，以及與王室聯姻的姻親關係所致；再加上北周靜帝年幼即位，自然是奪權的好時機。然眾所周知的是，楊堅輔政之初即引發三方起兵，顯見其輔政並非眾望所歸。但即是如此，楊堅卻仍能在三個月之內平定反對勢力，並在隔年即行代周建隋。故筆者認為，楊堅在代周建隋之際應有其個人的多方謀畫，為其代周建隋奠定良好基礎所致。而這些謀畫也不僅只是在政治方面的，應還有其他社會、文化方面的努力，才能在代周建隋之後沒有再引發其他的反對聲浪。

　　據此，筆者欲探究上述楊堅得以奪政權之社會基礎為何？由於本文主要欲跳脫過去單純研究政治與軍事的角度，嘗試從其他面向來瞭解此一政治議題，因而將題名訂為「側面研究」，即意欲突破傳統單純政治及軍事的考量，從社會、文化等角度著手，因之稱為「側面」。而以「代周建隋」取代「篡位」或「禪代」的用詞，乃是避免主觀上的價值判斷所致。

〔註1〕清・趙翼《二十二史箚記》（臺北：世界書局，1962 年 3 月初版，1996 年 3 月初版十一刷）卷十五〈魏齊周隋書併北史〉，「隋文帝殺宇文氏子孫」條，頁 207。

二、研究概況

由於北周及隋代都是時間短暫的朝代，學界專門研究此一時期的著作甚少，多半是附屬在魏晉南北朝的後期，以及隋唐史的前期，因此早期以楊堅代周爲主體研究者十分少。目前看到最早以楊堅爲主要研究對象的是湯承業，雖其是以政治學角度著手，卻是最早爲楊堅作專門研究者。其於 1960 年代所出版的著作中提出，楊堅能夠取得政權最主要是靠著承襲父親的爵位，后、女的姻親裙帶關係，以及同窗舊友的擁戴，再加上個人沈潛晦明的修養所致。〔註 2〕之後的 1970～80 年代，似乎沒有專門研究楊堅的作品出現。1990 年代研究楊堅的專書則是韓昇的《隋文帝傳》，其認爲楊堅得以奪權之因主要是楊堅本身心思的縝密，以及北周朝政的腐敗，尤其是宣帝即位後的暴虐濫殺，等於是自毀長城，北周朝中無一勢力足與楊堅對抗；而與皇室的姻親關係也是使楊堅浮上檯面的重點。〔註 3〕目前所見研究楊堅之專著只有此二本，由此可見學界專門研究楊堅者實是少之又少。然而正如湯承業所認爲的，楊堅在奪位之前戰功不多，地位聲望也並非最高，輔政之後更是導致三方起兵，足可見其地位之薄弱，但卻仍可在數月之間改朝換代，難道不足以研究嗎？〔註 4〕

所幸除了上述二本專書之外，在其他關於隋唐史的著作中亦有許多提到楊堅代周建隋一事。如日本學者谷川道雄於 1970 年代即在其書中提到，楊堅取得政權並非輕易，而是得到劉昉、鄭譯等人的披助。〔註 5〕1980 年代國內學者王壽南的通論性著作，則認爲楊堅能夠輕易取得政權的原因在於漢族勢力的興起、北周君威未建、民間迷信心理以及楊堅對手之無能。〔註 6〕此時期除了中文著作，還有一本相關的英文著作問世，是芮沃壽（Arthur F. Wright）所著 The Sui Dynasty。其著作中認爲楊堅能夠順利奪權的因素在於其政治地位、出身佛教家庭，以及一些有影響力的人的支持。此外，他相信楊堅能夠快速

〔註 2〕 湯承業，《隋文帝政治事功之研究》（臺北：中國學術著作獎助委員會出版，民國 56 年 8 月），第一章。

〔註 3〕 韓昇，《隋文帝傳》（北京：人民出版社，1998 年 9 月），第一章。

〔註 4〕 見湯承業書，引言。楊堅輔政之後所引起的三方之亂，最初是由宇文泰之外甥、北周元老重臣尉遲迥起兵，論戰功與在北周朝中的資歷，楊堅自然比不過尉遲迥。

〔註 5〕 見谷川道雄，《隋唐帝國形成史論》（東京：筑摩書房，昭和四十六年），第四章。中文本見谷川道雄著，李濟滄譯，《隋唐帝國形成史論》（上海：上海古籍，2004 年 10 月），第四章。

〔註 6〕 見王壽南，《隋唐史》（臺北：三民書局，民國 75 年 12 月），第一章。

建立權威的很大因素是其強調「孝」的觀念，由「孝」的觀念擴大爲「忠」的觀念，藉此鞏固新的君臣關係。〔註7〕1990 年代，英國學者崔瑞德（Dennis Twitchett）提出，楊堅代周建隋不過是關隴內部權力的轉移，仍是屬於西北貴族集團的統治。〔註8〕而香港學者張偉國則分析，楊堅能夠順利取得政權主要是因爲漢人勢力的支持。因爲北周後期的府兵之中，漢人逐漸打破北鎮武將的壟斷而獲得較高地位，且當宣帝暴崩權力眞空之際，他們自然會支持與漢人關係密切的楊堅，建立以漢人爲本位的政權。〔註9〕1990 年代末期出版一本《北周史稿》，是筆者目前所見唯一北周史的通論性專書，作者雷依群對於楊堅何以得天下並沒有特別專門的討論，但依其書中所述，其認爲楊堅在北周末年掌政時，是透過廢除宣帝時的嚴苛法令以換取人民的支持。〔註10〕在近年研究中，大陸學者梁滿倉對於楊堅代周建隋的研究是較有新意的。其認爲楊堅得以順利奪位的原因，在於武帝的廢佛與宣帝的暴虐引起北周人民的不滿。因此楊堅在友人勸說掌權之後，相繼推行寬政與復佛，藉此獲得人民支持。〔註11〕而國內學者呂春盛在其著作中提出，楊堅能夠得權的原因應與北周內部政治的弱點有關。包括北周以來王朝威信的式微，權力基礎的窄化等等。除此之外，呂氏也提出楊堅充分利用北周政權中的官僚動向，尋求各派人物的支持，以及藉由寬大法典與復行佛道來收攬民心等等說法，屬於目前爲止對於楊堅代周建隋研究中最爲詳細者。〔註12〕不過呂氏在佛教政策的論

〔註7〕 見 Arthur F. Wright，*The Sui Dynasty*，（臺北：敦煌，民國 74 年 3 月臺灣版）chapter3。此本著作是目前筆者所見唯一隋史的專書，該書作者也是《劍橋隋唐中國史》中隋代部分的撰筆者。但在此本臺灣版出版之前，作者早已於 1976 年去逝。此外，此本英文著作在日本被翻譯爲日文出版，校正許多原書的錯誤。見アーサー F. ライト撰，布目潮渢、中川努合譯，《隋代史》（京都：法律文化社，1982）。

〔註8〕 見〔英〕崔瑞德，《劍橋中國隋唐史》（北京：中國社會科學出版社，1990 年 12 月），第一章序言，頁 4。

〔註9〕 見張偉國，《關隴武將與周隋政權》（廣州：中山大學出版社，1993 年 6 月），第四章。

〔註10〕 見雷依群，《北周史稿》（西安：陝西人民教育出版社，1999 年），第十章。

〔註11〕 見梁滿倉，《漢唐間政治與文化探索》（貴陽：貴州人民出版社，2000 年 9 月），第四編。

〔註12〕 見呂春盛，《關隴集團的權力結構演變——西魏北周政治史研究》（臺北：稻鄉，民國 91 年 3 月），第七章。本書爲作者之博士論文重新整理後所出版。其中談到北周王朝威信的式微，最主要是長期以來宇文護專政，權臣與皇帝之間的鬥爭與易主，使得朝臣無所適從。而權力基礎的狹窄化則是將統治權由原本共同建立政權的北鎮勢力，逐漸收攬到宇文氏的手中，形成宇文氏集

述上，論證著重於武帝滅佛的部分，楊堅的部分則以推測居多，沒有詳細的論證。

　　除了專書之外，學界也有許多關於隋代的單篇論文，不過早期多半著重於隋代本身或隋文帝的政策，〔註 13〕對於楊堅代周建隋此一議題的專門討論要到 1990 年代才較多。如大陸學者胡如雷有多篇文章均是討論此事，其認為楊堅能夠代周建隋主要是因為宇文護的專權打擊許多人，武帝又大行滅佛引起群眾的反感，加上宣帝的殘暴無德，因此朝臣逐漸轉而支持楊堅。而楊堅的奪權也是經過精心謀畫的，個人的政治野心非常大。〔註 14〕樊廣平認為楊堅得以輔政的原因在於其社會聲望、個人才能、皇帝外祖身分以及依靠宣帝近臣等原因，而能進行奪權的因素在於宇文氏政權的日漸腐朽，以及取得關隴豪族的支持。〔註 15〕楊翠微則認為給楊堅最大助益的是披助他輔政的幾位文官，而楊堅也拉攏那些失意的漢人官員，給予他們所求的政治利益。〔註 16〕

　　相對於大陸學者的研究，臺灣方面的研究數量顯得薄弱，目前亦是以呂春盛的研究為主。呂氏認為楊堅能夠順利代周的原因是充分利用在北周朝中失意的政客，以及掌握北周政權的弱點，才得以成功的。〔註 17〕

權的局面。（見其書第五章）筆者認為，呂氏的著作算是至目前為止對周隋之際研究最為詳細且可成立的。由於本文會多次討論到此書，呂氏專論於本文中亦只參見此本，故後文簡稱此書為呂書，以方便行文。

〔註 13〕如較早的橫田茲〈七世紀初頭の中国における内亂に就いて（上）、（下）〉，《東洋史研究》，第十二卷第四號，昭和廿八年六月（1953），頁 1～14。1980 年代大陸地區有許多關於隋文帝的研究，但多是政治、經濟、民族等政策面的研究，如高凱軍，〈從隋文帝的民族政策看隋初的經濟繁榮〉，《北方論叢》，1983 年第 1 期，頁 96～100。趙云旗，〈隋文帝政治思想研究〉，《天津師大學報》，1984 年第 4 期，頁 31～36。竺培升，〈略論隋文帝時期"國計之富"的原因〉，《中南民族學院學報》，1985 年第 1 期，頁 59～63。趙云旗，〈隋文帝民族政策研究〉，《中央民族學報》，1986 年第 1 期，頁 30～36。以上等等，其他許多不勝枚舉。

〔註 14〕見胡如雷，〈北周政局的演變與楊堅的以隋代周〉，《社會科學戰線》，1990 年第 2 期，頁 162～171。以及〈隋文帝楊堅的篡周陰謀與即位後的沉猜成性〉，收入中國唐史學會編《中國唐史學會論文集》（西安：三秦出版社，1991 年 9 月出版），頁 144～161。

〔註 15〕見樊廣平，〈楊堅建隋以及對全國的統一〉，《集寧師專學報》，1995 年第 1 期，頁 115～120。

〔註 16〕見楊翠微，〈論楊堅代周建隋〉，《齊魯學刊》，1998 年第 3 期，頁 47～54。

〔註 17〕見呂書第七章，或見其文〈關於楊堅興起背景的考察〉，《漢學研究》，第 18 卷第 2 期，民國 89 年 12 月，頁 167～196。其中關於北周政權的弱點主要是

　　總結以上各種研究發現，早年隋史多不被重視，多半被視爲唐史的前期或北朝史的尾聲來處理，專論更是少見。在研究角度方面也都是著重於政治權力方面，包括政治地位、政治婚姻以及政治勢力的支持等。近年的研究稍微豐富，課題也從傳統逐漸走向多元，如從佛教方面著手等，然臺灣地區關於此一議題的研究仍然非常少。

三、問題意識與研究課題的提出

　　總結以上各種研究，對於楊堅能夠順利代周建隋的課題，早期學者多傾向認爲是楊堅身爲后父的政治地位、北周朝政的敗壞、政治勢力的支持，以及楊堅個人能力或聲望等所致。近年來的學者則或有認同或有反駁上述意見，並提出新的看法，如武帝的廢佛政策以及北周中央權力的窄化等等。不論是新看法或舊意見，研究中所提出的結論都不脫政治色彩，這也是因爲此一議題本身即爲政治議題所致。然而政權的轉移不僅僅是政治事件，因其所影響的不僅僅是政治層面，而是廣泛包含了一個國家的各方面。因此筆者認爲，要探討一個政權過渡到另一個政權不應該只有談論政治層面，而應該還有其他的社會推動力。談論政權的轉移也不僅僅只有從政治角度切入一途，而應該還有可以從社會、文化等其他角度去著手的空間，這是本文的著作緣起，也是本文題目「側面研究」之由來。

　　欲研究北周政權如何轉移到楊隋政權，自然得從北周本身著手。筆者大量閱讀關於北周的資料後發現，由於史料的缺乏，學界對於北周到隋此一時期的歷史研究非常少，即使有也是如前所述均爲政治或軍事的研究，對於此一時期的社會文化研究則更少。但正如前所言，楊堅在短時間內由朝臣躍爲天子，更承四百年戰亂而開啓統一新局面，其在歷史上的地位與意義應是不容忽視的，史家是否有所缺漏？

　　而且在史料閱讀當中可以發現，從北魏以來至隋建立的期間，整個北朝有許多大型的社會潮流，如繁榮的佛教崇拜、大規模的改姓、大量的石刻塔寺被建立，以及如南北方士人相互流動等社會現象。這些社會潮流也都與北周政治密切相關，甚至是相互影響。因此讓筆者產生懷疑的是，這些在北朝風起雲湧的社會潮流，是否也帶動著政權轉移的脈動？如西魏時期滅江陵，

宇文護以來的政權集於宇文氏手中，至武帝時期進而集中到皇帝手中，中央集權的結果只要能夠控制皇帝就能取得政權。以及武帝的禁廢佛教與宣帝的暴虐失德等等。

有大批南方士人被迫遷入關中，北周滅北齊之後又有部分山東士人被併入北
周政府；繁榮的佛教崇拜曾被北周武帝所打壓，大規模的改姓在西魏北周時
期也曾發生；至於民間大量的碑銘石刻，則爲這些社會潮流、政治活動做爲
見證與記錄。此外，楊堅是虔誠的佛教徒，在西魏北周時期也曾因政策影響
而改姓，更曾建塔立碑。然前人學者在從事相關研究時，佛教政策方面只提
周武滅佛引起社會反彈，但社會反彈情形如何？楊堅復佛的情形如何？民眾
對於楊堅復佛的反應又是如何？均未做深入研究。南方及北齊士人在北周政
府中的情形如何？其政治傾向如何？對於北周政權中的政權轉移過程又表態
如何？也未見研究。〔註18〕改姓政策也只談宇文泰此一措施的用意與對西魏
北周政權的貢獻，卻未談到此一政策之下社會的反應如何？受賜姓的人反應
如何？經過這些事件，北周人民對於北周政權的看法又如何？是否因此而反
對北周政權轉而支持楊堅？上述這些問題當中，北周社會民間的反應如何，
史書上記載很少，因此除了正史之外，還需要從其他資料當中來找答案。而
近年魏周隋唐金石史料的大量出土及整編，適時提供了筆者研究的基礎，令
筆者有了側面研究楊隋以尋求答案的可能。

綜前所述，本文題名之「側面研究」的涵蓋範圍，在背景上爲事件之歷
史意義，在社會上爲宗教、姓氏、士人流動等問題，在文化上則爲集體記憶、
政治神話等方面的探求。筆者欲從這些角度著手，瞭解楊堅代周建隋此一議
題在古今史家中的地位與意義如何？以及除了政治角度之外，影響楊堅順利
代周建隋的社會文化因素何在？如佛教活動的興復、改換姓氏對社會的衝
擊，以及在改朝換代之際人民對於楊堅的印象如何？對於楊堅奪權的態度如
何？楊堅又利用哪些有利因素幫助自己奪權？這些事件對於楊堅奪權的影響
又如何？除了希望針對楊堅代周建隋此一議題有不同以往的解釋之外，也希
冀透過此文對於北周的社會文化有更多瞭解。

〔註18〕南北朝士人的流動此一議題，以往學者多偏重於南方士人入北朝後的故國之
　　　　思，如王美秀，〈庾信羈旅北朝的處境與心境〉，《文理通識學術論壇》，第四
　　　　期，民國89年8月，頁153～165。〔韓〕姜必任，〈庾信對北朝文化環境的接
　　　　受〉，《文學遺產》，2001年第5期，頁11～21。或詩文看南北文化的交流，
　　　　如劉思剛，〈庾信：南北民族文化融合中的"文化特使"〉，《四川師範學院學
　　　　報》，1995年第2期，頁57～61。有少部分則透過南方文人在北朝的作品，
　　　　來看南方文人眼中的北朝政治，如葉慕蘭，〈從庾信「奉和闡弘二教應詔」、「奉
　　　　和法延應詔」詩作談北周武帝宇文邕之毀佛〉，《源遠學報》，12，民國89年
　　　　11月，頁95～103。

四、理論架構與章節安排

在章節的架構安排上，本文除緒論、結論之外，正文共分為三章九節。就整個架構而言，本文的中心即在探討楊堅代周建隋何以如此迅速穩固的幾個原因。除了傳統的政治地位與軍事結構之外，筆者認為尚有有其他的社會原因推動了此一歷史進程。故筆者欲從北周的社會背景著手，討論在奪權的過程之中，楊堅運用了一些對他有利的因素，如佛教的興復、姓氏政策等，幫助他在奪權之際能穩定政權。這些有利因素之中有些是因應時勢的，有些是刻意製造的，均對其奪權行動造成一定的影響。而歷史上不同時代對於楊堅奪權的評價都有不同，今日看來也各具其時代意義，亦可與今日史家研究之新方向相互激盪。

第一章，為本文緒論。第二章，筆者擬先就過去史家對楊堅代周建隋此一事件的評論著手，討論歷代對楊堅評價的演變及其時代意義，並藉此對整個政權轉移過程作一背景瞭解。進一步希望透過古今史家對此事的研究，比較分析過去與現在研究成果的異同。

第一節為唐宋時期對楊堅代周建隋之評論。因唐代在時間上最接近隋代，其對於此事的評論理應較為切近，史家所得的資料也比後人近真，故唐代史家之評論不可或缺。而宋代強調君臣之義，在忠貞的觀念以及儒學復興的背景之下，楊堅以權臣外戚的身份取周而代之的評價呈現什麼轉變？以此再與唐代記載相互比較，審視此事之評價在唐宋變革之際有如何之變化。

第二節為明清時期對楊堅代周建隋之評論。因清代考據之學興盛，對過去史籍多持求真態度，在閱讀史籍的過程中也多作札記，評論諸多史事。如前文曾述及趙翼之言幾成一般史家之概念，影響如此之深，理應約略知悉清代史家對此事評論之概況。由於明清時期距周隋之際已年代久遠，所修史書多無提及楊堅代周建隋一事，因此本節欲從各文人筆記、讀史札記中著手，檢閱在清代學者詳細考史風氣之下，對於楊堅代周建隋此一歷史事件的紀錄有否不同面貌或是不同評價。

第三節則為近人研究中的楊堅得權原因分析及評價。在前文的研究成果概況中已羅列許多前人研究，然而可見的是諸多史家眾說紛紜，除部分學者就其所列詳細論證之外，尚有部分說法的論證不夠詳細，甚至是猜測與推論的成分居多。因此，此節即欲透過對近代史家的研究成果再進行研究，主要是針對楊堅代周建隋幾項關鍵因素的討論，如對於雄厚的政治背景、婚姻關

係、北周本身政治問題等政治方面的歧異，以及佛教興復、漢人身份等社會問題的輕重等來討論。除了分析各家說法、嘗試釐清各項因素孰輕孰重的問題之外，自古至今此一議題的不同著眼點與其時代意義的變化，也是本節的討論重點。因此本節所使用資料即以前文所提近人研究成果爲主，以及前兩節分析之成果，嘗試作過去與現在的交叉比較。

在對過去史家的評論有了基本認識之後，第三章即在討論除了前述的政治推動力之外，其他可能的社會推動力，也就是北周社會潮流對楊堅代周建隋的影響。此章亦分爲三個部分討論，根據在北周政權中的結構依序進行。第一節討論的是北周的統治核心階級，即所謂的開國功臣及其第二代與周隋政權轉換的關係。第二節則是討論北周政權中的次一級統治階層，亦即北周朝中文武官員與周隋政權轉換的關係。第三節則討論北周社會、民眾的信仰問題與周隋政權轉換的關係。

第一節爲賜復姓氏與楊堅代周建隋之關係。此乃針對北朝自北魏以來一路的姓氏政策，從太和中的改漢姓，西魏北周時期的賜胡姓，再到北周末年楊堅的恢復舊姓。前二者過去已有許多研究，然而卻忽略了第三者與前二者之間的關係。因姓氏的改變牽涉到家族與民族的認同問題，恢復舊姓是否有助於前文曾提到的漢人因此支持楊堅？本節將從西魏末年賜胡姓的對象，以及周隋之際楊堅近臣的姓氏，討論楊堅是否曾拉攏過去曾被賜胡姓的漢人，以共同推翻胡姓的政權。

第二節要談的則是各地域人士對楊堅代周建隋的影響。相較於南朝與北齊，西魏北周立國以來文人學士即較爲缺乏，因此對於南朝來使之文人學士頗多留用，但多居文學之職，較少能接近權力核心。至北周建德六年（577 年）周軍平鄴，統一了北方，大量北齊文人也因此被併入北周。然而在北周朝中，這些舊齊士人的地位如何？武帝在平齊隔年即去世，對此問題似未來得及做好處置。宣帝無度，靜帝幼弱，楊堅面對北周朝中多方地域人士，除了北周朝中原有的北鎮軍人之外，加上河南河東人士、南方文人、北齊文人，是否統整或圓融應用？本節亦擬針對楊堅代周建隋之際所引用之人力，分析是否曾統整多方力量？對其代周建隋是否有所助益等等。

第三節爲北周興廢佛教與楊堅代周建隋之關係。前文曾略有論及，過去學者也曾提出周武廢佛之說，然而各云其是。筆者嘗試從佛教資料與各種石刻史料中找尋證據，闡述北周至隋朝佛教政策與政權轉移的關係，以尋求周

武滅佛與楊堅興佛之間的關係，以及當時人民的反應如何。而後來楊堅復佛的行動，對社會、人民而言，又有什麼樣的效應？對其代周建隋的行動影響何如等等，都是此節欲解決的重點。

第四章則從新的角度出發，談論過去少有人接觸的話題，從文化的角度著手看這個事件。第一節為楊堅漢人政權的重新建構。過去即有史家質疑楊堅出身弘農楊氏的說法，雖對其是否為漢人仍是眾說紛紜，但極有可能非為弘農楊氏此一說法則是大致定論的。本文的重點與目的不在重複考證其真實性，而是從其有問題的家世著手，探討楊堅若非名門卻又強調其名門出身的用意何在？是否為助其奪權的策略之一？此一強調漢族名門之後的行為，對於其號召漢人支持是否有所助益？對其代周建隋的影響又如何？

第二節為集體記憶的凝聚—製作隋帝楊堅。在楊堅奪位前後，出現許多批評朝政黑暗的謠諺、讚頌楊堅功業的詩歌與石刻，以及各種象徵周衰隋興的災異。本節即在探討這些批評的謠諺、讚頌的詩歌以及各式災異，對於楊堅形象的建立是否有所作用，是否對其代周建隋有輔助與安撫民心的作用。本節靈感來自於英國史學家彼得柏克（Peter Burke）之名著《製作路易十四》（The Fabrication of Louis XIV）〔註19〕，因筆者在閱讀石刻史料時發現許多歌頌楊堅的銘文，不論是有意或無意，似乎均塑造了楊堅的良好形象。故欲從此一角度出發，探討楊堅是否刻意建立形象，又是否對其奪權有所影響。

最後一節要談論的是代周建隋的天命依據—神話、儀式與正統。每個朝代在轉換之際都會出現一些關於開國帝王的神話傳說，以確立上天所賦予當權者的使命。或是新政權建立之初，為了避免政權轉換之際所引起的動亂，都必須經過一套繁複的儀式，象徵前朝的傳承。而最早以禪代之說行篡位之實的即是王莽，楊堅在代周建隋的過程之中，是否也曾學習前朝之例？除了沿襲之外，楊堅又有什麼樣屬於自己的政治神話？這樣的政治神話對其奪權有否影響？又楊隋取代北周而與南朝對立，楊堅是如何處理正統問題？隋朝是繼承南方或北方的統緒？這些均是此節欲討論之重點。

五、研究方法與基本史料

本文與前人學者研究最大不同之處，乃在於本文大部分從社會文化角度著手來談論這個政治議題，因此除了傳統的史料分析之外，嘗試著使用部分

〔註19〕〔英〕彼得‧柏克（Peter Burke），《製作路易十四》（臺北：麥田，1997年5月出版，2001年10月三刷）。

社會科學的理論來解釋一些歷史現象。如處理大量傳統史料文獻中對於楊堅的評價如何，會利用比較分析的手法，以期求出不同時代評價的特色與意義。而涉及民眾對楊堅奪權的支持與否，可能從大眾心理分析的角度來著手，以討論解釋群眾心理。而論及民族情感的部分，可能需借用文化人類學的理論，如祖源記憶等。此外，由於會牽涉到大量姓氏的問題，因此數量上的統計分析也是不可或缺的方法之一。最後，本文由於取向問題，所用資料不局限於傳統史料，而會大量使用石刻等出土資料，因此可能需再應用到傳統文獻與出土資料相互考訂的詳細考證。根據這些不同於過去此一議題的研究方法，本文對於研究中古史傳統的政治議題而言，無異是一項新的嘗試。

　　然而，雖本文以社會文化的角度出發，但楊堅代周建隋此一事件本身即屬於政治事件，故在研究過程中仍無法避免碰觸到政治層面的討論。筆者將此文定名為「側面研究」，也並非欲完全擺脫政治色彩。據此，本文的研究取向，乃欲嘗試用社會文化的角度來重新詮釋政治事件，故仍無法排去此一事件本身的政治性質，在討論的過程中，也不能避免的重複提及事件的政治意涵。

　　在本文所使用的基本史料方面，除了《周書》、《隋書》、《南北史》、《新舊唐書》等正史之外，尚須研究各朝的文人筆記小說以觀察各時代對此事的評價如何。如唐宋時期之《大唐新語》〔註20〕、《隋唐嘉話》〔註21〕、《東坡志林》〔註22〕、《稽古錄》〔註23〕、《邵氏聞見後錄》〔註24〕等等。而在明清時期，因明代對此事的評論很少，筆者亦未見有針對此事有專門之研究，故對於明代筆記較少收錄。明清之際與清代筆記中曾有提及的著作則較多，如《讀通鑑論》〔註25〕、《廿二史札記》、《萇楚齋隨筆》〔註26〕、《永

〔註20〕唐‧劉肅，《大唐新語》（北京：中華書局，1984 年 6 月出版，2004 年 5 月 4刷）。

〔註21〕唐‧劉餗，《隋唐嘉話》（北京：中華書局，1979 年 10 月出版，2005 年 1 月 3刷）。

〔註22〕宋‧蘇軾，《東坡志林》（北京：中華書局，1981 年 9 月出版，2002 年 9 月 3刷）。

〔註23〕宋‧司馬光，《稽古錄》（北京：中華書局，1991 年出版）。

〔註24〕宋‧邵博，《邵氏聞見後錄》（北京：中華書局，1983 年 8 月出版，1997 年 12月 2 刷）。

〔註25〕清‧王夫之，《讀通鑑論》（北京：中華書局，1975 年 7 月 1 版，2002 年 6 月5 刷）。

〔註26〕清‧劉聲木，《萇楚齋隨筆續筆三筆四筆五筆》（北京：中華書局，1998 年 3月出版）。

憲錄》〔註27〕等。

　　除此之外，石刻史料亦是本文不可或缺的重要證據來源。除了常見的《石刻史料叢編》之外，《全隋文補遺》〔註28〕、《全唐文補遺》〔註29〕，以及羅新、葉煒共同整理的《新出魏晉南北朝墓志疏證》〔註30〕等等，都收錄了大量的碑銘墓志，不但提供豐富家族族源的資料，也含有大量的廟塔碑銘，為當時的佛教活動留下大量的見證，亦提供研究者豐富的研究資料。

　　除了石刻史料當中收藏許多金石方面的佛教資料外，《大藏經》〔註31〕是最豐富的佛教紙本文獻，尤其《歷代三寶記》〔註32〕之作者費長房，本身即是經歷過周武法難的僧人，及記載更具時代性。〔註33〕除佛教之外，魏晉南北朝時期同樣盛行的道教也需值得注意，而《道藏》〔註34〕中所收存的道教典籍也或多或少提及當時社會情況，故亦需注意。

　　其他尚有《古謠諺》〔註35〕、《樂府詩集》〔註36〕等，可提供北朝時期民間對朝政的歌謠與批評。

　　最後，本文因取向問題，會接觸到一些社會學或是文化類學的理論，故關於此方面應用在歷史學的一些基本研究亦必須列入參考，如國內學者王明珂《華夏邊緣——歷史記憶與族群認同》〔註37〕、〈「起源」的魔力及相關探討〉〔註38〕、〈論攀附：近代炎黃子孫國族建構的古代基礎〉〔註39〕以及沈松

〔註27〕清・蕭奭撰，《永憲錄》（北京：中華書局，1959 年 8 月出版，1997 年 12 月 2 刷）。

〔註28〕韓理洲輯校編年《全隋文補遺》（西安：三秦出版社，2004 年 3 月）。

〔註29〕吳鋼主編，《全唐文補遺》（西安：三秦出版社，1994 年 5 月）。

〔註30〕羅新、葉煒，《新出魏晉南北朝墓志疏證》（北京：中華書局，2005 年 3 月）。

〔註31〕《大正新修大藏經》（臺北：新文豐，民國 72 年 1 月出版），以下簡稱《大藏經》。

〔註32〕隋・費長房，《歷代三寶記》，收入《大藏經・史傳部一》。

〔註33〕阮忠仁曾有專文討論《歷代三寶記》，其認為該書不僅具有在佛教史上的意義，也有在史學上的意義。見氏著〈從《歷代三寶記》論費長房的史學特質及意義〉，《東方宗教討論會論集》，第一期，民國 79 年 10 月，頁 91～129。

〔註34〕《正統道藏》（臺北：新文豐，民國 77 年出版）。

〔註35〕清・杜文瀾輯，《古謠諺》（北京：中華書局，1958 年 1 月 1 版，2000 年 1 月 3 刷）。

〔註36〕宋・郭茂倩，《樂府詩集》（北京：中華書局，1979 年 11 月 1 版，2003 年 9 月六刷）。

〔註37〕王明珂，《華夏邊緣——歷史記憶與族群認同》（臺北：允晨，民國 90 年 5 月）。

〔註38〕王明珂，〈「起源」的魔力及相關探討〉，《語言暨語言學》，二卷一期，民國 90 年 1 月，頁 261～267。

橋〈我以我血薦軒轅—黃帝神話與晚清的國族建構〉〔註 40〕等文所提出的祖源記憶與國族建構理論；法國學者莫理斯‧哈布瓦赫的《論集體記憶》〔註 41〕、美國學者保羅‧康納頓的《社會如何記憶》〔註 42〕等關於社會記憶的理論，以及國內學者文崇一《歷史社會學》〔註 43〕與劉安彥《社會心理學》〔註 44〕等的社會學理論，均對本文的新構想提供很好的理論基礎。

　　綜上所述，本文旨在彌補過去周隋政權轉移研究的不足，並且嘗試從社會文化的角度去重新詮釋此一政治事件，更希冀能透過此文對於北周至隋此一時期的社會脈動有更多瞭解。

〔註39〕　王明珂，〈論攀附：近代炎黃子孫國族建構的古代基礎〉，《中央研究院歷史語言研究所集刊》，第七十三本第三分，民國 91 年 9 月，頁 583～623。

〔註40〕　沈松橋，〈我以我血薦軒轅——黃帝神話與晚清的國族建構〉，《臺灣社會研究季刊》，第二十八期，民國 86 年 12 月，頁 1～77。

〔註41〕　〔法〕莫理斯‧哈布瓦赫著，華然、郭金華譯，《論集體記憶》（上海：上海人民出版社，2002 年 10 月）。

〔註42〕　〔美〕保羅‧康納頓（Paul Connerton）著，納日碧力戈譯，《社會如何記憶》（上海：上海人民出版社，2000 年 12 月）。

〔註43〕　文崇一，《歷史社會學》（臺北：三民書局，民國 84 年 11 月）。

〔註44〕　劉安彥，《社會心理學》（臺北：三民書局，民國 84 年）。

第二章　周隋政權轉移評價之演變

第一節　唐宋時期對周隋政權轉移的評價

　　對於周隋政權轉移此一歷史進程，學界已有許多研究。就筆者目前所見學術界研究成果來看，研究方向乃大多著重在政權結構與政治鬥爭上。但筆者認為，從一政權轉移到另一政權，這之間牽涉的問題絕不僅只在政治層面，而應該廣泛涉及到各個層面，因此這個政治議題就值得再重新討論。

　　但在重新討論這個問題之前，必須先釐清整個政治事件的背景，因此需要重新檢閱史書中的記載。筆者在各部史書中檢閱的結果發現，不同時代對於此一事件有著不同的記載、不同的評價。但從目前學者的研究內容所見，各史書中的記載均只成為眾學者研究中的佐證材料，而未見針對史書本身記載不同、評價不同之研究。因此，筆者欲從史書本身之記載與評價出發，除對史事本身有一透徹瞭解之外，意欲從其中窺見此一政治議題在各時代研究焦點的轉變與其時代意義。

　　在本節的材料使用方面，唐代以唐時所修正史為主，如《周書》、《隋書》、《北史》等，採其時間點較接近之故；宋代因距周隋時期相去較遠，也未重修前述諸史，因此無直接正史可用，筆者乃採用宋代司馬光所修《資治通鑑》為主要依據，配合兩《唐書》中或有相關討論，作為官方評價之依據。〔註1〕此外，並或收集部分唐宋時期文人之筆記，作為官方與民間之對照。

〔註1〕　《通鑑》雖為司馬光私撰，但由於是上呈皇帝批覽，並且得到政府的支援，因此雖無列入正史，卻可在某種程度上視為是官方史書。但於此之外，仍須注意其個人史觀，畢竟其書修纂動機與一般官方史書不同。

一、唐代史書中的周隋政權轉移

　　唐初大舉修史，二十五史中成於唐的有八部，二部私修六部官修，於正史比例佔三分之一，實爲中國史學上重大之事。〔註2〕而首倡者乃爲令狐德棻：

> 武德四年十一月，起居舍人令狐德棻，嘗從容謂於高祖曰：「近代以來，多無正史，梁陳及齊，猶有文集，至於周隋，多有遺闕。當今耳目猶接，尚有可憑。如更十數年後，恐事跡湮沒，無可記錄。……」
> 至貞觀三年，於中書置秘書內省，以修五代史。〔註3〕

貞觀年間，唐太宗下詔修五代史，此見於《舊唐書・魏徵傳》：

> 初，有詔遣令狐德棻、岑文本撰周史，孔穎達、許敬宗撰隋史，姚思廉撰梁、陳史，李百藥撰齊史。徵受詔總加撰定，多所損益，務存簡正。隋史序論，皆徵所作，梁、陳、齊各爲總論，時稱良史。〔註4〕

隋代國祚過短，因此雖文、煬二帝均下詔修史，卻均未竟工。而在唐初所修五代史，便成爲修史時間最接近前朝的正史。因此在面對本文議題時，唐初所修正史是最佳的參考資料。此外，還有二部私修正史成於高宗年間：

> （李）延壽又嘗刪補宋、齊、梁、陳及魏、齊、周、隋等八代史，
> 謂之南、北史，凡一百八十卷，頗行於代。〔註5〕

但由於本文討論的是周隋政權轉移，二者之中以《北史》爲較直接的紀錄，因此在本節的研究中，採用李延壽的研究即以《北史》爲主。加上直接相關的《周書》、《隋書》，應可略窺唐代史家對此一政治議題之評論。〔註6〕

　　欲瞭解楊堅得權之因，應先理解北周末年的政治危局，才能理解何以楊堅得以遷鼎。對於北周滅亡之因，《周書》認爲其因肇於武帝之時，而宣帝爲摧枯振朽之手，此見《周書・文閔明武宣諸子》載云：

> 太祖之定關右，日不暇給，既以人臣禮終，未遑藩屏之事。晉蕩輔政，爰樹其黨，宗室長幼，竝據勢位，握兵權，雖海內謝隆平之風，

〔註2〕參見雷家驥，《中古史學觀念史》（臺北：學生書局，民國79年10月），頁593。
〔註3〕宋・王溥，《唐會要》（北京：中華書局，1985年）卷六十三〈修前代史〉，頁1090。
〔註4〕後晉・劉昫，《舊唐書》（臺北：鼎文，民國87年10月）卷七十一〈魏徵傳〉，頁2549～2550。
〔註5〕《舊唐書》卷七十三〈李延壽傳〉，頁2600。
〔註6〕除《北史》爲李延壽私修之外，《周書》、《隋書》之撰者都不只一人，因此本文之中討論其史意時，不稱令狐德棻或魏徵，而一律稱《周書》、《隋書》。

　　而國家有盤石之固矣。高祖克翦芒刺，思弘政術，懲專朝之爲患，
　　忘維城之遠圖，外崇寵位，內結猜阻。自是配天之基，潛有朽壤之
　　墟矣。宣皇嗣位，凶暴是聞，芟刈先其本枝，削黜遍於公族。……
　　號爲千乘，勢侔匹夫。是以權臣乘其機，謀士因其隙，遷龜鼎速於
　　俯拾，殲王侯烈於燎原。悠悠邈古，未聞斯酷。豈非摧枯振朽，易
　　爲力乎。〔註7〕

北周政權雖然在宇文護時期出現專權情形，卻使宇文氏政權達於穩固；武帝
則鑑於宇文護時代的專擅，而忽略了封建藩衛中央的重要性；繼之宣帝兇暴，
國家便逐漸走向末途。因此北周亡國的責任不在年幼的靜帝身上，而是在之
前便已種下惡因。雖其身負亡國之君的罪名，然史之所記當昭雪之：

　　靜帝越自幼沖，紹茲衰緒。內相挾孫、劉之詐，戚藩無齊、代之彊。
　　隋氏因之，遂遷龜鼎。雖復岷峨投袂，翻成陵奪之威；漳滏勤王，
　　無救宗周之殞。嗚呼，以太祖之克隆景業，未踰二紀，不祀忽諸。
　　斯蓋宣帝之餘殃，非孺子之罪戾也。〔註8〕

周隋鼎革之際，北周靜帝年方不過九歲，如何能成爲推倒政權之推手？宣帝
才是北周走向滅亡的關鍵，因此《周書》將北周政權之所以傾覆的原因歸罪
到宣帝身上。此外，《北史》之評完全沿襲《周書》之說法，故不另列出討論。
〔註9〕但我們可以從這些評論當中看出，唐初史官認爲北周滅亡的原因純粹出
於北周政權內部的腐敗，尤其是出自於皇帝本身之作爲。如此看來，則似乎
誰都有機會可以轉移政權，那麼爲何是楊堅呢？《周書・皇后傳》言：

　　歷觀前載，以外戚而居宰輔多矣。申、呂則曠代無聞，呂、霍則與
　　時俱盛。傾漢室者王族，喪周祚者楊氏。何滅亡之禍，合若符契焉。
　　斯魏文所以發一槩之詔也。〔註10〕

由此觀之，似乎楊堅之得權，只是純粹因其爲外戚身份，得以接近權力核心，
一若前朝之外戚亡漢，不過是歷史重演罷了。那麼北周朝中外戚不只楊氏一
家，何以靜帝成代罪羔羊？這或許是恰好碰上了靜帝之年幼所致，否則宇文

〔註7〕　《周書》（臺北，鼎文，民國85年11月八版）卷十三〈文閔明武宣諸子〉，「史
　　　　臣曰」，頁209～210。
〔註8〕　《周書》卷八〈靜帝紀〉，「史臣曰」，頁136。
〔註9〕　可參見《北史》（北京：中華書局，1974年10月出版，2003年7月七刷）卷
　　　　十〈周靜帝紀〉，「論曰」，頁385。《北史》所評不過更動幾字爲「嗚呼！以文
　　　　皇之經啓鴻基，五皇之克隆景業，未逾二紀，不祀忽諸」。
〔註10〕　《周書》卷九〈皇后傳〉，「史臣曰」，頁149。

護死後，武帝、宣帝即位都已成年，外戚就算有野心，也不易控制政局。

除此之外，宗室無法有力保護中央也是原因之一。楊堅受詔輔政，宇文氏宗室與其他北周舊臣起兵欲反楊堅輔政卻仍無力回天，《周書・宇文冑傳》中即對此事多加感慨：

> 當隋氏之起，乘天威而服海內，將相王侯，莫不隳肝膽以効款，援符命以頌德。冑以葭莩之親，據一州而叶義舉，可謂忠而能勇。功業不遂，悲夫！……〔註11〕

除對於北周宗室欲匡復宇文政權的「義舉」失敗感嘆之外，《周書》也譴責部分原北周貴臣在北周興亡之際未給予扶持，反而助楊堅一臂之力，如李穆、于翼等人，見其在《周書》中的本傳云：

> （于）翼既功臣之子，地即姻親；（李）穆乃早著勳庸，深寄肺腑。竝兼文武之任，荷累世之恩，理宜與存與亡，同休同戚。加以受扞城之託，總戎馬之權，勢力足以勤王，智能足以衛難。乃宴安寵祿，曾無釋位之心；報使獻誠，但務隨時之義。弘名節以高貴，豈所望於二公。若捨彼天時，徵諸人事，顯慶起晉陽之甲，文若發幽薊之兵，叶契岷峨，約從漳滏，北控沙漠，西指崤函，則成敗之數，未可量也。〔註12〕

于翼是于謹之子，而于謹為西魏北周開國功臣之一，在北周朝中的地位無人可及。于翼地位雖不若父，卻也十分受到重用，尤其武帝對其頗多委重。李穆從宇文泰時期便隨其左右，不但救過宇文泰，更曾被特賜鐵卷，免其十死。這樣兩位北周朝的勳貴及其後代，竟然在北周傾覆之際不但未伸出援手，反而成為其推手，是令人感到沈痛的。〔註13〕史官在此段評論當中也提出，若此二人以其在北周末所掌兵力起而扶助北周宗室，則或許北周尚有存活之望，可見《周書》對於其深受國恩卻不知效力的譴責之意。

因此從《周書》中來看，其認為楊堅得以掌握政權的原因純粹是因為北周政權早已出現腐化，加上宣帝早逝、靜帝年幼，因此外戚楊堅才有可趁之機，順勢掌政。而楊堅奪取輔政之位後，北周宗室及舊臣無力救亡，遂使得楊堅進而轉移政權。至於《隋書》則無上述之記載，或許因為北周情事不在

〔註11〕《周書》卷十，〈宇文冑傳〉，「史臣曰」，頁161。宇文冑，宇文泰長兄宇文顥之孫，與宣帝同輩。

〔註12〕《周書》卷三十〈于翼・李穆傳〉，「史臣曰」，頁530。

〔註13〕于翼及李穆生平，參見《周書》卷三十〈于翼・李穆傳〉。

隋史之範圍之內，也或許是奪人政權不甚光彩，更有可能是對開國君主的隱
諱。因為唐高祖也是篡前朝幼主之位，如在此譴責楊堅竊人權位，則對唐高
祖有影射之嫌，故可能因此而對楊堅隱諱。但由於楊堅是隋朝之開國主，因
此《隋書》對於其得權過程仍稍有記載，只是未見評論。〔註14〕

　　雖然《隋書》對於楊堅如何奪權似乎不便評論，但是對於其掌握政權之
後平定三方起兵進而遷鼎，倒是發表了意見，如《隋書‧高祖紀》所載：

　　　　始以外戚之尊，受託孤之任；與能之議，未為當時所許。是以周室
　　　　舊臣，咸懷憤惋。既而王謙固三蜀之阻，不踰朞月；尉迥舉全齊之
　　　　眾，一戰而亡。斯乃非止人謀，抑亦天之所贊也。乘茲機運，遂遷
　　　　周鼎。〔註15〕

這裡明顯指出楊堅輔政之時是「未為當時所許」，既然不為當時所許，又怎麼
能夠輔政呢？「未為當時所許」的主要原因是楊堅的才能不足，因楊堅在北
周朝中的功勳遠不及其他北周宗室。〔註16〕然而楊堅卻因為其身為外戚的身
份，縱使才能不足卻仍能入朝輔政，所以北周舊臣才會「咸懷憤惋」。不過《隋
書》於此處仍然點出楊堅之所以能夠一舉平定三方起兵，不但是人謀，也是
天意，完全符合開國主的形象。

　　除此之外，《隋書》中亦有如同前述《周書》中對於北周遺臣的譴責：

　　　　李穆、梁睿，皆周室功臣，高祖王業初基，俱受腹心之寄。故穆首
　　　　登師傅，睿終膺殊寵，觀其見機而動，抑亦民之先覺。然方魏朝之
　　　　貞烈，有愧王陵，比晉室之忠臣，終慚徐廣。穆之子孫，特為隆盛，
　　　　朱輪華轂，凡數十人，見忌當時，禍難遄及。得之非道，可不戒歟！

　　　　〔註17〕

雖《隋書》對於李穆、梁睿翼助建隋之事給予肯定，但也嘆其不能為周朝舊
主盡忠。似乎在某種程度上，《周書》與《隋書》的作者有共同的認知，給予
不能為舊主盡忠之北周功臣一定的譴責。主要的原因在於，唐初修纂《周書》、
《隋書》之時，魏徵同為總纂修，因此對於同一事件的評價會是相當的。此

〔註14〕楊堅掌政過程見《隋書》（臺北，鼎文，民國86年10月九版）卷一〈高祖上〉。
　　　　楊堅掌政過程在《周書‧靜帝紀》與《隋書‧高祖紀》中略有不同，容後再
　　　　討論。
〔註15〕《隋書》卷二〈高祖下〉，「史臣曰」，頁55～56。
〔註16〕楊堅在北周朝中的功勳不足，於功臣第二代中亦不甚突出，相關討論請見本
　　　　文第二章第三節。
〔註17〕《隋書》卷三十七〈李穆‧梁睿傳〉，頁1128～1129。

外，唐朝政權至唐太宗修書時已經穩固，故需對臣民強調忠君之觀念，也是可能的原因之一。〔註18〕

　　至於《北史》對於此事的評論，雖也參考自《隋書》的記載，卻稍有變動，但這一微小變動即足以顯現李延壽對此事之個人史觀。誠如《北史·隋高祖紀》所載：

> 隋文帝樹基立本，積德累仁；徒以外戚之尊，受託孤之任；與能之議，未爲所許。是以周室舊臣，咸懷憤惋。既而王謙固三蜀之阻，不踰期月；尉遲迥舉全齊之眾，一戰而亡。斯乃非止人謀，抑亦天之所贊。乘茲機運，遂遷周鼎。〔註19〕

雖然此段論述與《隋書》中所論大致相同，但「始以外戚之尊」與「徒以外戚之尊」相較，後者顯然對楊堅得以掌政更不以爲然，認爲楊堅徒以外戚身份，而非個人能力之所致。不過或許楊堅知道自己的這項弱點，故在輔政之際「樹基立本，積德累仁」，以此「人謀」得到「天之所贊」。雖最後亦沿襲了開國君主順天應民之說法，但此李延壽在文字上小變動所隱藏之意涵不可忽略。

　　繼唐初所修正史之後，五代時期又出一部正史《舊唐書》，然因五代時期距周隋之際已遠，故而談論不多。僅《舊唐書·太宗下》記載了唐太宗的一段言論，然這段言論實應是摘自《貞觀政要》的：

> 上（唐太宗）謂房玄齡、蕭瑀曰：「隋文何等主？」對曰：「克己復禮，勤勞思政，每一坐朝，或至日昃。五品已上，引之論事。宿衛之人，傳餐而食。雖非性體仁明，亦勵精之主也。」上曰：「公得其一，未知其二。此人性至察而心不明。夫心暗則照有不通，至察則多疑於物。自以欺孤寡得之，謂羣下不可信任，事皆自決，雖勞神苦形，未能盡合於理。朝臣既知上意，亦復不敢直言，宰相已下，承受而已。……〔註20〕

《舊唐書》引《貞觀政要》中唐太宗的言論，究竟是表達《舊唐書》之史觀，

〔註18〕其實就如同清代乾隆時期曾飭撰《貳臣傳》，開國之初爲了統治需要而拉攏的明朝官員，到了政權穩固之後爲提倡忠君遂變成不忠不義之貳臣。這些曾在歷史上爲兩朝君主效命的人臣，竟因「忠君」而在史冊上遭受污名，實爲一大諷刺。

〔註19〕《北史》卷十一〈隋高祖紀〉，「論曰」，頁430。

〔註20〕唐·吳兢，《貞觀政要》（北京：中華書局，2003年11月），頁31。《舊唐書》卷三〈太宗下〉，唐太宗貞觀四年七月條，頁40。應是《舊唐書》修纂時參考《貞觀政要》所得。

抑或是唐太宗之史觀？

　　歷經唐末之動亂，許多史籍亡佚，五代時期政權亦不穩定，因此《舊唐書》所收資料頗爲凌亂。唯唐前期實錄尚存，因此前半多據實錄而成，據《廿二史箚記》所載云：

> 五代修唐書，雖史籍已散失，然代宗以前，尚有紀傳。而庾傳美得自蜀中者，尚有九朝實錄。今細閱舊書文義，知此數朝紀傳，多鈔實錄國史原文也。凡史修於易代之後，考覆既確，未有不據事直書。若實錄國史，修於本朝，必多迴護。觀舊書迴護之多，可見其全用實錄國史而不暇訂正也。〔註21〕

據此，則《舊唐書》所收唐太宗之言論只是純粹據於實錄，根本未經仔細刪削，則應視爲唐初記載，代表唐初之觀念。如此，則唐太宗此話與唐初官修史書之立場似有不同。唐太宗認爲楊堅之所以能得權是因其「欺孤寡以得之」，似未若李唐皇室之憑實力取得政權，且與唐初官方所修史書著重點在北周內部腐敗、以外戚之姿入主等觀點有所不同。

　　此外，在《舊唐書‧張玄素傳》中，張玄素上書太子承乾的言論，又可見到與唐初所修史書有類似的言論：

> ……至如周武帝平定山東，卑宮菲食，以安海內。太子贇舉措無端，穢德日著。烏丸軌知其不可，具言於武帝，武帝慈仁，望其漸改。及至踐祚，狂暴肆情，區宇崩離，宗祀覆滅，即隋文帝所代是也。文帝因周衰弱，憑藉女資，雖無大功於天下，然布德行仁，足爲萬姓所賴。……〔註22〕

此處同樣指出楊堅本「無大功」，卻因爲「憑藉女資」，趁著北周衰弱遂能得天下。而後因「布德行仁」，才能「爲萬民所賴」。這樣的說法顯然與《周書》、《隋書》及《北史》頗爲相近。

　　《舊唐書》中對於楊堅代周建隋之事的評論，在不同傳中有著不同的評價。《舊唐書‧張玄素傳》的評價類同於唐初所修史書，著重在北周政局的敗亡，以及楊堅無大功卻憑藉外戚身份入主輔政的部分。然而在《舊唐書‧太宗紀下》卻著重在楊堅「欺孤寡」的作爲，似甚爲不齒。而此點則可能與唐

〔註21〕《二十二史箚記》卷十六〈新舊唐書〉，「舊唐書前半全用實錄國史舊本」條，頁214。
〔註22〕《舊唐書》卷七十五〈張玄素〉，頁2643。另參見宋‧歐陽修、宋祁等撰，《新唐書》（臺北：鼎文，民國87年10月）卷一百零三〈張玄素〉，頁4001。

時的政治敏感稍有關係。因唐太宗李世民原先亦非太子，但不可否認的是，李世民爲秦王之時確是功勳彪炳，後遂得以此取天下。在太宗君臣的言論之中，似可見對楊堅取人權位的評論，著重點在於其是以「欺孤寡」與「憑藉女資」，不啻表示唐太宗絕非此輩。意即在當時的政治環境之中，太宗藉此表示其功勳在兄長建成之上，取得皇位的理由比楊堅光明正大得多。

　　綜上所述，唐代史家評論北周何以滅亡及楊堅何以掌政之因時，多半著重在北周本身政治之腐敗，以及楊堅身無大功卻憑藉其外戚身分登上掌政之位，因此部分北周舊臣深感不滿而引發三方起兵。不但如此，還同時譴責那些原是北周功臣或其後代者，竟不知爲其舊主匡復，反而翼助新朝之建立，實是有愧。除此之外，唐太宗及其大臣所論對楊堅代周建隋之評價，似著重在其個人只憑藉外戚身份、欺孤寡以得天下之行爲不甚光明磊落。此一評價，似又比官修正史更下一等了。

二、宋代史書中的周隋政權轉移

　　至宋代，距離北朝時間更遠，論興亡之迹亦多舉唐事爲例，少有論及隋事。唯《新唐書》末之〈逆臣〉傳，史官卻提到了楊堅：

> 贊曰：「祿山、思明興夷奴餓俘，假天子恩幸，遂亂天下。……杜牧謂：『相工稱隋文帝當爲帝者，後簒竊果得之。周末，楊氏爲八柱國，公侯相襲久矣，一旦以男子偷竊位號，不三二十年，壯老嬰兒皆不得其死。彼知相法者，當曰此必爲楊氏之禍，乃可爲善相人。』張（謂）、杜（牧）確論，至今多稱誦之。如祿山、思明，希劉裕、楊堅而不至者，是以著其論。……」〔註23〕

此說雖爲唐代杜牧所言，卻在卷末之論贊引用此話來作爲評語，史官必有其史意，只是借用他人之語來表達自己之觀感。然《新唐書》舉此說又與前文諸說稍有不同，似乃著重於楊堅之人謀，爲其個人竊取名號之舉。且將其與安祿山、史思明相比，認爲不過是周室逆臣，隋室二三十年而亡乃因楊堅之禍。然此唯指逆臣，未提及其外戚身分與其奪位之關係，似與前文諸書之論點有不同觀察角度。

　　除《新唐書》外，宋代史書中提到周隋政權轉移最多的應是《通鑑》。《通鑑》是一部具有政治性目的的書，司馬光藉由歷代政治事件的得失，教導宋

〔註23〕《新唐書》卷二百二十五〈逆臣上〉，頁 6434～6435。

代帝王統治之道。在這樣的一部書中，對於朝代的遞嬗理應有所評論，對於篡位者也應有所譴責，因爲每個皇帝都必須避免自己被篡位。然筆者發現司馬光在《通鑑》中並無發表特別的評論，但對周隋政權轉移所記卻與《周書》、《隋書》略有出入，因此筆者認爲，或許司馬光將其評論隱於敘述之中。

　　司馬光撰寫《通鑑》之時，對於楊堅代周建隋一事的記載，唐初所修《周書》、《隋書》、《北史》均是其必須參考之史料。然此三書之記載又互有出入，而其在選擇史料之時亦有一番考證，因此從《通鑑》中耙梳其與前三者異同之處，或可得出司馬光對此事之評論，茲論述如下。

　　楊堅得以輔政，乃是因宣帝猝逝，靜帝年幼所致。但究竟楊堅受詔輔政是否出自宣帝遺詔或爲矯詔，則需釐清。據《周書·鄭譯傳》所記，宣帝大漸之時，劉昉與鄭譯即謀以楊堅輔少主：

　　　　及宣帝大漸，御正下大夫劉昉乃與譯謀，以隨公受遺輔少主。〔註24〕

且依《周書·宣帝紀》所載，在宣帝崩前便矯詔以楊堅受遺輔政：

　　　　乙未，帝不豫，還宮。詔隨國公堅入侍疾。……己酉，大漸。御正
　　　　下大夫劉昉，與内史上大夫鄭譯矯制，以隨國公堅受遺輔政。是日，
　　　　帝崩於天德殿。〔註25〕

以此觀之，《周書》所記乃爲宣帝崩前矯詔引楊堅輔政。對此，《隋書·高祖紀》卻有不同記載：

　　　　乙未，帝崩。時靜帝幼沖，未能親理政事。内史上大夫鄭譯、御正
　　　　大夫劉昉以高祖皇后之父，衆望所歸，遂矯詔引高祖入總朝政，都
　　　　督内外諸軍事。〔註26〕

《隋書》此說顯然是指在宣帝崩後才矯詔輔政。二者有何差異？若在宣帝未崩之時矯詔，尙可聲稱草擬之後已經宣帝同意；若是在宣帝已崩才矯詔，則無轉寰餘地爲矯制之罪。至於《北史》則大致上採用《周書》之說法，認爲劉昉、鄭譯矯詔乃在帝崩之前。〔註27〕

　　至於《通鑑》中的記載又有差異：

　　　　甲午夜，天元備法駕，幸天興宮；乙未，不豫而還。小御正博陵劉

〔註24〕　《周書》卷三十五〈鄭譯傳〉，頁611。
〔註25〕　《周書》卷七〈宣帝紀〉，周宣帝大象二年五月條，頁124。
〔註26〕　《隋書》卷一〈高祖上〉，周宣帝大象二年五月條，頁3。
〔註27〕　可參見《北史》卷十〈周宣帝本紀〉，周宣帝大象二年五月條，頁379。及卷
　　　　十一〈隋本紀上〉，周宣帝大象二年五月條，頁400。

> 昉，素以狡諂得幸於天元，與御正中大夫顏之儀並見親信。天元詔
> 昉、之儀入臥內，欲屬以後事，天元瘖，不復能言。昉見靜帝幼沖，
> 以楊堅后父，有重名，遂與領內史鄭譯、御飾大夫柳裘、內史大夫
> 杜陵韋謩、御正下士朝那皇甫績謀引堅輔政，堅固辭，不敢當；昉
> 曰：「公若爲，速爲之；不爲，昉自爲也。」堅乃從之，稱受詔居中
> 侍疾。……
>
> 是日，帝殂。密不發喪。昉、譯矯詔以堅總知中外兵馬事。……
> 〔註28〕

很明顯的，就算是居中侍疾也是「稱受詔」，政令是否爲宣帝所出隱然可見；
而帝崩後又「矯詔以堅總知中外兵馬事」，明顯的即是在宣帝崩後又擅自矯
詔。且帝崩而不發喪很明顯有政治目的，在《周書》、《隋書》、《北史》均未
見「密不發喪」此記載，而《通鑑》獨記之，除了可能是司馬光見到唐代所
未見之史料之外，也凸顯了司馬光的譴責之意。

至於宣帝駕崩前後，曾詔趙、陳、越、代、滕五王入朝，是誰徵其入朝？
因何徵五王入朝？諸史又有不同記載。《周書·宣帝紀》記：

> 甲午夜，帝備法駕幸天興宮。乙未，帝不豫，還宮。詔隨國公堅入
> 侍疾。……丁未，追趙、陳、越、代、滕五王入朝。己酉，大漸。
> 御正下大夫劉昉，與內史上大夫鄭譯矯制，以隨國公堅受遺輔政。
> 是日，帝崩於天德殿。〔註29〕

由此觀之，是因宣帝病重而詔諸王回朝，其用意應是在鞏固王室，避免在政
權更迭之際有動亂發生。然而《隋書·高祖紀》的記載卻完全不同：

> 乙未，帝崩。時靜帝幼沖，未能親理政事。內史上大夫鄭譯、御正
> 大夫劉昉以高祖皇后之父，眾望所歸，遂矯詔引高祖入總朝政，都

〔註28〕 《通鑑》（北京：中華書局，1997 年 11 月）卷一百七十四〈陳紀八〉，陳宣帝
太建十二年五月條，頁 5408～5409。《周書》與《隋書》所載宣帝駕崩時間不
同，據《通鑑》此處所載《考異》曰：「《周帝紀》：『乙未，帝不豫，還宮，
詔堅入侍疾。丁未，追五王入朝。己酉，大漸，昉、譯矯制以堅受遺輔政。
是日，帝崩。』按堅以變起倉猝，故得矯命當國。若自乙未至己酉，凡十五
日，事安得不泄！今從《隋帝紀》。」《周帝紀》指《周書·靜帝紀》，《隋帝
紀》指《隋書·高祖紀》，司馬光於此認爲《周書》所記時日不甚合理，故採
《隋書》所記。而《通鑑》爲編年體史書，最重時間先後順序，故應以《通
鑑》所載爲是。

〔註29〕 《周書》卷七〈宣帝紀〉，周宣帝大象二年五月條，頁 124。

督內外諸軍事。周氏諸王在藩者，高祖悉恐其生變，稱趙王招將嫁

女於突厥爲詞以徵之。〔註30〕

明顯的，《隋書》記載是楊堅受詔輔政之後，恐五王有變，才徵其入朝的。如此則造成主客觀上的易位，原本是單純的周王室招諸王回朝，卻變成了篡位者的政治陰謀。而《北史》記載更爲矛盾，在同書中的〈周宣帝本紀〉中一如《周書》之記載，但在〈隋本紀〉中卻又一如《隋書》之記載，因此呈現出前後矛盾之錯誤。〔註31〕

至於《通鑑》中對於此事之記載，則選擇採用《隋書》之說法：

堅恐諸王在外生變，以千金公主將適突厥爲辭，徵趙、陳、越、代、

滕五王入朝。〔註32〕

亦即認同於是楊堅在輔政之後之政治謀略，徵五王回朝是想就近監視，明顯即爲個人之政治目的。此事在《通鑑》中尚有一證：

陳王純時鎮齊州，堅使門正上士崔彭徵之。彭以兩騎往止傳舍，遣

人召純。純至，彭請屏左右，密有所道，遂執而鎖之，因大言曰：「陳

王有罪，詔徵入朝，左右不得輒動！」其從者愕然而去。〔註33〕

此段在《周書》、《隋書》、《北史》中均無記載，而《通鑑》獨記之，旁證了楊堅輔政時的政治陰謀，招五王入朝絕非宇文王室之本意，否則又何須使計謀陰執之？而在此，《通鑑》也隱然透露出楊堅輔政非受權於宇文王室，亦即是人爲陰謀之奪權。

除此處之外，還有另一項記載可以明顯看出司馬光對楊堅的評價，即是對於北周靜帝的處置。楊堅登基之後，奉北周靜帝爲介國公，不久之後靜帝便駕崩，其死因在不同史書中亦有不同記載。如《周書‧靜帝紀》記曰：

開皇元年五月壬申，崩，時年九歲，隋志也。〔註34〕

此處雖未明言靜帝之死因，但是「隋志也」卻可以明顯看出此事與隋有關，應出自楊堅之意。《北史》沿用《周書》的說法，未加改變。〔註35〕至於《隋書‧高祖紀》卻載曰：

〔註30〕《隋書》卷一〈高祖上〉，周宣帝大象二年五月條，頁3。

〔註31〕見《北史》卷十〈周宣帝本紀〉，周宣帝大象二年五月條，頁379。及卷十一〈隋本紀上〉，周宣帝大象二年五月條，頁400。

〔註32〕《通鑑》卷一百七十四〈陳紀八〉，陳宣帝太建十二年五月條，頁5409。

〔註33〕《通鑑》卷一百七十四〈陳紀八〉，陳宣帝太建十二年五月條，頁5413。

〔註34〕《周書》卷八〈靜帝紀〉，周靜帝大定元年二月條，頁136。

〔註35〕可參見《北史》卷十〈靜帝紀〉，周靜帝大定元年二月條，頁384。

（開皇元年五月）辛未，介國公（北周靜帝）薨，上舉哀於朝堂，
以其族人洛嗣焉。〔註36〕

《隋書》只記載其薨，卻未記其爲何而死，然靜帝年方九歲，應不至於自然
死亡。而《通鑑》中的記載則稍有異於前者：

隋主潛害周靜帝而爲之舉哀，葬於恭陵；以其族人洛爲嗣。〔註37〕

《通鑑》不同於《周書》、《隋書》，獨用「潛害」一詞來直指楊堅之罪刑，其
批判意味已十分濃厚。因前文所謂「隋志也」尚有許多解釋空間，還可再牽
強爲因他事而致；然《通鑑》緊扣住「潛害」一詞，則已宣告楊堅害舊主之
罪行！

由此觀之，《通鑑》對於楊堅奪權的評價以負面爲主，雖也仍翔實記載宣
帝時期的暴虐無道，但明顯的楊堅之輔政絕非受意於北周宣帝，也似乎不認
爲楊堅奪權是合於天理之事。且僅只透過楊堅在輔政之前的話來表示對宣帝
的批判：

隨公楊堅私謂大將軍汝南公慶曰：「天元實無積德；視其相貌，壽亦
不長。又，諸藩微弱，各令就國，曾無深根固本之計。羽翮既翦，
何能及遠哉！」……〔註38〕

此段話不僅透露出楊堅對北周政局的瞭解，深知其缺點，也間接表達司馬光
的意見。因爲此段對話同見於於《隋書》及《北史》，而《北史》應摘採自《隋
書》，〔註39〕因此以《隋書》爲史源的話，會發現司馬光漏掉一大段對話未抄
錄，是爲何因？《隋書・宇文慶傳》原文如下：

初，上潛龍時，嘗從容與慶言及天下事，上謂慶曰：「天元實無積德，
視其相貌，壽亦不長。加以法令繁苛，耽恣聲色，以吾觀之，殆將
不久。又復諸侯微弱，各令就國，曾無深根固本之計，羽翮既剪，
何能及遠哉！尉迥貴戚，早著聲望，國家有釁，必爲亂階。然智量
庸淺，子弟輕佻，貪而少惠，終致亡滅。司馬消難反覆之虜，亦非
池內之物，變成俄頃，但輕薄無謀，未能爲害，不過自竄江南耳。
庸、蜀嶮隘，易生艱阻，王謙愚懃，素無籌略，但恐爲人所誤，不

〔註36〕《隋書》卷一〈高祖紀〉，開皇元年五月條，頁15。
〔註37〕《通鑑》卷一百七十五〈陳紀九〉，陳宣帝太建十三年五月條，頁5441。
〔註38〕《通鑑》卷一百七十三〈陳紀七〉，陳宣帝太建十一年五月條，頁5389。
〔註39〕見《隋書》卷五十〈宇文慶〉，頁1314。及《北史》卷五十七〈周宗室〉，頁
2078。

足爲虞。」未幾，上言皆驗。及此，慶恐上遺忘，不復收用，欲見舊蒙恩顧，具錄前言爲表而奏之……上省表大悅，下詔曰：「朕之與公，本來親密，懷抱委曲，無所不盡。話言歲久，尚能記憶，今覽表奏，方悟昔談。何謂此言，遂成實錄。古人之先知禍福，明可信也，朕言之驗，自是偶然。公乃不忘，彌表誠節，深感至意，嘉尚無已。」……〔註40〕

明顯可見，《隋書》中關於宣帝「法令繁苛，耽恣聲色」的評論已被司馬光刪去，只留下對北周政局的評論。這或許可以表示司馬光不願直接批評皇帝本身的品德，而將北周之滅歸咎於北周政局本身的缺點與楊堅之謀。據此，司馬光或許認爲北周之滅主要在於楊堅之人謀，恰好運用了北周末的政局弱點而代之。此說與前文之《新唐書》較爲類似，均傾向於楊堅之人謀而爲之。

　　綜上所述，宋代史家對於楊堅得權之評論傾向於楊堅個人之謀略，《新唐書》或視其爲周室之逆臣，竊取名號；《通鑑》則認爲楊堅充分利用北周末年之政治弱點，一舉而移政權。諸說雖略有不同，但均對其代周建隋一事均持貶意則無疑義。

三、唐宋時期周隋政權轉移評價之演變

　　從前文的討論當中可以發現，在唐初所修史書之中，史官對於周隋政權轉移一事的評論，著重在北周政權的衰微，包括武帝之專政與宣帝之暴虐，因此楊堅不過是乘此時機浮上檯面成爲新主，本身並沒有卓越的功勳。如此，對楊堅本身代周建隋一事之評價似未見責難，認爲其只是乘時而起之外戚罷了。

　　五代時期，由於政局動盪不安，史料收集不易，撰書更爲艱辛，因此《舊唐書》在四年之間匆匆而成，直鈔實錄而未及刪削，但卻意外保留中唐以前之記錄。《舊唐書》所收錄唐太宗君臣之對話，均顯示其認爲楊堅代周建隋乃憑藉其外戚身分，無功業而取天下，甚至是欺孤兒寡婦而來，顯見是爲負評。然卻與唐初所修官方史書所給的評價不同。

　　至宋代，對於周隋政權轉移的評論更少，且只針對楊堅本身之行爲。如《新唐書》譴責其以周室舊臣而竊奪權位，實爲逆臣之輩。《通鑑》亦從楊堅之個人行爲出發，認爲楊堅運用人謀與北周政治危局之時機，一舉而移政權，

〔註40〕《隋書》卷五十〈宇文慶〉，頁 1314～1315。

並且也譴責其矯詔輔政與潛害舊主之罪行。

　　為何對於周隋政權轉移此一歷史進程及楊堅代周建隋之行為，由唐至宋史家之評論會有如此之變化？此大致是與時代精神有相關連的。

　　唐代始開史館修史，既為官方修史自然參有官方意見，或至少修成之後其內容必須經過官方之同意始可刊行。然則為何唐初會開館修史？乃始於令狐德棻之議，見《舊唐書‧令狐德棻傳》所載：

> 德棻嘗從容言於高祖曰：「竊見近代已來，多無正史，梁、陳及齊，猶有文籍。至周、隋遭大業離亂，多有遺闕。當今耳目猶接，尚有可憑，如更十數年後，恐事跡湮沒。陛下既受禪於隋，復承周氏歷數，國家二祖功業，並在周時。如文史不存，何以貽鑑今古？如臣愚見，並請修之。」高祖然其奏……〔註41〕

雖令狐德棻著眼點在於「恐事跡湮沒」，然另一應重視的重點是，「陛下既受禪於隋，復承周室歷數，國家二祖功業，並在周時」，此言亦即說明了唐承周隋之統緒，為其修史乃宣告自己為繼承正統之王朝。既承襲周隋之正統，自然要說明其接續正統之合理性何在。因此在唐初所修史書中，對於同是篡奪權位之楊堅似不敢太過批評，因唐之開國也是篡奪隋代權位而來，也是「號稱」禪讓而來。據此，對於楊堅奪權之過程有頗多稱許，如《隋書‧高祖紀》中所載：

> 既而王謙固三蜀之阻，不踰朞月，尉迴舉全齊之眾，一戰而亡，斯乃非止人謀，抑亦天之所贊也。乘茲機運，遂遷周鼎。〔註42〕

認為三方起兵之所以會一戰而亡，楊堅能順利平定之，不僅是人謀，也是天之所助。不僅在《隋書》中如是說，在《周書》中亦如是：

> 當隋氏之起，乘天威而服海內，將相王侯，莫不瀝肝膽以效款，援符命以頌德。〔註43〕

雖然也認為周室舊臣應為周室效力，但是對於楊堅取得周室政權似乎是給予肯定的。認為不過是因為前文所提之武帝專政、宣帝暴虐，致使周室政治敗壞，因此楊堅起而拯救生民於塗炭是合於天理的。當這樣的論述合理之後，隋末動亂，李氏起而代隋建唐也就同樣合於天理了。因為同樣是政局危亂，

〔註41〕 《舊唐書》卷七十三〈令狐德棻〉，頁 2597。
〔註42〕 《隋書》卷二〈高祖下〉，「史臣曰」，頁 55。
〔註43〕 《周書》卷十〈宇文胄傳〉，「史臣曰」，頁 161。

隋煬帝之亂行就如同周宣帝之暴行，隋恭帝之年幼登基更與周靜帝如出一
轍。因此李唐王室欲將奪隋政權之行為合理化，就必先將隋奪周政權之行為
合理化。準此，唐初所修官方史書對於楊堅代周建隋之好評，就不難理解了。

至於《舊唐書》中所收錄唐太宗君臣之對話，與當時所修正史為何出現
矛盾？大致是因官修正史乃要頒佈天下，為前朝修史之後，需宣示其為正統
之承續，因此必須在正史之中為隋室迴護。然在廷殿之上，君臣之間論及中
國歷史上之統治經驗，為提取前朝之歷史教訓，自然需從統治角度著手討論。
太宗嘗言「以古為鏡，可以知興替」〔註44〕，既以史為鑑，自然所言史事必
須為真。故針對過去朝代之興亡過程，自然無須諱言，否則何以作為唐朝之
借鑑？如張玄素諫太宗之言不只針對楊堅之憑藉女資，亦針對立太子之事規
勸太宗，見《舊唐書·張玄素傳》所載：

> 至如周武帝平定山東，卑宮菲食，以安海內。太子贅舉措無端，穢
> 德日著。烏丸軌知其不可，具言於武帝，武帝慈仁，望其漸改。及
> 至踐祚，狂暴肆情，區宇崩離，宗祀覆滅，即隋文帝所代是也。文
> 帝因周衰弱，憑藉女資，雖無大功於天下，然布德行仁，足為萬姓
> 所賴。勇為太子，不能近遵君父之節儉，而務驕侈……〔註45〕

張玄素上諫太宗是因太子承乾失德，因此希望太宗記取北周與隋歷史之教
訓，若是下一任繼承者無法勝任帝王之位，則隨時會有權臣或外戚覦覬皇位。
北周之斷國祚，楊堅之所以得權，便是因宣帝暴虐、楊堅以外戚身份入主之
因。為了規勸太宗，自然無需為楊堅迴護。再加上前文所言，太宗須為自己
非透過嫡長繼承順序取得繼承權的行為作合理辯護，故明言楊堅之無所才
能、憑藉女資，言下之意是不若自己為秦王時之功勳累累。從此處亦可看出
唐初內部政治問題，仍須藉助前朝之歷史鑑戒。且正因為《舊唐書》中對於
代宗以前之事直鈔實錄，更顯史料之直接與珍貴，甚至比官修史書更能表達
唐人思想。然而對於五代時期的史官而言，時間緊迫加上史料不足所倉促修
成的史書，在後代反而成為最珍貴的史料保留，不知是故意存真而照實收錄，
或者是意外造成？頗令人玩味。

至於《新唐書》中對此事之評論，已從外戚角度轉移至逆臣角度，呈現
新的精神。或許是因宋代義理之學的盛行，忠君觀念的強調，因此對於危害

〔註44〕《貞觀政要》卷二〈任賢第三〉，27條，頁63。
〔註45〕《舊唐書》卷七十五〈張玄素〉，頁2643～2644。

政權之人事均予以譴責，此事從《新唐書》中新增〈奸臣傳〉、〈逆臣傳〉、〈叛臣傳〉、〈蕃鎮傳〉等類別，以抨擊動搖國家之亂臣賊子，即可看出其重視之程度。亡唐之黃巢入逆臣傳，〔註46〕建國後梁之朱溫也被歸類為同黨，甚至朱溫在《新五代史》中即使入本紀仍被史臣所譴責。〔註47〕也無怪乎《新唐書》將奪取政權之楊堅與安、史之輩類比，只是楊堅成功奪權而安、史徒擾亂唐朝致使中衰而已。

歐陽修著史之理念，可見於《新五代史・梁太祖本紀》：

> 聖人之於春秋用意深，故能勸誡切，為言信，然後善惡明。夫欲著其罪於後世，在乎不沒其實。其實嘗君已，署其為君；其實篡也，書其篡。各傳其實，而使後世信之。則四君之罪，不可得而掩爾。
>
> 〔註48〕

「不沒其實」，其罪惡自然彰顯。既為篡，入史書亦曰篡。縱使身為開國君主，亦不掩與安、史類同的作為。但或許楊堅雖亡北周國祚，卻終究是個仁君，因此《新唐書》中對此事之評論不多，唯對煬帝之失德以亡國有頗多著墨。除唐之興乃因隋之喪亂此一因素之外，在宋代這種強調春秋褒貶之意的史學背景之下，諍諫之士對君王失德之暴政頗有譴責也是其因之一。歐陽修的這種想法，在《新唐書・進唐書表》中即可看出：

> 使明君賢臣，儁功偉烈，與夫昏虐賊亂，禍根罪首，皆不得暴其善惡以動人耳目，誠不可以垂勸戒，示久遠，甚可嘆也！〔註49〕

同為宋代所修的新舊《五代史》，或因五代時期政局紛亂，史料不多；亦因五代時期距離周隋之際更為遙遠，而對此事更無評論。

至於《通鑑》，乃同為宋人所修，雖未直接表示對於楊堅代周建隋一事之評論，然從前文之討論仍可看出《通鑑》對於楊堅奪權一事之譴責，大致與《新唐書》類似。但是《新唐書》著重在揭發「昏虐賊亂」以動人耳目，《通鑑》卻是著重在「君臣名分」之上：

> ……是故天子統三公，三公率諸侯，諸侯制卿大夫，卿大夫治士庶

〔註46〕 《新唐書》卷二百二十五〈逆臣下〉，頁6451～6464。
〔註47〕 《新五代史》卷二〈太祖下〉，頁21。《新五代史》為歐陽修所私修，因此仍可視為宋代史家之歷史意識。且歐陽修亦參修《新唐書》，兩者皆可看出宋代史家對於禍國亂民者的譴責之意。
〔註48〕 《新五代史》卷二〈梁太祖本紀第二〉，「卷末嗚呼」，頁21。
〔註49〕 《新唐書》最末「進唐書表」，頁6471。

人。貴以臨賤，賤以承貴。上之使下猶心腹之運手足，根本之制支

葉，下之事上猶手足之衛心腹，支葉之庇本根，然後能上下相保而

國家治安。……〔註50〕

君臣之間的分際，原來就是「上之使下猶心腹之運手足」、「下之事上猶手足之衛心腹」，由此形成國家運作之機能。然若在下者以下犯上，自然打破此一君臣分際，就應受到譴責。所以在《通鑑》中，楊堅之罪在「潛害」靜帝，而非如周宣帝、隋煬帝之暴虐無道。

　　除奪取北周政權之外，楊堅事實上是位仁君，因此史書中對於楊堅之評價也多集中在其奪北周政權，以及更換太子導致隋之滅亡二事。然後者與本文較無關係，於此不贅述。就其奪北周政權而言，唐初所修正史著重在北周政局之敗亂、楊堅本身沒有什麼才能；宋代所修正史則著重在楊堅憑藉女資而纂奪神位。《通鑑》雖也譴責其潛害舊主，然主要著重在楊堅之人謀上，認為宣帝之崩與后父身份都只是一個墊腳石，幫助他更快速進入權力中心。更甚者，或許認為是以楊堅為歷史運轉之主軸，人謀運用時勢而扭轉政權。但為什麼《通鑑》不直接做評論而用此微言大義？此則與其著書主旨有關：

臣今所述，止欲敘國家之興衰，著生民之休戚，使觀者自擇其善惡

得失，以為勸誡，非若春秋立褒貶之法，撥亂世反諸正也。〔註51〕

因此《通鑑》不做直接評論，而將史評留給讀者。但縱使如此，讀者亦可從其字裡行間看出其史觀。

四、小結

　　關於楊堅的議題，在過去歷史學界的研究中，少部分著重在其取得政權的方式及背景，而大部分著重在其易太子一事。雖然後者的確影響隋之國祚早亡，但對於歷經四百年分裂而再統華夏的君主，其在歷史上的評價難道只有在換太子一事值得討論嗎？對於其取得政權的評價如何呢？

　　唐初官修史書對於楊堅代周建隋的評價多著重在北周政權的腐敗，楊堅不過是順應時勢而起，本身並無顯赫功勳。據此，評價應是持平的。然在《舊唐書》所記錄唐太宗君臣對話，發現太宗君臣對於楊堅取得政權多認為是其憑藉女資、以外戚身份欺人孤兒寡婦而取得政權，顯見是為負評。會出現這樣的落差應與唐初開國事蹟有關。因為李唐之開國與隋初相仿，同有皇帝之

〔註50〕 《通鑑》卷一〈周紀一〉，周威烈王二十三年「臣光曰」，頁2～3。

〔註51〕 《通鑑》卷六十九〈魏紀一〉，魏文帝黃初二年「臣光曰」，頁2187。

暴虐與幼帝之無能。而官修正史爲楊堅建隋作迴護，也就等同於爲李淵開國作迴護。且爲了宣告李唐乃承襲隋之正統，自然需對隋之正統作證明。否則若隋非出於繼承北周之統，則李唐之統從何而來？至於太宗君臣之言論，乃爲廷殿之上對於歷史上統治經驗之討論，因此爲了吸取過去的歷史經驗以面對本朝之內部政治問題，自然無須爲楊堅迴護。據此，才會出現唐初官修史書的評價，與君臣之間的言論呈現落差的情形。

宋代以後，由於義理之學發達，講求春秋褒貶、尊王攘夷，在此文人政治的背景之下，對於儒家忠君觀念也大爲強調，此從《新唐書》中新增〈逆臣〉、〈奸臣〉、〈叛臣〉等傳可見，因此對於楊堅代周建隋之事就未見好評了。如《新唐書》雖因距離周隋之際年代久遠而未有多論，卻仍將安、史之輩類比楊堅，亦即同爲「逆臣」，即屬負評。《通鑑》也從君臣名分之角度譴責楊堅不應奪人政權且潛害舊主。除此之外，《通鑑》也客觀的從歷史演變角度觀察出，楊堅代周建隋乃以人謀運用時勢以得之。比起唐初官修史書只評北周政治之敗壞，以及《新唐書》只一昧譴責逆臣等評論，《通鑑》中所記更見歷史中的變。

第二節　明清時期對周隋政權轉移的評價

前文略述了周隋政權轉移在唐宋時期的評價及其演變，從只針對政局敗壞之評論，轉而演變到批評楊堅本身，均凸顯其時代特性。然而宋以後，元代統治中國僅九十年，蒙人不喜漢文化，在蒙人壓制下的漢人知識份子則著述有限。之後明清兩朝均呈現長期的政治穩定，有助於學術發展，然則在其各自的時代特色背後，文人對於楊堅代周建隋一事的評論是否又與中古時期不同？

因明清時期距離周隋之際已年代久遠，明清所修正史中並無直接論及周隋政權轉移故事，對於國家興覆的討論也多著重在其前朝如宋元之經驗，因此對於此事的評論不多。筆者乃欲從文人筆記著手，因明清之後出現大量的文人筆記，尤其清以後有許多文人之讀史箚記，均可作爲筆者研究之參考。例如清代興盛的考據學，在求眞的風氣之下，對於過去政權轉移過程是否有重新檢證。據此，本節欲以明清時期之文人筆記爲主，討論明清時期文人史家對於周隋政權轉移一事之評價如何。然因距周隋之際已年代久遠，帝位攘奪之戰亦非周隋之際所獨有，因此明清文人考周隋之史不若唐初那般豐富，筆者只能從浩瀚卷冊中揀選一、二大家爲例試作分析，希冀略窺梗概。

一、明代文人筆下的周隋政權轉移

　　繼宋之後，元代在蒙古人統治之下，漢人文化被壓制，著述也呈現消極。至元末動盪，思想又開始豐富起來。但隨著明朝的專制政權不斷加強、鞏固，思想又逐漸受到箝制。〔註52〕因此從元代到明初，筆者所能尋得有關周隋政權轉移此類政治評論的著作不多，唯有元末陶宗儀在《南村輟耕錄》中託言神鬼略有提及：

> 懸箕扶鸞招仙，往往皆古名人高士來格。所作詩文，間有絕佳者。……嘗招一仙至，大書曰：「獨樂園主也，可命題。」眾以咏史請，鸞不停留，作成長篇，自非熟於史學者弗能焉，殊不知此等何如鬼也。詩曰：「……五胡雲擾亂中國，五馬南渡何翩翩。六朝興廢有得失，豈知合併歸楊堅。瓊花城裏建宮闕，汴河春水浮龍船。亂離思治否復泰，唐室高祖催飛遷。秦王神武不可及，遂承天祚傳高玄……」
> 〔註53〕

雖然此段論述是寄託神鬼之言，不可據信，然文中能通盤表達對中國歷史發展之軌跡，不論是咏史者或是託言神鬼的作者，應對中國歷史有一定的知識背景。而此言論也或多或少可以看出，咏史者或作者對於中國歷史上各階段政權轉移的評價。如其認爲楊堅能一統天下用「豈知」來形容，表明其未料；然述李唐卻用「催飛遷」來表其高飛。在此處當然不能就此認爲楊堅得權是出人意料之外，但就咏史者用「豈知」一詞來看，蓋謂當時南北朝對峙之下各有優缺，或許楊堅並非統一天下的唯一人選。但可惜的是，此處咏史者沒有進一步對楊堅何以能得權有所評論。

　　明代從明太祖廢相之後，中國的專制體制達到高峰，文字獄對思想的箝制也影響到史學方面。雖然，明太祖在定都之後，亦曾大收全國圖書以重新編定保存，誠如《明史·藝文傳》所載：

> 明太祖定元都，大將軍收圖籍致之南京，復詔求四方遺書，設秘書監丞，尋改翰林典籍以掌之。〔註54〕

〔註52〕參見吳懷祺編，向燕南著，《中國史學思想通史·明代卷》（安徽：黃山書社，2002年2月），頁16。

〔註53〕元·陶宗儀，《南村輟耕錄》（北京：中華書局，1959年2月出版，1997年11月3刷），卷二十〈箕仙咏史〉，頁245。

〔註54〕清·張廷玉等撰，（臺北：鼎文，民國71年11月）《明史》卷九十六〈藝文一〉，頁2343。

除了明太祖，該傳亦記載了之後成祖對於坊間收書的不遺餘力：

> 永樂四年，帝御便殿閱書史，問文淵閣藏書。解縉對以尚多闕略。
> 帝曰：「士庶家稍有餘資，尚欲積書，況朝廷乎？」遂命禮部尚書鄭
> 賜遣使訪購，惟其所欲與之，勿較值。〔註55〕

如此看來，中央朝廷似乎對於學術頗爲重視。然而面對逐漸鞏固的專制政權，民間士人的著作仍因文字獄的打壓而流於空洞，誠如《明史·文苑傳》所云：

> 明初，文學之士承元季虞、柳、黃、吳之後，師友講貫，學有本原。
> 宋濂、王褘、方孝孺以文雄，高、楊、張、徐、劉基、袁凱以詩著。
> 其他勝代遺逸，風流標映，不可指數，蓋蔚然稱盛已。永、宣以還，
> 作者遞興，皆沖融演迤，不事鉤棘，而氣體漸弱。〔註56〕

顯見，在元末明初因時局動盪，思想獲得解放，文風頗盛。然自太祖底定天下，經過三十多年的時間讓政治逐漸步上軌道，對思想的箝制也逐漸加強，成祖、宣宗之後的文風便「氣體漸弱」。

在如此政治壓力之下，文風不盛，故明代前期似未多見討論楊堅代周建隋的作品。然民間雖無評論作品，但明宣宗在專制政體逐漸鞏固之後，尋求治國之道，尤愛以隋文帝爲例，如余繼登的《典故紀文》所載云：

> 宣宗與侍臣論足民之道，因曰：「先王制民產，教之樹畜，不輕用其
> 力，故家給人足，而復儲贏餘，以待饑荒……隋文時倉庾充盈，布
> 帛山積，及遇饑荒，不知發而賑之，令民就食山東，國家儲積何用？
> 如此何望治效之如古也？」〔註57〕

但明宣宗並非只有譴責而已，對於隋文帝使國富民足的政績仍是讚譽的：

> 宣宗因戶部上戶口登耗之數，語侍臣曰：「隋文帝時戶口繁殖，財賦
> 充足，自漢以來，皆莫能及……又曰：「天下富庶，致理之本，民物
> 凋耗，兆亂之階，使煬帝不縱其奢慾，能謹守隋文之業，安得遽至
> 敗亡哉？」〔註58〕

據此，明宣宗似乎認爲只要國富民足，國家自然安定。此二段錄文均出自《典

〔註55〕《明史》卷九十六〈藝文一〉，頁2343。
〔註56〕《明史》卷二百八十五〈文苑一〉，頁7307。
〔註57〕明·余繼登，《典故紀聞》（北京：中華書局，1981年7月出版，1991年12月2刷）卷九，頁156～157。
〔註58〕《典故紀聞》，頁166～167。

故紀聞》，乃余繼登採摘實錄與起居注的資料所撰，題材選擇則以「凡關國家大政大本則書，非大事而於世爲急則書，非大非急，而爲異聞見則書，非異而事所從起則書」〔註59〕爲主，因此以上錄文所呈現的正是關乎國家治理的關注。

除此之外，明代鄭曉的《今言》也收錄類似言論：

上（明宣宗）曰：「戶口盛衰，足見國家治忽。其盛也本於休養生息；其衰也必由土木兵戈。觀漢武承文、景之餘，煬帝繼隋文之後。開元之盛，遂有安、史之亂，豈非恃其富庶而不知儆戒乎！漢武末年乃知悔過，煬帝遂以亡國，玄宗至於播遷，皆足爲世主大戒。」
〔註60〕

由此可見，在明前期，政權鞏固之後，國君所思乃爲關乎國家生民之休戚。隋文帝雖爲國富民足的帝王典範，卻也是管理不當導致亡國的典範。故隋文帝在明前期的歷史地位，似乎僅在於其民生經濟的表現。至於他是用何種方式取得政權，於其時似乎是不太重要的問題，也或許是因成祖之後並無皇位爭奪的政治紛爭有關。

對於周隋政權轉移的問題直到明代中葉以後才略有所見，此亦與時代背景有關。大體而言，明代中葉以後，政治逐漸流於敗壞，對於思想的箝制也逐漸鬆脫；再加上如北部蒙古人、東北滿洲以及沿海倭寇等外患擾亂，〔註61〕均使得明朝在內憂外患之下，對於民間思想無力約束。而明士大夫眼見國家內憂外患，基於爲國求富強之道，針砭時事之作也才又多了起來。如前述關於明宣宗之言論，事實上均出自於明中葉以後之作品。雖言論出自明宣宗之口，但直至明中葉後余繼登私撰文集才收錄進來，甚至清初修《明史》也未見此記錄，或許可顯露明代後期民間文人對國家富強之關心。

除了前述《典故紀聞》之外，晚明大家李贄在其筆記中也有論及楊堅，在其《藏書》目錄中，即可略見其對楊堅之評價。如其對秦始皇帝的標題記爲「混一諸侯」，然對隋文帝的標題記爲「混一南北」，又附記「雖同爲混一，而不得比秦始稱帝矣」。〔註62〕爲什麼同樣是一統天下，楊堅的評價看來卻差

〔註59〕《典故紀聞》，〈序〉，頁1。

〔註60〕明・鄭曉，《今言》（北京：中華書局，1984年5月出版，1997年11月2刷），卷之四，頁154。

〔註61〕明末內憂外患可參見諸明史著作。如孟森，《明清史講義》（臺北：里仁書局，民國71年9月初版）。

〔註62〕明・李贄，《藏書》，收入《續修四庫全書》（上海：上海古籍出版社，1995年出版），〈目錄〉，總頁325、327。

了一點？或許可從《藏書》記其事之文中略窺梗概：

> ……堅性猜忌，不悅學。既任智以獲大位，殺諸王，弑靜帝。因以文法自衿，明察臨下。怕令左右覘視內外，有過失則加以重罪。又患令史贓汙，私使人以錢帛遺之，得犯立斬。十三年，詔營仁壽宮於岐州之北，於是夷山堙谷以立宮殿，役使嚴急，丁夫多死，疲頓顛仆者，推填阬坎，覆以土石，因而築爲平地。又以盜賊繁多，命盜一錢以上皆棄市；或三人共盜一瓜，事發即死。喜怒不怕（恒），又信任楊素，素復任情不平。開皇二十年，廢太子勇，立晉王廣爲太子……〔註63〕

此番言論與明代中後期文人的評價都有所不同，後者如余繼登十分推崇隋文帝的民生經濟成就，李贄卻極力凸顯其不人道的苛政部分。對於楊堅奪權的評價，也是用「任智以獲大位，殺諸王，弑靜帝」來表示，似乎從奪權到統一天下之後，所有作爲都是負面的。爲何有如此差異？

李贄的史評觀念，從《藏書》中的人物記載，便可明顯看出他與其他明代史家不同之處。除了對楊堅的評價與其他史家不同之外，如一般史家譴責秦始皇之焚書坑儒，李贄卻讚其「千古一帝」〔註64〕；宋代以來秉持名教而譴責五代馮道之事四姓十君，〔註65〕李贄卻讚其「五十年間，雖經歷四姓，事一十二君并耶律契丹等，而百姓卒免鋒鏑之苦」〔註66〕，均可見李贄的評論標準與一般史家之不同。但其標準爲何？

筆者認爲，李贄或許並非純粹的稱讚秦始皇，亦非純粹的貶抑隋文帝，而是在爲歷史人物找平衡。意即，歷史上的罪人也有好的一面，歷史上的賢君也有不仁的時候。或許李贄無法認同過去史家一分爲二的善褒惡貶，因此重新檢視這些歷史人物的事蹟，雖無法抹去其惡行，但仍不掩其功績。而對於國家有貢獻者，其功績亦不能掩飾其惡。

除此之外，從這種不同的價值標準來看，或許李贄認爲在晚明時期國家面對內憂外患的情形之下，一個優秀的國君或是賢能的大臣最重要是能夠「混

〔註63〕 《藏書》卷七〈混一南北〉，頁1～2，總頁471。
〔註64〕 《藏書》〈目錄〉，頁325。李贄雖在目錄中讚其爲「千古一帝」，但在內文中仍謂其「剛戾自用」，顯見其於二者並不偏廢。內文見《藏書・世紀》卷二〈混一諸侯・秦始皇帝〉，頁368。
〔註65〕 《新五代史》卷五十四〈馮道〉，頁614～615。
〔註66〕 《藏書・外臣傳》卷六十〈馮道〉，總頁827。

一諸侯」或是使「百姓卒免鋒鏑之苦」，意即以是否能「統一」或「安民」爲
價值標準；對於使國家滅亡之篡位者則給予譴責，對奸盜者的批評亦不遺餘
力。見其於《藏書》目錄對於人物所訂的標題，大概可看出李贄對此一人物
之歷史評價。幾個歷史上著名的改朝換代者、藉口禪讓而實行篡位者，都被
李贄冠上嚴厲的譴責。如王莽是「篡弒盜竊」，司馬氏是「奸臣篡奪」，朱溫
是「篡弒巨盜」等等。〔註67〕

　　李贄爲楊堅定的標題是「混一南北」、「不得比秦始稱帝矣」，其評價已比
其他篡位者來得高。雖然楊堅也是一統南北，但對於文化的整合，其功勞卻
比不上秦始皇，故其歷史地位尙低於秦始皇。而其地位比其他篡位者高，大
致是楊堅在隋代終究爲國家社會經濟有重大貢獻而不可抹滅之因。

　　據此，從晚明的時局來看，李贄認爲此時國家需要的是能安內攘外、一
統天下的賢君。但是就算奪人權位之後再用各種方式使國家富強，仍都改變
不了其爲僭奪者之事實。因此隋文帝在歷史上的評價，也只能略高於那些對
於國家社會沒有貢獻的其他僭奪者。

　　明代文人對於周隋之際的事件討論不多，即使有也著墨甚少，可能的原
因是時間距離久遠。目前所見零星記載，均與當時政治背景有關，如明前期
因專制體制逐漸鞏固，因此評論史事尙須寄託神鬼，請求國富民足；明中葉
以後，由於內亂外患逐年增加，知識份子也開始論國家興亡之道，才出現一
些評論國家治亂的著作，也反映出謀求國家安全之際之際，對於奸盜無能以
致國家危機的人，是沒有什麼好評的。

二、清代文人筆下的周隋政權轉移

　　明清之際，文人眼見明代滅亡，一部份追隨晚明而南奔，一部份留在北
方卻仍心繫明朝，一部份留在北方消極接受清朝統治，一部份則積極進入清
朝政府爲官，故此時又因爲時代的動亂而使思想活潑起來。康熙朝對於思想
的箝制較爲鬆懈，〔註68〕許多文人鑑於明亡之痛心，紛紛抒發對朝代更替的

〔註67〕以上各帝評價，見《藏書》，〈目錄〉，頁 3～8，總頁 325～328。但是李贄對
　　　　於五胡諸君主卻未定標題，是爲何因已不在本文討論範圍，故不論及。
〔註68〕梁啓超，《中國近三百年學術史》（臺北：華正書局，民國78年8月初版），
　　　　頁 22。任公認爲康熙朝前期的文字獄是在康熙未親政之前，親政之後由於康
　　　　熙本人對學問的愛好，因此對於民間思想的管理較爲鬆散，民間學者可以自
　　　　由研究。但筆者認爲，不可能放任民間完全自由研究，應是以沒有抵觸到清
　　　　朝統治的權威爲前提。

觀感，對於周隋之際政權更換的討論也比明代豐富。如清初大儒王夫之在《讀
通鑑論》中即有頗多著墨：

> 蕭道成、蕭衍、楊堅、朱溫、石敬瑭、郭威之篡也，皆石勒所謂狐
> 媚以取天下者也……〔註69〕

雖然這些都是歷史上著名的開國君主，也都被王夫之視爲「狐媚以取天下
者」，但其地位還是有差別的。如其論所謂以禪讓行篡奪之實者：

> 自曹魏以迄於宋，皆名爲禪而篡者也。蓋嘗論之，本以征誅取天下，
> 狃於習而假跡於篡者，唐高祖也……以雄桀之才起而圖功，其圖功
> 也，以覬得天下爲心，功既立而遂攘之，曹魏、劉宋也……受推誠
> 託孤之命，遂啓逆心，非不立功，而功不在天下，以威福動人而因
> 竊者，司馬氏也。無固獲之心，天下亂而無紀，一旦起而攘之者，
> 宋太祖也。無功於天下，天下已亂，見爲可奪而奪之者，梁武帝也。
> 既無功矣，蓄姦謀以從人於弒逆，因而奪之者，蕭齊也。本賊也，
> 而名爲禪者，朱梁也。〔註70〕

王夫之羅列歷史上耳熟能詳名爲禪實爲篡奪的國君，但爲何漏掉楊堅？事實
上，若說中國歷史上以禪行篡的始祖，王莽可稱是第一人，然王夫之既以「曹
魏以迄於宋」爲範圍，自然王莽不能列入，但爲何楊堅亦未列入？筆者認爲
在王夫之的時代背景下，楊堅之不爲篡是有其特殊意涵的。他在《讀通鑑論》
中就曾提到：

> 若夫君子之有恕於隋者，則以中國代夷狄，得之不以其道，而終不
> 可名爲篡也。此陳、隋之後，天下所以定也。惜乎唐之不正名爲誅
> 弒父虐民之獨夫，而託之乎禪，以自居乎篡也。〔註71〕

清朝入主中國最令中國知識份子無法接受的，就是因爲清朝之統治者爲滿族
而非漢人。因此在明末清初之際，許多投效清朝的漢人都被指責爲「漢奸」，
曾仕明朝的官員再仕清朝亦被稱爲「貳臣」，這均是受到中國傳統夷狄觀念與
天下觀的影響。身處於明末清初的王夫之，或許因眼見明朝的滅亡，且以入
仕清朝爲恥，因此雖認同於楊堅是「得之不以其道」，卻因其「以中國代夷狄」
而「終不可名爲篡也」。其篡奪之罪得以減輕只因爲是以中國而代夷狄，使得

〔註69〕 清・王夫之，《讀通鑑論》（北京：中華書局，1975 年 7 月出版，2002 年 6 月
　　　　5 刷）卷十四〈東晉安帝〉，第六條，頁 392～393。
〔註70〕 《讀通鑑論》卷十八〈陳高祖〉，第一條，頁 517。
〔註71〕 《讀通鑑論》卷十八〈陳高祖〉，第一條，頁 518。

在陳、隋之後漢人天下能夠底定，促成天下一統。但是礙於清朝統治的權威，不認同於夷狄政權的想法仍是無法明言直說，只能透過談論前朝來略抒己志。然而除了此點之外，基本上王夫之對於楊堅還是持譴責角度，畢竟楊堅終究爲奪人權位者，故謂：

> 文帝以機變篡人之國，所好者爭奪，所惡者馴謹也。〔註72〕

由此觀之，王夫之對於楊堅這個奪人權位者似仍未持好評。但是除篡位之外，楊堅之政績應該也是有值得稱許的地方，王夫之並沒有忽略，他說：

> 乃相臣以一人而代天子，則權下擅而事亦冗，而不給於治；多置相而互相委，則責不專，而同異競起以相撓；於是而隋文之立法爲得矣。……以法天紀，以盡人能，以居要而治詳，以統同而辨異，郡縣之天下，建國命官，隋其獨得矣乎！不可以文帝非聖作之主而廢之也。〔註73〕

雖然楊堅以篡奪得到權位，然而也知其弊，因此改革相制。所以說，雖然楊堅是以篡奪手法取得權位，卻仍不能對其制度的創作視而不見。就相制而言，楊堅依舊有其不可抹滅的貢獻。〔註74〕

特別的是，王夫之也點出了楊堅何以能奪位成功的原因，雖然並非正面的研究楊堅得權的原因，但是也可稍見端倪：

> 宇文邕之政，洋溢簡冊，若駕漢文、景、明、章而上之，乃其沒也甫二年，而楊氏取其國若掇。贇雖無道，然其修怨以濫殺，唯宇文孝伯、王軌而止，其他則固未嘗人立於鼎鑊之上也。淫昏雖汰，在位兩浹歲而已。邕果有德在人心，詎一旦而遽忘之？乃其大臣如韋孝寬、楊惠、李德林、高熲、李穆皆能有以自立者，翕然奉楊氏而願爲之效死。堅雖有后父之親，未嘗久執國柄，如王莽之小惠遍施也；抑未有大功於宇文，如劉裕之再造晉室、滅虜破賊也；且未嘗如蕭道成僅存於誅殺之餘，人代爲不平而思逞也；堅女雖尸位中宮，而失寵天元，不能如元后之以國母久秉朝權也。然而人之去宇文也如恐不速，邕骨未冷而宗社已移，則其爲君也可知矣。德無以及人，

〔註72〕《讀通鑑論》卷十九〈隋文帝〉，第七條，頁 546。
〔註73〕《讀通鑑論》卷十九〈隋文帝〉，第四條，頁 542～543。
〔註74〕關於隋文帝對於相制的變革，由於非本文重點，可參見雷家驥的著作，可有概括性的瞭解。見氏著《隋唐中央權力結構及其演進》（臺北：東大，民國 84 年 2 月）第二章。

而徒假先王之令名以欺天下，天下其可欺乎。〔註75〕

據此，王夫之認爲北周武帝宇文邕事實上並非明君，否則光靠宣帝兩年之敗政，如何可以傾倒宇文泰及宇文護一路鞏固的北周政權？如果只是單純宣帝的敗德，大臣可以再擁立一位宇文氏皇帝以取代宣帝，沒有必要轉而支持非宇文氏的楊堅。因此王夫之認爲，雖然楊堅不過是以后父之親，對北周之功德亦未大過宇文宗室，楊堅女的地位也並非專寵，爲何許多北周重臣仍願意轉效楊堅？乃是因爲自武帝即已敗德，一路延續到宣帝，使得人心漸失之致。換個方向來看，雖然王夫之此論是在批評武帝宇文邕，但是卻可從其側面看出楊堅能得權的原因不過是因爲宇文皇室之敗德，否則以楊堅在北周朝中的貢獻，很難取得政權。只是就算楊堅是奪人之國，也是因北周皇帝之無德才能接近帝位。然其可以不稱爲「篡」，乃因其「以中國代夷狄」。此一明顯揚漢貶夷的思想，由於礙於清朝的統治權威，只能透過評論過去歷史來抒發。

雍正朝之後，對於思想的箝制逐漸緊縮，到乾隆朝更是學術定於一尊，下詔修四庫全書，以官方學說爲學說，甚至多次燒書以規範學術思想。因此雍正、乾隆以後的學術多不再敢評論政治，只能從文字裡下功夫，故而形成乾嘉時期的考據風氣一直到晚清。〔註76〕基於這樣的背景，討論政權轉移的文章就少了許多，一般文人之讀史箚記多半著重在史事的字句斟酌，或人名、地名、時間的考證，對於政權本身或是政權轉移問題則不敢多加議論。在此環境之下，對於周隋之際政權轉移的討論自然相對減少，況且尚碰觸到敏感的胡漢政權問題。誠如杜維運所言：

時至乾嘉，風氣驟變，考據學風靡學界，一時史學大家，咸以考據
學治史學，不言近世，但攻古代，利用輔助知識之廣博，爲古史訂
僞文，正誤謬，補闕遺，離此則不敢有所馳騁縱橫……〔註77〕

乾嘉考據學最負盛名的幾部著作包括錢大昕《廿二史考異》、王鳴盛《十七史商榷》以及趙翼《廿二史箚記》等。《廿二史考異》就如同前文所言，針對人名、地名與時間等的瑣碎考證，對於古籍的校正當然是貢獻良多，卻無

〔註75〕《讀通鑑論》卷十八〈陳宣帝〉，第九條，頁534。
〔註76〕梁啓超，《中國近三百年學術史》，頁22～25。
〔註77〕杜維運，〈清乾嘉時代之歷史考證學〉，收入杜維運、黃進興編，《中國史學史論文選集（二）》（臺北：華世出版社，民國65年9月出版，民國68年10月二刷），頁855～893。

功於史實的解釋。《十七史商榷》則多半是人名與地名的考證，並且著重於評論史家之史法。而《廿二史箚記》算是少數除了著重於史事本身之考證之外，亦對史書之間的異同加以考察並評論之著作。《廿二史箚記》詳細評比了各家史書，不僅是史書，亦評論史家、史事，是難得敢牽涉到敏感政治問題的作品，對於周隋政權轉移也難得有相當篇幅的討論。如前文所提「古來得天下之易，未有如隋文帝者」即出於此。而爲何趙翼會發此議論呢？因其認爲：

> 以婦翁之親，值周宣帝早殂，結鄭譯等矯詔入輔政，遂安坐而攘帝位。其時雖有尉遲迥、宇文冑、石愻、席毗、王謙、司馬消難等起兵匡復，隋文猶假周之國力，不半載殄滅之，于是大權在手。〔註78〕

趙翼認爲楊堅之所以能奪大位是其以外戚身分，適逢周宣帝猝崩，遂有此機緣，仕掌握機務事權的昔日舊友協助下，得以進駐權力核心；而且在沒有自己的軍事力量之下，藉由都督中外諸軍事的身分調度北周政府的軍隊以平定三方起兵，所以對於楊堅沒有實力基礎便能掌握權位頗有不齒之意。對於楊堅在奪人之國後復殺盡宇文氏子孫，則更有責難：

> ……竊人之國而戕其子孫至無遺類，此其殘忍慘毒，豈復稍有人心。〔註79〕

雖然對於楊堅何以盡殺宇文氏的原因，趙翼也有個人見解，其謂：

> 蓋隋之篡周，本不以道，與宇文有不兩立之勢。且恐有尉遲迥等之起兵匡復者，不得不盡絕其根芽。〔註80〕

此說實基於政治上的同情考量。爲了鞏固剛取得的政權而剷除所有對於政權的威脅，似乎是必要的。但是趙翼還是認爲此舉太過殘忍，以致爲楊氏後代招來報應。故云：

> ……於是煬帝之子孫，亦無遺種矣。……煬帝之死，又巧借一姓宇文者之手以斃之。此豈非天道好還之顯然可據者哉。〔註81〕

據此，趙翼與王夫之意見略有異同。相同的部分是，二者都認爲事實上楊堅

〔註78〕《二十二史箚記》卷十五〈隋文帝殺宇文氏子孫〉，頁207。
〔註79〕《二十二史箚記》卷十五〈魏齊周隋書并北史〉，「隋文帝殺宇文氏子孫」條，頁208。
〔註80〕《二十二史箚記》卷十五〈魏齊周隋書并北史〉，「隋文帝殺宇文氏子孫」條，頁208。
〔註81〕《二十二史箚記》卷十五〈魏齊周隋書并北史〉，「隋文帝殺宇文氏子孫」條，頁208。筆者按：滅隋者宇文化及，與周同姓，而非同宗。

本身並無多大實力，若非北周宇文氏之敗德，或是他恰巧掌握契機，憑其本身的政治力量應是不足以奪得大位的。相異的是，王夫之認爲楊堅雖然是奪人權位，但就漢人角度來看，取代夷狄而建立漢人政權是值得原諒的。更何況即位之後不僅統一天下，對於民生經濟也頗有建設。而趙翼則自始至終都未見好評，既竊取權位又以禪讓掩飾，加之殘害他人子孫，至於其統一天下與開皇之治的政績則隻字未提。

由此可見，二者在其不同的環境背景之下有其不同角度的評論。王夫之身處朝代轉換之際，對明朝亡於異族之手感到痛心，因此楊堅雖然也是巧詐以奪人權位，但畢竟是以中國代夷狄，尚值得原諒。然趙翼所處的時代，正值清朝政權已經鞏固，也是清朝對思想箝制的嚴格時期，因此雖趙翼勇於評論有關政治敏感的改朝換代問題，但是卻極力譴責竊取權位者。或許是因趙翼所處的乾嘉朝，政權早已穩定，在清朝高壓懷柔的政策之下加上歲月的流逝，文人對於明朝逐漸淡忘。出生於雍正時期，大半輩子處於清朝顛峰的乾隆時期，趙翼所關懷的只是當前的清朝政權。所以趙翼作《廿二史箚記》不僅僅是相互勘校史書，亦取「有關於治亂興衰之故者」〔註82〕加以討論，目的應是給予本朝作爲歷史上的治亂經驗，也是擁護當朝政權。因此楊堅不再因取代夷狄而被推崇，反之因爲奪人政權而遭撻伐，此在《廿二史箚記中》其他篇章亦可見。如其評論王莽云：

漢祚中衰，元后長壽，王莽藉其勢以輔政。援立幼弱，手握大權，詭託周公輔成王。由安漢公而宰衡，而居攝，而即眞……〔註83〕

對於曹魏移漢家天下亦同樣給予譴責：

至曹魏則既欲移漢之天下，又不肯居篡弑之名，於是假禪讓爲攘奪。自此例一開，而晉、宋、齊、梁、北齊、後周，以及陳、隋，皆傚之。〔註84〕

據此，筆者以爲，趙翼對於歷史上假禪讓之名行篡竊之實的政權都給予負面批評，似乎可證其爲當前政權擁護之心態。

道光之後，西力逐漸入侵中國，西方列強對於中國的壓迫隨著時間的推移越演越烈，加上國內動亂不斷，清末的文人眼見國家逐漸走向衰弱，自然又從過去政權滅亡的歷史上找經驗。在這樣的背景下，周隋之際的政權轉移

〔註82〕《二十二史箚記》書首〈小引〉，頁5。
〔註83〕《二十二史箚記》卷三〈史記漢書〉，「王莽之敗」條，頁43。
〔註84〕《二十二史箚記》卷七〈三國志晉書〉，「禪代」條，頁87。

又略被提到。如梁章鉅詠云：

> 隋氏周懿戚，幼主天元驕。詐力竊神器，禪讓沿譏嘲。〔註85〕

此處略提隋代北周主要是因爲宣帝之驕縱，加上楊堅爲北周外戚身分，因此
能夠取得政權。除此之外，此時的文人對於宇文氏子孫遭楊堅殘害也加以譴
責。如劉聲木云：

> 前宋順帝被逼禪位，曰「願生生不生帝王家」。隋帝伺布席禮佛，曰
> 「願自今不復生帝王家」。二帝之言，何若是之悲痛。史家殆以劉裕、
> 楊堅以凶暴權詐取天下，誅鋤前代子孫太甚，故于二家末代子孫，
> 特記其悲痛之語，以警世人。〔註86〕

奪位之時因政治考量而剷除政敵，卻替後人帶來同樣的災難。史家記其語以
警世人，所要勸誡的應是要有憫人之心。不管論者是否在受外力欺壓的當時，
也希望外人能給中國留一條活路。要之，清末的外力入侵，已不若過去中國
歷史上那些北方游牧民族的騎馬射箭，而是挾帶著船堅砲利的政治經濟控
制。在這樣的背景之下，對於中國過去傳統政權轉移的評論也就相對而言少
了很多，有的也只是如筆者所引的片段字句。〔註87〕

　　從清初對異族入侵的反感，明朝滅亡的痛心，到清朝中期政權的穩定，
再到清末受到西方的入侵，中國文人對於政權轉移的評論也隨著時代背景有
所轉變。在清初，因爲楊堅代周建隋被視爲「以中國代夷狄」，因此其篡位奪
權似乎尚值得被原諒；清中葉政權穩固，傳統文人對於政權的擁護也使得楊
堅這樣的篡位者遭到譴責；至清末葉因遭受外力入侵，文人又紛紛找尋歷史
經驗以救國，然而不同性質的戰爭爭奪已非過去歷史經驗可以解救，因此對
於楊堅代周建隋的評論也只是粗淺而簡略。

〔註85〕清・梁章鉅，《樞垣記略》（北京：中華書局，1984 年 10 月初版，1997 年 12
　　　　月 2 刷）卷二十六〈詩文七・塔岡懷古〉，頁 309。

〔註86〕劉聲木，《萇楚齋隨筆・三筆》卷一〈前宋順帝等悲痛語〉，頁 498。此文中所
　　　　謂「隋帝」是指隋煬帝楊廣。

〔註87〕除了以上所引史料，清代尚有部分文人筆記有論及楊堅事，但是很少針對代
　　　　周建隋做一討論。有的是論其易儲一事，如《冷廬雜識》：有的是論及南北朝
　　　　形勢而提及，如劉體仁之《通鑑箚記》等。見清・陸以湉《冷廬雜識》（北京：
　　　　中華書局，1984 年 1 月初版，1997 年 12 月 2 刷）卷四〈隋文帝廢長〉，頁 194。
　　　　清・劉體仁《通鑑箚記》（北京：北京圖書館出版社，2004 年 5 月初版）卷十
　　　　一〈陳亡於宣帝非亡於後主〉，頁 574。

三、小結

對於明清時期而言，楊堅代周建隋雖已是千年前的故事，但每當國家發生內憂外患時，傳統中國文人仍習慣從中國過去的歷史中找尋經驗，這也是中國傳統史學的重要功用。因此縱使距離久遠，楊堅代周建隋此等政權轉移的大事仍是在每個朝代都被提出討論，只是多寡不一而已。

明代前期因文字獄的影響，對於政權轉移這種關乎政治敏感的議題便少人提及，故此時有論及政權興衰的言論極少，甚至還需託言神鬼。因此對於楊堅代周建隋一事自然無深刻之議論出現，只有對其經濟民生的貢獻略有論及。至明中葉以後，內憂外患漸起，知識份子開始尋找使國家富強之道，如楊堅此等促使國家滅亡的權臣在史家筆下，變成了被撻伐的對象。至明末清初，由於明朝亡於異族之手，受到傳統中國天下觀的影響，使得楊堅成為「以中國代夷狄」的代表，其巧奪權位的行徑也稍被原諒。至清朝政權穩固之後，高壓懷柔的雙重統治政策已讓人民漸漸遺忘明朝，楊堅不再是取代夷狄的漢人君主，而再度成為危害政權的權臣。至清末西方列強挾帶船堅砲利入侵中國，傳統游牧民族與漢人之間政權爭奪的歷史經驗，已不再適用此時。因此對於楊堅代周建隋的評論也只有三言兩語帶過。

與唐宋時期的評論相較，唐宋時期對於楊堅代周建隋的歷史評論多著重於政權腐敗或是君主的功勳。總括來說，楊堅在唐宋時期的歷史形象就是一個沒有顯赫功勳的外戚，趁著北周內部政權腐敗不穩的時期，一躍而成為天子。

但是在明清時期歷史評論中，很明顯的，楊堅個人的作為是為其次，最重要的是對國家興衰的影響。他的篡位，使前朝滅亡；他的奪權，使華夏取代夷狄；他的濫殺，使後代子孫亡國。這一切的重點不在於他如何得權，也不在於他是篡位或是禪代，而是在於他對前朝及後世的影響。從此亦可看出唐宋史家與明清史家對於歷史事件的關懷角度不同。或許是因為唐宋時期，文人史家對於政權的責任感較重，故著重於關乎國家當前的政治問題。然而自明代以後，專制政權達到頂峰，文人史家縱使關懷當前國家政治卻也無從使力，只能從整個歷史的轉變過程略抒己志。

由此處來看，中古時期的代周建隋事件雖已過去，仍能讓多年以後的中國史家產生共鳴。縱使中國的封建王朝已灰飛煙滅，今日的史家仍針對此一議題孜孜不倦，下文即是針對今日史家的評論分析。

第三節　近人對楊堅得權之原因分析及其評價

前兩節，筆者回顧了在過去中國歷史上對於楊堅代周建隋之評價變化。可以明顯的看出，過去中國傳統研究中對於此類政治事件，重點在於其「評價」：或是讚揚其統一事蹟，或是撻伐其竊人之國。即使略有論及楊堅得以掌政之因，也是賦予政治評價。中國歷史爲政治服務之傳統，於此表露無遺。

然自清末西學傳入，中國歷史研究也走向新的研究方式，對人、事的評價不再是唯一的研究目標，更多的是找出事件的原因，或是尋找歷史的真相。當然這種「找出真相」的精神並非此時才有，二位司馬氏對於史實之講究、考證之詳細，實非今日吾輩所能企及。然而誠如筆者前文所言，中國傳統的歷史研究多半著重在政治方面的評價，溫公所著《資治通鑑》即以其名爲此代表。如此以資治爲主的觀念，中國傳統之史書很難廣及社會各層面。一般正史之中除本紀及列傳之外，論及社會層次的不外乎食貨、經籍、地理等志，西域諸傳能略微提到西域之迥異於中國的生活方式。除此之外，對於中國歷史上其他層面的文化甚少論及。今日之歷史學者欲研究之，往往需藉助其他諸如雜史、筆記之「牽爾之作」〔註88〕。而此類書籍在中國浩瀚典籍中四處分散，所載內容亦參差不齊，所記又詳略不同，因此在宋代以前的歷史，較少人討論社會文化層面的問題。後來因史籍之整理，資料漸漸完備，部分材料較爲豐富的社會題材也逐漸成爲研究目標，如宗教、飲食等面向。但對於中國中古史研究此一傳統而言，社會文化仍屬少數，只是近幾年有大幅增加的趨勢。

筆者所論楊堅代周建隋一事亦如此，古者多論其政治評價，近代史家似逐漸跳脫此一框架，進入原因分析與社會研究之新命題。此節筆者即將重新討論近代史家所提出的各種原因，檢證有否偏頗之處，在多樣化的原因之下，找出孰輕孰重之地位。

一、近人研究中對楊堅代周建隋之政治因素的討論

過去傳統史書中，認爲楊堅得以代周建隋之因，最重要是其承襲父爵、身爲北周外戚等政治因素，而這些因素在近人研究當中仍爲不可或缺之一環，顯見其爲最根本的因素之一。但是在近人研究之中，政治因素不僅僅只有包含其個人出身或婚姻之政治背景，還包括北周政局等因素。這些政治因

〔註88〕《隋書》卷三十三〈經籍二〉，頁 982。

素大致可分為以下四項：一、承襲父爵，為勳貴第二代；二、政治婚姻，以外戚身分干政；三、周宣帝的暴虐無道；四、北周中央集權完成、權力窄化等等。〔註89〕茲以此四項逐項分析。

　　楊堅出身北周勳貴集團之第二代，其父楊忠至北周時已任柱國大將軍。承襲父爵為其帶來天生的政治地位，因此楊堅在北周政局上早已握有較高的支配力量。支持此說的包括湯承業、〔註90〕韓國磐、〔註91〕楊希義、〔註92〕胡如雷、〔註93〕芮沃壽、〔註94〕樊廣平、〔註95〕楊翠微〔註96〕等人。但是亦有人對此提出質疑，認為楊堅所承襲的父爵並不如想像中來的優勢。如呂春盛即認為楊堅所繼承的政治地位並無優勢，因為其他西魏北周的功臣子弟也都獲得與他相同的父爵庇蔭，與這些同輩比起來，楊堅實無特別突出之處。〔註97〕筆者認為，呂氏此說是可以相信的。何以見得？

　　宇文泰死後，宇文護掌握大權擁立宇文覺建立北周，卻也因此引起趙貴事件。事件過後，趙貴被誅、獨孤信賜死，之後「諸宿將等多不自安」〔註98〕，爭相依附宇文護。此事之後，宇文護逐漸專權，不親附宇文護的朝臣將領往往被誅殺或排斥。〔註99〕根據呂春盛的研究，北周朝中威脅到宇文護專權的勢力都會被剷除，但是不願依附宇文護的楊忠與楊堅卻在這場政爭中存活下來。可能的原因除了楊忠曾勸楊堅「兩姑之間難為婦，汝其勿往」〔註100〕，

〔註89〕以上為筆者綜合整理各項說法後所統整出的四大類，許多學者的研究中，提出的原因並非單一，而是涵蓋多項原因。除了因每個事件發生的原因不會是單一之外，也顯見此事之複雜因素，各家仍是眾說紛紜。

〔註90〕湯承業，《隋文帝政治事功之研究》，第一章。

〔註91〕韓國磐，《隋唐五代史綱》（北京：人民出版社，根據三聯書店 1961 年 6 月第1 版修訂重排，1977 年 6 月第 1 版），第一章。

〔註92〕楊希義，〈隋文帝評價中的若干問題芻議〉，《西北大學學報》，1983 年第 4 期，頁 107～111。

〔註93〕胡如雷，〈周隋之際的三方之亂及其平定〉，《河北學刊》，1989 年第 6 期，1989年 11 月，頁 57～66。

〔註94〕崔瑞德編，《劍橋中國隋唐史》，第二章〈隋朝〉，頁 59。筆者按：第二章由*The Sui Dynasty* 作者芮沃壽（Arthur Wright）主筆。

〔註95〕樊廣平，〈楊堅建隋以及對全國的統一〉。

〔註96〕楊翠微，〈論楊堅代周建隋〉。

〔註97〕呂書第七章，或見其文〈關於楊堅興起背景之考察〉。

〔註98〕《周書》卷二十九〈侯植傳〉，頁 506。

〔註99〕呂書第五章，或見其文〈北周前期的政局與政權的弱點〉《臺大歷史學報》，第 18 期，民 83 年 12 月，頁 89～120。

〔註100〕《通鑑》卷一百七十〈陳紀四〉，「臨海王光大二年」條，頁 5274。

避免政治鬥爭之外，筆者認為另一可能原因即是楊忠與楊堅的地位尚不足以威脅宇文護之專權。從另一角度來說，楊氏父子就算不依附宇文護也對宇文護構成不了威脅。由此，或許可約略推知，楊氏父子的政治地位在北周時期並不特別突出，楊堅所承襲的父爵自然也不夠刺眼。尤其到北周後期武帝親政之後，功臣子弟拜為柱國者已達十餘人，〔註101〕伐齊之後拜上柱國者也有十餘人，〔註102〕因此以楊堅所承父爵再加上後來陸續晉升，都不過是眾多功臣之一，不甚突出。所以不論是北周前期楊忠之功勳，或是北周後期楊堅之政治地位，都不足以威脅宇文護或周帝。

因此筆者同意呂氏之說法，認為楊堅所承襲之父爵，以及其在北周所獲得的政治地位，事實上是不甚突出的，對其代周建隋的影響應該不那麼大，或者說並非最重要之原因。但是也無可否認的，若楊堅沒有此一優先的政治地位，也不可能會在北周末宣帝暴崩的關鍵時刻，得以接近權力核心。因此楊堅的政治地位可以說是其基本條件，但不一定是決定性的因素。

其次，楊堅長女楊麗華為宣帝皇后，外戚身分使得楊堅得以接近權力核心，在宣帝暴崩之時得以入侍，是其能掌政之因。持此一說法的學者包括湯承業、〔註103〕韓國磐、〔註104〕楊希義、〔註105〕韓昇、〔註106〕胡如雷、〔註107〕芮沃壽、〔註108〕樊廣平〔註109〕等。楊堅為宣帝岳父是不爭之事實，然其岳父之地位是否真如想像中有如此影響力，筆者認為尚值得商榷。

楊氏女在宣帝尚為太子之時即被婚配為太子妃，因此在宣帝即位後成為皇后，此後雖然宣帝又陸續增加四位皇后，但應不影響楊皇后的正室地位。

〔註101〕見呂書附篇（五）「西魏北周柱國大將軍年表」，頁385～390。

〔註102〕呂書附篇（六）「北周上柱國表」。

〔註103〕湯承業，《隋文帝政治事功之研究》。

〔註104〕韓國磐，《隋唐五代史綱》。

〔註105〕楊希義，〈隋文帝評價中的若干問題芻議〉。

〔註106〕韓昇，〈論隋朝統治集團內部鬥爭對隋亡的影響〉，《廈門大學學報》，1987年第2期，頁90～98。〈隋文帝弒君與被弒總考證〉，《學術研究》，2002年第2期，頁97～103。及《隋文帝傳》等。韓氏多篇著作都提及此一重要因素，顯見其個人之重視。

〔註107〕胡如雷，〈周隋之際的三方之亂及其平定〉《河北學刊》，1989年第6期，1989年11月，頁57～66。但胡氏在其另一篇文章〈隋文帝楊堅的篡周陰謀及其即位後的沉猜成性〉此文中，又提出其認為宣帝外戚的因素並不如想像中重要，而有其他更有影響力的因素，容後再論。

〔註108〕崔瑞德編，《劍橋中國隋唐史》，第二章〈隋朝〉，頁59。

〔註109〕樊廣平，〈楊堅建隋以及對全國的統一〉。

〔註110〕但即使如此，宣帝之昏暴仍是威脅到楊皇后之性命，從《周書·皇后傳》的記載即可明顯看出：

> 帝後昏暴滋甚，喜怒乖度。常譴后，欲加之罪，后進止詳閑，辭色不撓。帝大怒，遂賜后死，逼令引訣。后母獨孤氏聞之，詣閣陳謝，叩頭流血，然後得免。〔註111〕

由此可見，雖然楊皇后爲正室，卻因宣帝之昏暴仍是朝不保夕。而楊堅雖爲后父，在宣帝即位之初也因此而獲得晉升，位望愈高，〔註112〕但在喜怒無常的宣帝面前仍是無法自安。如《隋書·高祖紀》所載：

> 高祖位望益隆，帝頗以爲忌。帝有四幸姬，並爲皇后，諸家爭寵，數相毀譖。帝每忿怒謂后曰：「必族滅爾家。」因召高祖，命左右曰：「若色動，即殺之。」高祖既至，容色自若，乃止。〔註113〕

據此，單就宣帝后父、北周外戚此一立場來看，楊堅實無太大優勢，甚至還要自請外放，如《隋書·鄭譯傳》云：

> ……高祖（楊堅）爲宣帝所忌，情不自安，嘗在永巷私於（鄭）譯曰：「久願出藩，公所悉也。敢布心腹，少留意焉。」〔註114〕

故筆者認爲，單就宣帝岳父此一外戚身分來說，楊堅實無優勢地位可言；然亦不可否認的是，若楊堅非宣帝岳父，或許在宣帝暴崩之時亦無機會得以入掌朝政。因此，或許需將此事解讀爲：宣帝在位時期，楊堅的后父身分並無爲他帶來太大的實質幫助，只有在官位上略微調升。反而是到宣帝暴崩之時，才藉此一地位接近權力核心。當然還必須有他人之助，此待後文再論。

〔註110〕部分學者認爲，因爲多位皇后並立，因此而削減了楊皇后的影響力。如呂春盛即認爲宣帝屢增皇后，可見楊皇后之失寵，楊堅的地位也跟著動搖。見呂書第七章，或見其文〈關於楊堅興起背景的考察〉。但筆者認爲，縱使宣帝多立皇后，楊皇后在後宮之中應仍居正室，其後宮之首的地位應不至動搖，只是可能對於宣帝的影響力不大。況且鮮卑舊俗中，首領有多位閼氏亦屬常見，不見得多立皇后就表示楊氏女之失寵。

〔註111〕《周書》卷九〈皇后〉，頁145～146。

〔註112〕根據《隋書·高祖上》所記，宣帝即位後楊堅「以后父徵拜上柱國、大司馬。」大象初，遷大後丞、右司武，又轉大前疑。甚至「每巡幸，恒爲居守」。大司馬爲夏官府長官，大後丞、大前疑爲四輔之一，雖位望提高，卻是榮譽職。其中有實際職能的，恐怕是「右司武」一職，據王仲犖《北周六典》（臺北：華世，民國71年9月）頁507載左右司武上大夫「總宿衛軍事」，此或是楊堅矯詔輔政之際未見宿衛禁軍反抗的原因之一。

〔註113〕《隋書》卷一〈高祖上〉，北周末年條，頁3。

〔註114〕《隋書》卷三十八〈鄭譯〉，頁1136。

而在婚姻部分除了楊氏女爲宣帝皇后之外，楊堅本身之婚姻也是政治考量。獨孤皇后爲北周柱國大將軍獨孤信之女，獨孤信又是宇文泰親信，故此關隴集團第二代相互聯姻是標準的政治婚姻。除此之外，獨孤信之長女又爲北周明帝之后。因此楊堅在掌政之前先爲北周明帝之連襟，後爲北周宣帝之岳父，兩代外戚的身分看似給其很大的優越地位。然而明帝在位不久即被宇文護殺害，獨孤信在趙貴事件中被賜死，獨孤家族因而沒落，〔註115〕故此二者能給予楊堅的政治幫助實是有限，宣帝的無道甚至讓楊堅想自求外放。因此筆者認爲楊堅與北周皇室的姻親關係似乎沒有想像中來得有利，只是幫助他在宣帝暴崩的關鍵時刻，成爲近臣拉攏的考慮對象之一罷了，並非其能順利奪權的最主要因素。

再者，宣帝的暴虐無道，也是許多學者提出的重要因素之一。如楊希義、〔註116〕王壽南、〔註117〕胡如雷、〔註118〕楊翠微、〔註119〕呂春盛〔註120〕等均支持此說。但筆者所謂「暴虐無道」實爲一概稱，宣帝無道的內涵其實包括了個人的喜怒無常與刑法之嚴苛等。其個人喜怒無常的部分前文已稍有論及，下列所引《周書・宣帝紀》的記載，更可明顯看出北周朝上下對宣帝之恐懼：

> 擯斥近臣，多所猜忌……常遣左右密伺察之，動止所爲，莫不抄錄，
> 小有乖違，輒加其罪。自公卿已下，皆被楚撻，其間誅戮黜免者，
> 不可勝言。每笞捶人，皆以百二十爲度，名曰天杖。宮人內職亦如
> 之。后妃嬪御，雖被寵嬖，亦多被杖背。於是內外恐懼，人不自安，
> 皆求苟免，莫有固志，重足累息，以逮於終。〔註121〕

由於宣帝的倒行逆施，許多支持此說的史家都認爲北周朝臣對宇文氏政權感到灰心，並對宣帝死後的掌政者—楊堅給予支持。然而筆者懷疑，若只是宣帝一人之失德，在宣帝駕崩之後有靜帝即位，靜帝雖然年幼卻不至有暴行出

〔註115〕呂書第七章，或見其文〈關於楊堅興起背景的考察〉。另見宋德熹，《「關隴集團」中的代北外戚家族研究——以獨孤氏及竇氏爲例》，國立臺灣大學歷史學研究所博士論文，民國86年6月，頁104。
〔註116〕楊希義，〈隋文帝評價中的若干問題芻議〉。
〔註117〕王壽南，《隋唐史》，第一章。
〔註118〕胡如雷，〈周隋之際的三方之亂及其平定〉、〈北周政局的演變與楊堅的以隋代周〉。
〔註119〕楊翠微，〈論楊堅代周建隋〉。
〔註120〕呂書第七章，或見其文〈關於楊堅興起背景的考察〉。
〔註121〕《周書》卷七〈宣帝紀〉，頁125～126。

現。因此有心匡弼朝政之朝臣或是皇帝之近侍，尚可請其他宇文宗室輔政，或另立年長有德之宇文宗室爲帝，不一定要以一個外戚入主朝政爲優先考量。因此，楊堅得以入朝輔政進而得權，筆者認爲宣帝之失德並非直接因素，只是間接因素。況且宣帝時期的苛法酷刑引起人民反感，此時只要任一有德之宇文宗室掌政進而廢除苛政，朝臣人民一樣能夠接受，不一定非爲楊堅不可。在宣帝崩時，劉昉、鄭譯欲矯詔引楊堅輔政，顏之儀拒絕之因在《周書·顏之儀傳》中可見：

> 主上升遐，嗣子冲幼，阿衡之任，宜在宗英。方今賢戚之內，趙王
> 最長，以親以德，合膺重寄。公等備受朝恩，當思盡忠報國，奈何
> 一旦欲以神器假人，之儀有死而已，不能誣周先帝。〔註122〕

據此可知，宣帝暴崩，縱使靜帝幼弱，朝中仍有其他適合的宇文宗室可以託付，若以資格論優先順序，楊堅絕非首選。否則，又何以引發三方起兵？如此又可證以上論宣帝之暴虐，非爲楊堅得以奪權之主要因素。

最後，就北周中央集權完成、權力窄化此一論點，是近年學者呂春盛所提出的。〔註123〕之前的學者在談論北周政局時亦會論及相關問題，只是不如呂氏完整。呂氏之著作可以說是將整個北周的政權結構演變作了最詳盡之分析，不僅含括過去的研究成果，亦加上個人的新見解。因此筆者在此一項目下可以再約略分爲幾小項，如政權集中於中央、宗室外放造成權力眞空、宇文泰辛苦建立的權力平衡被破壞、以及政權集中產生一批被排擠的政客等等因素。

政權集中於中央，指的是自宇文護專政以來致力建立宇文氏政權，排除其他勳貴在北周朝中的影響力，此事以趙貴事件爲代表。最初權力掌握在宇文護手上，武帝誅殺宇文護之後則集權於皇帝本身。至宣帝將宗室外放，又誅殺了幾位武帝時期的重臣，不但使權力更集中於皇帝，也使得皇帝近臣有了接觸最高權力的機會。〔註124〕

〔註122〕《周書》卷四十〈顏之儀〉，頁720。

〔註123〕呂書及其系列文章。

〔註124〕楊翠微在其〈論楊堅代周建隋〉一文中提出，宣帝將宗室外放，排擠了宇文宗室的力量，也解除了諸皇叔的軍政權力，是宣帝破壞宇文氏政權最要害的措施，也替楊堅篡周提供有利條件。韓昇於其書《隋文帝傳》中則指出，是武帝一連串的中央集權措施將楊堅推向權力頂峰的。見其書第三章第三節。但可惜的是，此二位均只提出此說，卻未對之間的利害關係詳細闡述解說。呂春盛則認爲宣帝不僅將宗室外放，又將內史、御正等內臣的地位提高，因此權力集中於皇帝，皇帝暴崩之時內臣即有機會掌握權力，進而引楊堅輔政。

集權於中央的結果，若是皇帝賢能而妥善運用之則國威大建，如北周武帝之滅北齊即為顯例。然而宣帝之暴崩使得權力落到年僅八歲的靜帝身上，能操控靜帝的人即能掌握此一中央集權，進而改朝換代就不是難事。楊堅即是利用此一權力真空的空隙，入總朝政進而改朝換代。若由此處來說，楊堅是巧妙的利用了此一政治與制度的契機。但於此仍很難說楊堅此舉究竟是主動或是被動，亦或是在劉昉、鄭譯等人的慫恿下半推半就。

集權於中央的另一結果，是產生一批被排擠在權力核心之外的中下層政治人物。根據呂氏之研究，西魏建立後由宇文泰親信集團掌握朝政。北周政權建立之後，初期以宇文泰親信集團中的親宇文護派掌握政權。北周中期各開國元老逐漸凋零，轉由宇文氏宗室人物出任要職。武帝親政之後，朝中高官將領仍多由宇文氏宗室掌握，甚至逐步增加其比例。因此原先追隨魏帝西遷的勢力以及關隴河南河東的土著勢力遂被打壓，〔註125〕在北周朝中尋不到出路，只好支持另一個新興勢力—外戚楊堅。〔註126〕除此之外，宣帝的倒行逆施，將宗室外放及誅殺舊臣等，亦破壞前面幾代致力將權力集中於宇文宗室的努力，將支持北周政權的幾個勢力打破而引進太子時代的近臣，也無疑將那些被排擠的勢力推向另一方。〔註127〕

這些關於北周中央集權的論點是近年研究北周史的熱門論點，然而是否對於楊堅代周建隋有決定性的作用呢？筆者認為，這些原因只是楊堅得以奪權的必需條件，若沒有後來掌握軍政大權的充分條件，想要奪權仍是不易。所以單依北周政權之缺陷這一必需條件是不足的，因為這些屬於北周政權轉變的因素，都不是楊堅所能夠掌握的，也就是說他並非這一整個變局的策劃

見呂書第七章第四節，頁335。

〔註125〕有關西魏政權的三大勢力請參見呂書第四章，或見其文〈宇文泰親信集團與魏周革命〉，《文史哲學報》，第41期，民83年6月，頁19～48。其他勢力逐漸被打壓的情形請參見該書第五章、第七章，或見其文〈北周前期的政局與政權的弱點〉及〈關於楊堅興起背景的考察〉。

〔註126〕根據呂春盛的研究，這類被排擠的政治人物廣布北周朝廷各不同勢力，而這些人選擇支持楊堅也有其不同之利益考量。但均不脫想要改變政治現狀、改變目前被排擠的地位等目的。見呂書第七章，或見其文〈關於楊堅興起背景的考察〉。

〔註127〕見林國良，〈論西魏北周之協和政策及其演變〉，《吳鳳學報》，第12期，民國93年5月，頁19～31。林國良認為宇文泰協和各方勢力，組成以宇文泰集團為中心的政權。宇文護時期，變革體制成為獨裁政體，武帝親政之後繼承此一體制又發展成為軍政一體的統治模式。但是宣帝繼位之後排除武帝舊臣又令宗室就國，導致先朝所維護的權力結構平衡被打破，才致使權臣有可趁之機。

者，他只是受益者，利用了這個局勢而已。而正如筆者於前文不斷提醒的，在這樣的背景之下，任何一個有德者都有可能起而代之成為新的政權，所以並不能成為楊堅代周建隋的決定性因素。筆者認為，北周政局變化中對於楊堅得以輔政最有密切關係的，其實是宣帝對於人事職權調整的措施，這是楊堅欲奪權所需的另一個必需條件。

宣帝暴崩之時，引楊堅輔政的關鍵人物是鄭譯跟劉昉，為什麼他們有如此權力呢？宣帝崩前，劉昉擔任御正下大夫，與擔任御正中大夫的顏之儀均被詔入屬以後事。根據《北周六典》所載御正官職為：

> 御正任總絲綸，職在弼諧。凡諸刑罰爵賞，爰及軍國大事，皆須參議。〔註128〕

可見關乎軍國之大事，都可找御正商議。而此時鄭譯擔任內史上大夫，據《北周六典》載內史之官職為：

> 內史職在弼諧，凡諸刑罰爵賞，爰及軍國大事，皆須參議。〔註129〕

看來御正跟內史的職權似乎沒什麼不一樣。根據《周書‧樂運傳》所言「內史御正，職在弼諧，皆須參議，共治天下」〔註130〕，似乎兩者是相同性質的官職。但從胡三省的《通鑑注》卻可以看出兩者不同之處，其曰：

> 《周書‧申徽傳》曰：「御正專任絲綸」，蓋中書舍人之職也。……考之唐六典，則曰後周依周官，春官府置內史中大夫，掌王言，蓋比中書監、令之任，後又增為上大夫。……然則御正者，亦代言之職，在帝左右，又親密於中書。……」〔註131〕

若由此看，則內史執掌的重點在於「掌王言」，也就是詔令的發佈。原內史最高職等為中大夫，鄭譯在宣帝即位之初原擔任內史中大夫，後增設內史上大夫，鄭譯遂升任內史上大夫。〔註132〕故鄭譯在宣帝崩時，主要的職掌可能是掌管詔令之發佈。至於御正既「在帝左右」，又需參議軍國大事，故可能的職掌為皇帝身邊的軍政顧問。然又有「代言之職」，故可能有某種程度的草詔權力。〔註133〕而劉昉雖為御正下大夫，官階並非最高，但鄭譯以宣帝太子時代

〔註128〕王仲犖，《北周六典》卷二〈天官府第七〉，頁57。
〔註129〕王仲犖，《北周六典》卷四〈春官府第九〉，頁185。
〔註130〕《周書》卷四十〈樂運〉，頁722。
〔註131〕《資治通鑑》卷一百六十八〈陳紀二〉，「陳文帝天嘉二年六月」條，頁5214。
〔註132〕《隋書》卷三十八〈鄭譯傳〉，頁1136。
〔註133〕根據榎本あゆち的研究，其認為西魏北周的御正應屬皇帝顧問性質，但有部

近臣獲得拔擢，故仍能親近於宣帝身邊。

由於御正之執掌即在於與皇帝參議軍國大事，故宣帝在病危之際，詔御正中大夫顏之儀與御正下大夫劉昉共商後事是無疑的。雖御正有草擬詔書的權力，然平時擔任詔令發佈的是內史，故其另有所圖時就必須找內史商議。而劉昉選擇與內史上大夫鄭譯合謀，主要原因大概是鄭譯同為宣帝太子時代近臣，雙方為舊識之故。

據此，劉昉與鄭譯之所以能在宣帝暴崩之際矯詔引楊堅輔政，就是因為他們在宣帝時期獲得了參與軍政協商以及掌管詔令的職權，遂得以矯詔。誠如《隋書‧劉昉傳》載曰：

> 及帝不念，召昉及之儀俱入臥內，屬以後事。帝瘖不復能言。……
> 然昉素知高祖（楊堅），又以后父之故，有重名於天下，遂與鄭譯謀，
> 引高祖輔政。〔註134〕

然而御正中大夫顏之儀並不支持，如《周書‧顏之儀傳》云：

> 宣帝崩，劉昉、鄭譯等矯遺詔，以隋文帝為丞相，輔少主。之儀知
> 非帝旨，拒而弗從。昉等草詔署記，逼之儀連署。……於是昉等知
> 不可屈，乃代之儀署而行之。〔註135〕

顏之儀不支持楊堅輔政的原因，除了是「知非帝旨」之外，也是因為他另外支持宇文仲輔政，如《隋書‧鄭譯傳》所載：

> （宣）帝不念，（鄭譯）遂與御正下大夫劉昉謀，引高祖入受顧託。
> 繼而譯宣詔，文武百官皆受高祖節度。時御正中大夫顏之儀與宦者
> 謀，引大將軍宇文仲輔政。仲已至御坐，譯知之，遽率開府楊惠及
> 劉昉、皇甫績、柳裘俱入。仲與之儀見譯等，愕然，逡巡欲出，高
> 祖因執之。〔註136〕

分的草詔權力。不過草詔的職權似乎一直到北周宣帝末年，草詔楊堅輔政時才第一次發揮出來。見氏著〈西魏末‧北周の御正について〉，《名古屋大学東洋史研究報告》，第二十五號，2001年3月，頁160～174。又根據谷川道雄的研究，其認為御正「代言之職」應指的是「執掌王言及負責下傳」。見《隋唐帝國形成史論》中文版，頁256。

〔註134〕《隋書》卷三十八〈劉昉〉，頁1131。《北史》、《通鑑》所記大致與此同。

〔註135〕《周書》卷四十〈顏之儀〉，頁720。從此條史料及前文討論來看，則御正可能的職權應該是為皇帝顧問，協商軍國大事，且下傳指令，由內史起草詔令，並由御正連署證明起草內容無誤，方可發佈。

〔註136〕《隋書》卷三十八〈鄭譯〉，頁1136。

如果顏之儀支持宇文仲輔政成功，則支持楊堅的劉昉與鄭譯，地位想必岌岌可危。

就前文來看，在宣帝即位之後，將近臣劉昉與鄭譯轉任到內史及御正的職位，使得他們得以參與軍政大事的協商，並有詔書發佈之職權。恰巧內史上大夫鄭譯又爲楊堅之同窗舊識，或許認爲以楊堅后父之地位輔政不失穩重，以舊識輔政也能確保自己的地位在改朝換代之後不會動搖。此可從楊堅輔政之後，鄭譯、劉昉爲自己求的職位可以看出，如《通鑑》所載云：

> 始，劉昉、鄭譯議以堅爲大冢宰，譯自攝大司馬，昉又求小冢宰。

〔註137〕
楊堅輔政之後，雖然在楊堅的算計下他們並沒有達成預計目標，但地位還是獲得提升。〔註138〕若不是引楊堅輔政，獲得楊堅的政治支持，宣帝崩後改朝換代，先朝舊臣不一定會被繼續引用。況且以宣帝朝的暴行，身爲宣帝的近臣很難保證地位是否能繼續維持。又或者若顏之儀支持宇文仲輔政成功，則與顏之儀政治立場相左的二人，亦恐怕地位不保。由此或可說明，爲何以在宣帝暴崩之際，近臣引進以輔政的並非其他宇文宗室而是外戚楊堅，乃是因劉昉、鄭譯等人以其私人政治利益之所致。

據此而言，在北周政局的變化之中，不論是政權窄化或是宣帝暴虐，都只是爲北周政權的結束做一先聲，並不能決定由誰繼承大統。楊堅承襲父爵、宣帝后父的身分，並不是登上最高權力的保證書，而只是進入權力核心的入場券。眞正將楊堅推上輔政地位的是劉昉、鄭譯等宣帝近臣。然他們之所以有此能力，倒還多虧了宣帝即位時，將他們轉任到御正、內史等有參與軍政大事及掌管詔令發佈等官職的措施。

二、近人研究對於楊堅代周建隋之社會因素的討論

在過去的傳統史書中，楊堅代周建隋一事多著重在政治方面，近人研究也是。然而在一片政治討論中，亦逐漸有學者提出社會方面的討論，主要以楊堅的出身名門、漢人勢力的高漲以及周武毀佛這幾個方面爲主。

楊堅的出身與漢人勢力高漲，其實是一體兩面的。因爲史書上記載楊堅

〔註137〕《通鑑》卷一百七十四〈陳紀八〉，宣帝太建十二年五月條，頁5411。
〔註138〕之後楊堅掌權，鄭譯不過「兼領天官都府司會，總六府事」，三方起兵後又進位爲上柱國。劉昉也不過因「定策有功，拜上大將軍，封黃國公」。此與大司馬、小冢宰之實權職位相去甚遠。見《隋書》卷三十八〈劉昉鄭譯傳〉。

爲弘農楊氏之後，是漢人大族的代表。而魏晉南北朝時代的社會，又是最注重家族門閥的社會，因此出身漢族名門的楊堅能獲得許多漢人的支持。認同此說的學者如蘇慶彬、〔註 139〕韓國磐、〔註 140〕藍文徵、〔註 141〕王壽南、〔註 142〕張偉國、〔註 143〕韓昇〔註 144〕等。但至近年來這個說法被提出討論的次數逐漸減少，主要是因其後陸續有質疑此事之研究出現，且漸成定論之故。

《隋書・高祖紀》記載，楊堅出自弘農楊氏，是漢太尉楊震的後代：

> 高祖文皇帝姓楊氏，諱堅，弘農郡華陰人也。漢太尉震八代孫鉉，
> 仕燕爲北平太守。鉉生元壽，後魏代爲武川鎭司馬，子孫因家焉。
> 元壽生太原太守惠嘏，嘏生平原太守烈，烈生寧遠將軍禎，禎生忠，
> 忠即皇考也。〔註 145〕

據此，史家在論及楊堅代周建隋時，許多會著眼於楊堅漢人名門的出身，認爲此一出身爲處在異族統治下的漢人提供一個精神寄託，進而使北周朝中的漢人支持楊堅。會有這樣的設想，或許是出自於楊堅在位時統一中國的功績，在歷史上是繼魏晉南北朝數百年紛亂後再造華夏之共主，其漢人身份自然應大加褒揚。如前輩學者朱希祖即站在漢人優越角度，大力讚揚楊堅推翻胡人政權、重建漢人一統政權之功績。〔註 146〕而在過去的研究中也多認爲，西魏北周政權自宇文泰周官改制以來既仿照中國官制，也大量任用關隴當地漢人，漢人在宇文氏政權中的地位與比例遂逐年上升。〔註 147〕如此一來，在宇文氏政權中的漢人會支持身爲漢族名門的楊堅，似乎就不足爲奇了。

然而也有許多研究指出，在《隋書》中所記載的楊堅家世是有問題的，最早在清代的沈炳震就已提出質疑，〔註 148〕後來陸陸續續有學者提出討論，

〔註 139〕蘇慶彬，〈元魏北齊北周政權下漢人勢力之推移〉，《新亞學報》，第 6 卷第 2 期，1964 年 8 月，頁 63～161。

〔註 140〕韓國磐，《隋唐五代史綱》。

〔註 141〕藍文徵，《隋唐五代史》（臺灣：商務印書館，民國 75 年 3 月臺四版）。

〔註 142〕王壽南，《隋唐史》。

〔註 143〕張偉國，《關隴武將與周隋政權》。

〔註 144〕韓昇，《隋文帝傳》。

〔註 145〕《隋書》，卷一〈高祖上〉，頁 1。

〔註 146〕朱希祖，〈西魏賜姓源流考〉，收入《朱希祖文集》（臺北：九思，民國 68 年 5 月），頁 1693～1817。

〔註 147〕蘇慶彬，〈元魏北齊北周政權下漢人勢力之推移〉。

〔註 148〕見沈炳震，〈唐書宰相世系表訂僞〉，收於《二十五史補編》第六冊（北京：中華書局，1955 年 2 月第 1 版，1998 年 2 月 7 刷），頁 7579。

如王桐齡、〔註149〕陳寅恪，〔註150〕日本學者如竹田龍兒、〔註151〕布目潮渢
〔註152〕等亦均有提出質疑。有人從其父的遊歷地點著手，有人從其父的婚姻
對象著手，都認爲楊氏的家族應非望族。這些學者所提出的研究，雖不能斷
定楊堅是否爲漢人，但這些學者共同認定的是：楊堅應非漢族名門弘農楊氏
之後。然因楊忠在宇文氏政權的功績，以及魏晉南北朝時期冒籍攀附一事所
在多有，才會有出自弘農楊氏一說。據此，前人所謂楊堅因其爲漢族名門而
取得大量漢人的支持此一論點，則值得再商榷。本文第三章及第四章亦有討
論，乃針對此一漢人角度的重新抒發，也是前人研究的再一擴展，於此不贅
述，可參見後文。

既然楊堅的漢人名門身世值得懷疑，同樣的，在北周朝中逐漸增多的漢
人士大夫是否有足夠力量，足以將楊堅推上顛峰，也是值得再討論的。過去
學者的研究中指出，因大量關隴漢人加入府兵體系，漢人將領又逐漸地位上
升，使得以府兵制度爲主體的北周朝中，胡人的色彩逐漸褪去，而漢人的影
響力則逐漸升高。如毛漢光即曾言：

> 當大統之初漢人地方豪強亦紛紛加入宇文政權，在府兵制度完成
> 時，他們擔任中等、及中上層之職；但由於參與的人數漸多，至北
> 周時已漸漸抬頭，隋楊政權成立時，他們已略佔上風，楊堅詔令改
> 胡姓者恢復漢姓，也是漢人勢力抬頭之指標……〔註153〕

甘懷眞的研究亦曾提出類似的評斷：

> 在西魏府兵制度成立之初，關隴豪族多處於軍事體系下的中下層，
> 到了隋文帝時代，關隴豪族已多能成爲軍事體系中的上層將領，可
> 以看出關隴豪族的相對抬頭。〔註154〕

〔註149〕王桐齡，〈楊隋李唐先世系統考〉，《女師大學術季刊》，第2卷第2期，1932
　　　　年，頁1199~1220。
〔註150〕陳寅恪，《唐代政治史述論稿》（北京：三聯，2001年4月），上篇〈統治階
　　　　級之氏族及其升降〉，頁199~200。
〔註151〕竹田龍兒，〈門閥弘農としての弘農楊氏についての一考察〉，《史学》，第三
　　　　十一卷第1~4號，1958年2月，頁613~643。
〔註152〕布目潮渢，《隋唐史研究：唐朝政權の形成》（東京都：東洋史研究会，昭和
　　　　43年）第一章〈楊玄感の叛亂〉。
〔註153〕毛漢光，〈西魏府兵史論〉，收入氏著《中國中古政治史論》（臺北：聯經，民
　　　　國79年1月初版，民國80年4月第二次印行），頁214。原文載於《中央研
　　　　究院歷史語言研究所集刊》第五十八本第三分，民國76年9月，頁525~631。
〔註154〕甘懷眞，〈隋文帝時代軍權與「關隴集團」之關係〉，收入《唐代文化研討會

然需注意的是，甘懷眞所謂「關隴豪族已多能成爲軍事體系中的上層將領」是在「隋文帝時代」，也就是說在隋朝建立之後；毛漢光所謂漢人勢力佔上風也是在「隋楊政權成立時」。那麼，在北周末年時，漢人勢力上升到什麼程度了呢？是否在此之前已到達「上層將領」的階段？亦或是在楊堅建立隋朝之後，才能如此大幅度的提升呢？

如以武帝親政時期的高階官員來看，漢人的比例似乎沒有想像中來的高。在呂春盛的專書中曾對武帝時期的高階官員做過整理分析，如六府公卿、拜授柱國及上柱國等的人物表格整理。根據這些表格，呂氏指出，武帝親政時期所引用的人物，除了前朝老臣之外，以宗室及北鎮勢力的功臣子弟佔較大比例，尤以宇文宗室爲重心。〔註155〕換言之，這些在北周朝中對政局較有影響力的人物，仍是屬於宇文宗室及前朝功臣的派系，關隴當地的漢人豪族實居少數。當然這也牽涉到前文所言的政治因素，即是自宇文護以來集權於宇文氏的結果。在這樣的政治前提之下，筆者亦認爲在足以影響政局的高階官員部分，漢人既呈現少數，則如何能推動楊堅取得大權？

而且前文已有提及，楊堅在宣帝即位之後才算踏入個人政治生涯的高峰，然而在武帝親政之後北周朝中的高階官員仍以宇文宗室爲多，顯見能有實質政治助益的漢人並不多。而宣帝在位僅兩年，即使仍有任命上柱國，亦仍以宇文氏居多。〔註156〕直到大象二年宣帝崩後，楊堅輔政，宣帝以前被任命的上柱國多被誅殺，而新任命的上柱國大幅增加。這些在楊堅掌政時期被任命的上柱國，除一部份是宇文宗室及功臣後代，其他則增加了許多漢人及楊堅故舊。

根據筆者所整理的附錄一〈大象二年任命上柱國表〉中可以看出，大象二年所任命的上柱國都是在宣帝崩後才任命的，也就是說均出自輔政楊堅之意旨。此年任命的二十七位上柱國中，即有四位是楊堅的家族或爲故舊，而有十三位在周隋政權轉移的過程中支持楊堅。這樣的情形或許可以解釋爲楊堅提攜自己的同黨，也可解釋爲這些受到楊堅提攜的人無不大力支持楊堅。因爲在此時期被任命爲上柱國的將領，多半是在三方起兵中平定有功，故被楊堅任命爲上柱國。這些將領願受楊堅驅策，或者是原來就爲楊堅舊識，或者是順應政治局勢，然不可否認的是，地位確實獲得提升。其他沒有支持楊

論文集》（臺北：文史哲，民國 80 年 7 月），頁 487～519。

〔註155〕見呂書第六章。

〔註156〕呂書〈附篇六〉，頁 393。

堅的人，或爲宇文宗室，或在史書中無記載筆者無從查證。然則可以確定的是，這二十七位上柱國中，漢人的比例確實比過去高出許多。

因此筆者認爲，漢人勢力在北周朝中對楊堅的助益，應有其時間特點。漢人勢力並不是將楊堅推上掌政地位的關鍵，反之，正是因爲楊堅掌政才能大力提攜漢人勢力及其故舊，在其後的政權轉移點上爲楊堅提供莫大的助益。此外，也由此處佐證了筆者前述的疑問，漢人眞正能夠大幅度的提升到「上層將領」或是「高階將領」的層級，應是在楊堅掌權之後大力提拔之結果，而並非在北周時期漢人勢力就有足夠的力量將楊堅推上頂峰。

再者以周武毀佛言之，論者以爲北朝盛行佛教，周武帝大力打壓佛教信仰，引起廣大佛教徒的怨怒，因此佛教家庭出身的楊堅自然受到支持。況且楊堅掌政之後即復行佛道二教，即爲拉攏民心之作法。支持此一論點的包括胡如雷、〔註157〕呂春盛〔註158〕等。

從提出此一論說的學者即可得知，此一論點是近年研究中才提出的，筆者認爲此一論說的可能性頗高。然而可惜的是，此二位學者雖提出這樣的可能性，卻沒有對其影響的程度作一深入研究，都只是針對北周武帝滅佛的暴政做一論述，關於楊堅復佛的部分均只是一筆帶過，認爲楊堅復佛是對武帝滅佛之反動，藉由此舉拉攏民心。但是北周武帝滅佛對北周人民的心理影響影響多大？楊堅復佛對北周人民的心理影響又如何？是如何能夠「拉攏民心」？都沒有舉證深入論述以加強其論點，頗爲可惜。或許是前人學者的研究重點在於北周朝或是北周武帝本身，所以對於楊堅復佛的情形沒有多做闡述。因此筆者針對此一缺憾，在後文作了詳細的深入分析，可見本文第三章第三節。文中針對北周人民對於周武帝滅佛與楊堅復佛的心理做了詳細的舉證與分析，應可補充過去研究之缺憾，並對此一因素對楊堅得權之影響做一補強證實。

三、小結

從本節對過去有關楊堅得權原因分析的討論中即可看出，近代史家研究的重點仍著重在其政治層面，社會文化層面的篇幅顯然較少。此亦是筆者欲發起本文之動機之一。

〔註157〕胡如雷，〈北周政局的演變與楊堅的以隋代周〉。
〔註158〕呂書第六章第二節、第七章，或見其文〈關於楊堅興起背景的考察〉。

　　而從本節的論析中亦可看出，過去學者研究中對於楊堅得權原因之分析，楊堅的承襲父爵、婚姻關係，都只是讓他進入北周權力核心的基本背景，而非讓他登上寶座的直接關鍵。因爲與他同輩的功臣子弟所在多有，楊堅在同輩當中的地位並不突出。而與獨孤氏的婚姻關係，隨著明帝遇害、獨孤信被賜死，也無法對其政治地位有所助益。其後長女雖爲宣帝皇后，然宣帝暴虐無道，北周朝中人心惶惶，雖貴爲皇后與國丈仍無法自保。縱使宣帝即位之時楊堅因此官爵稍有提升，其對政治的影響力仍未有太大改變。北周政權的窄化、政權集中於宇文氏，都只是讓大權極度集中，能夠掌握此一權力的不只有楊堅一人，宣帝死後還是有其他宇文宗室能夠輔政。況且北周宣帝的暴虐也只是讓北周政權提早走向衰弱，能夠入主大統的宇文宗室不乏其人，論資歷與血緣，楊堅也絕非首選。然而不可否認的是，若非楊堅身爲功臣子弟、宣帝岳父，也無法在宣帝崩時成爲考慮的人選之一。而鄭譯與劉昉之矯詔權力、楊堅與鄭譯之交情，恐怕才是將楊堅推上輔政地位的關鍵因素。

　　在楊堅身出名門的問題，楊堅是否眞出於弘農楊氏在學界早已被質疑，雖然眾說紛紜，但目前研究中大致可以確認的是楊堅家族應非出於弘農楊氏。至於北周朝中漢人地位上升，漢人均支持楊堅的說法，筆者認爲在北周時期雖然朝中的漢人逐漸增加，但卻未能在楊堅掌政之前獲得大量的高層地位，意即是未能有較大的政治影響力。少數如楊堅可以在北周中後期即官拜上柱國，乃因其爲開國功臣第二代之故。其他則是在楊堅掌政之後，才大量提拔漢人至高階武官的地位。此一情形可以有兩種解釋，一是藉由楊堅的掌權，連帶提拔漢人以作爲其奪權之輔助；另一是北周朝中的漢人在楊堅掌政之後願意受其驅策，以期獲得更好的政治地位。但無論是何者，都顯示了漢人地位眞正大量提高到高階將領的層級，是在楊堅掌政之後。從另一角度來說，這些漢人願意支持楊堅，或是楊堅拉攏這些漢人，其立場終究是政治利益大於族群利益的，而楊堅則巧妙的利用族群利益來達成其政治利益，此待後文尚有詳細論述。

　　關於周武滅佛的影響，近年學者的研究均只針對周武滅佛的暴政層面作論述，至於社會大眾究竟對滅佛的觀感如何、對楊堅復佛的觀感又如何等問題則少論述，頗爲可惜。筆者認爲楊堅利用此一契機大行復佛，對於其掌權之後的政權鞏固是很有利的，後文亦有詳細論述。

　　從本節亦可發現一個事實，即是在過去傳統史家較爲重視的「評價」問

題，於今日之研究中已不復見。今日學者之研究乃著重於其原因、動機與過程。這並不是說人物或事件的評價在今日已沒有意義，而是透過更多元的研究，史家也看清了一個歷史人物就算「蓋棺」了，也不一定就能「論定」。一個歷史人物一生的作為有好有壞，不能單論贊其經濟成就，也不能單責難其殺害政敵，更不能因其一統南北再造華夏就能掩蓋其他缺點。故給予歷史人物或歷史事件一個中肯的評價是困難的，今日史家亦鮮少能夠完全中肯的評論歷史。在這樣的條件之下，今日史家只能更努力求歷史的真，讓歷史人物或歷史事件的輪廓能更清晰更完整，以待將來能真正下個中肯的評論，這也是筆者對本文的期望。

第三章　社會潮流對楊堅代周建隋的影響

　　前一章從史學角度著手，探討過去史家對於楊堅代周建隋一事的評價與討論重點為何。我們不難發現中國古代史家多半將重點著重於楊堅的政治、軍事表現，但正是因為楊堅在此二方面都沒有傑出的表現，所以才會被認為其得天下如此容易。

　　但既然楊堅在政治、軍事方面都不甚傑出，卻還能夠取得大位，想見楊堅在其他方面應有下一番功夫，才能夠順利代周建隋。近代史家已逐漸從此一角度著手，獲得不少成果。故筆者接續要討論的，即是跟隨前輩學者的研究，並進一步深入，從社會及文化方面來討論，楊堅在代周建隋之際有哪些其他的作為，可為他代周建隋的事業提供助益。

　　準此，本章先由社會角度切入，從宇文氏政權的核心組成份子著手，討論姓氏問題與政權轉移的關係；其次再擴大到政權中的各地域人士，從地域組成討論與政權轉移的關係；進而再擴大到整個北周人民，從人民所信仰的佛教問題，討論其與政權轉移的關係。

第一節　西魏北周賜復姓氏與楊堅代周建隋之關係

　　五胡在中原建立的諸政權中，北魏算是較為穩固的，其原因很多，如能借重漢人統治經驗，以及採用「二重統治」，[註1]都是很重要的因素。雖北

〔註 1〕「二重統治」有別於「一國兩制」，根據雷家驥所言，「一國兩制」乃一個國家同時採用兩個不同體制在運作。而「二重統治」則為一個體制之下胡漢有層級之分。見雷家驥，〈漢趙國策及其一國兩制下的單于體制〉，《國立中正大學學

魏在建國之初採用二重統治，但仍避免不了後期的漢化趨勢，孝文帝的全盤漢化即是指標，改胡姓爲漢姓亦是其中重要的一項。繼此之後，西魏年間接連實施詔復胡姓、賜胡姓的政策。其後，北周末年又詔恢復舊姓。北朝這一連串的詔改姓氏措施，自然有其背後的政治目的。孝文改制與宇文泰改革，前人學者都已多所研究，然最後的北周末年恢復舊姓，卻始終未有專文論及。北周宣帝死後，年僅八歲的靜帝不過是政治傀儡，這樣的措施應與輔政者楊堅有關。則爲何楊堅會有此一舉措？此舉與他隔年篡位行動有否關連？

　　楊堅詔復舊姓的對象，主要是西魏時期宇文泰所實施賜姓的對象。宇文泰爲何要賜胡姓，學界的研究很多，早期如日本學者濱口重國，就針對西魏時期宇文泰的這項行動作了分析研究。濱口將西魏時期的胡姓重行大致分爲大統十五年前後的兩個時期，並認爲宇文泰藉由這樣的方式重新分定氏族，以提高宇文氏在統治集團中的地位。〔註2〕

　　其後，姚薇元在《北朝胡姓考》中順帶指出，宇文泰的賜姓政策是在恢復北魏之初的部落組織，以便加強其戰鬥力。且認爲之後北周能併吞原先較北周爲強的北齊，也是出於這個因素。〔註3〕

　　之後的日本學者內田吟風提出，宇文泰此舉是對於北魏漢化政策的反動，迎合北鎮未受漢化的反漢思想，以求共同建立政權。並且將胡姓賜予漢人姓族，以此混和胡漢，使得門閥寒門難以辨別；而且對同族也賜予不同的胡姓，藉此來防止大門閥的出現與擴張。〔註4〕

報‧人文分冊》，第三卷第一期，民 81 年 10 月，頁 51～96。毛漢光則認爲，北魏能穩固統治的原因，在於其統治者將民族矛盾轉化爲階級矛盾。這兩種說法本質是一樣的，都是將平行的矛盾轉爲上下的矛盾。而階級的矛盾相較於民族的矛盾是較爲緩和的。(見〈中國中古社會史專題研究〉上課筆記，民國 94 年 5 月 16 日，下午一點～四點，於嘉義縣民雄鄉中正大學文學院賓四堂。)

〔註 2〕見濱口重國，〈西魏に於ける虜姓再行の事情〉，《秦漢隋唐史研究》(東京都：東京大學出版社，昭和 14 年，1996)，頁 737～759。熊德基也採此說法，他認爲大量賜姓宇文氏是擴大家族勢力的作法，並且透過賜予漢人高門宇文氏，可以提昇自己宇文氏的社會聲望。見熊德基，《六朝史考實》(北京：中華書局，2000 年 7 月)，頁 161。

〔註 3〕見姚薇元，《北朝胡姓考》(北京：中華書局，1962 年 10 月)，頁 65。此外，韓昇也持類似論點，其認爲「宇文泰實行鮮卑姓，意在統合各大派系，用模擬血緣關係組建強悍的鮮卑軍隊」。見韓昇，《隋文帝傳》，頁 88。

〔註 4〕見內田吟風，〈北朝政局に於ける鮮卑‧匈奴等諸北族系貴族の地位〉，收入氏著《北アジア史研究‧匈奴篇》(東京：同朋舍，昭和 50 年 9 月出版，昭和 63 年 1 月再版)，頁 343～365。

　　朱希祖則認為，宇文泰實行賜姓的目的乃在於籠略漢人，以統治漢土，使其不反側而已。〔註5〕

　　在這些前人的研究成果上，後來的學者也紛紛針對前人的研究提出自己的新看法或是對前人研究的補充。如日本學者宇和川哲也，大致認同濱口重國的研究，認為宇文泰此舉有重新分定氏族的用意，並且要防止宇文氏以外的門閥產生。但其不僅分析賜姓數量，還依賜姓對象的社會地位分為四等級，認為不同社會地位的人受賜姓的目的與作用也會不同。〔註6〕

　　陳寅恪指出，宇文泰此一作法的目的在於要使山東人與關內人混而為一，使漢人與鮮卑人混而為一。〔註7〕並且在部分上同於姚薇元的說法，認為此舉是採鮮卑部落之制以治軍。〔註8〕

　　毛漢光則認為，賜姓是北鎮人士優勢的指標，因為北鎮人士在西魏時期維持優勢，宇文泰的權勢上升，西魏後半期的賜姓中賜宇文氏者最多即可看出。〔註9〕這也與濱口重國等人的論調有異曲同工之妙。

　　近年的韓國學者朴漢濟則另外提出，宇文泰透過賜胡姓給漢人的動作，來建立一個新的親族關係，使得漢人認同於胡族。也等於是在一個新的地方，將胡漢融合成為　個新的族群，且附加在府兵制度的建立上，使漢族參與合作，並發展新的軍事體制。〔註10〕

　　大陸學者楊翠微則將賜姓的措施置於府兵制之下，認為是府兵制的配套措施，這樣的措施不但消弭了關隴武將對漢化的反感，也為宇文泰籠絡了一批漢族豪強，並且使關隴武將與地方豪強在一定程度上抹去了民族的隔閡，有利於國家的統治。〔註11〕

〔註5〕　朱希祖，〈西魏賜姓源流考〉。
〔註6〕　宇和川哲也，〈西魏・北周の胡姓賜与〉，《人文論究》，第三十四卷第三號，1984 年 10 月，頁 59～83。
〔註7〕　見萬繩楠整理，陳寅恪，《魏晉南北朝史講演錄》（安徽：黃山書社，1987 年 4 月出版，1999 年 4 月 2 刷），頁 311。
〔註8〕　陳寅恪，《唐代政治史述論稿》，頁 199。
〔註9〕　毛漢光，〈西魏府兵史論〉。
〔註10〕見朴漢濟，〈西魏北周時代胡姓的重行與胡漢體制——向"三十六國九十九姓"姓氏體制回歸的目的和邏輯〉，《北朝研究》，1993 年第 2 期，頁 71～81。以及〈西魏北周的賜姓與鄉兵的府兵化〉，《歷史研究》，1993 年第 4 期，頁 29～46。
〔註11〕見楊翠微，〈論宇文泰建立府兵制——鮮卑部落制與漢化及軍權的初步中央集權化的結合〉，《中國文化研究》，1998 年第 1 期，頁 66～73。

　　另一大陸學者李文才則指出，宇文泰推行賜復胡姓的原因與傳統儒家文化中封邦建國的思想相契合，並且與推動府兵制度有關，是模仿部落兵的制度。〔註12〕此部落兵的說法顯然與姚薇元、陳寅恪是相同的。

　　研究西魏宇文泰賜復胡姓政策的成果這麼多，專門研究北周末年楊堅復姓政策的卻付之闕如。目前有談到相關問題的，都是研究宇文泰賜復胡姓政策後，順便一提認為是楊堅對胡姓政策的反動。如前所引的幾位學者著作，都有在文末稍微帶到對此事的意見。朱希祖認為，楊堅復漢姓是為漢族洗刷污辱，為漢族復國權；陳寅恪也認同楊堅復姓的措施是表明漢化的主流，戰勝了鮮卑化的色彩；毛漢光認為楊堅詔改胡姓者恢復漢姓，是漢人勢力抬頭的指標；朴漢濟則認為，楊堅與宇文泰一樣，將賜、復姓看做是政治目的。

　　然而這些學者的研究都只是著重在宇文泰時期、西魏政策的部分，對於楊堅的措施只是順帶一提，補充所論，並沒有仔細深入分析研究，因此不能遽為定論。況且大部分的學者都認為楊堅的復姓政策是在恢復漢人政權，表示漢化潮流，真是如此嗎？究竟楊堅在北周末年所詔恢復舊姓的用意何在？

　　近代史家岑仲勉曾言：「得國之易，無有如楊堅者。」〔註13〕但是一個國家的改朝換代豈是兒戲，再怎麼簡單也是經過一番政治謀畫。因此，筆者懷疑楊堅下詔復姓此一舉措亦與他的政治目的有關。畢竟楊堅聲稱弘農楊氏之後，以漢族名門身分欲篡奪胡人政權，是有必要獲取漢人支持的，而恢復舊姓就可能成為其政治謀略之一。因為對漢人而言，姓氏更改乃是大事，不一定都能心悅誠服。所以，是否有可能楊堅以恢復原來姓氏的政策，吸引漢人的支持呢？

　　據此，筆者欲先就西魏時期宇文泰的賜胡姓為始，討論其賜姓的對象。再針對楊堅代周建隋的過程中所引用的近臣，分析他們的背景，是否有被賜過姓，再探討楊堅這樣的政策是否對其政治目的發生作用，以及對於他建立新政權的助益如何？

〔註12〕　見李文才，〈試論西魏北周時期的賜、復胡姓〉，《民族研究》，2001 年第 3 期，頁 40～47。以上可見，有不少文章都將賜姓與府兵制作連結，認為二者之間有相輔相成的關係。但也有文章另外指出，賜姓與府兵制是沒有密切關係的。如李燕捷，〈魏周府兵組織系統與賜姓之關係〉，《河北學刊》，1988 年第 5 期，頁 73～75。不過究竟府兵與賜姓有無直接關係，並非本文重點，故僅略提即可，不加詳究論述。

〔註13〕　參見岑仲勉，《隋唐史》（北京：中華書局，1982 年 5 月新 1 版，1985 年 12 月 2 刷），頁 2。

一、西魏時期賜姓政策的實施

賜姓這項措施並非在西魏時期才出現,在中國歷史上所在多有,如漢高祖即賜項伯、婁敬劉氏。〔註14〕但在北朝之前這都只是零星的例子,北魏太和中因行漢化而大量改漢姓,是少見的大規模舉動。而西魏時期的賜胡姓,既不同於前述之零星個案,亦不同於北魏時期的全國皆改,是較為特殊的情形,也因此才引發廣泛研究。而事實上西魏的胡姓再行也並非只有賜姓,還包括了復姓,也就是將太和年間所改的漢姓恢復為胡姓,如《北史‧魏本紀第五》所載:

> (大統十五年)初詔諸代人太和中改姓者,並令復舊。〔註15〕

需注意的是,太和年間為配合孝文帝的漢化,改漢姓是全國通令的,然而宇文泰詔令復舊的卻是只有「諸代人」,並非全國。原因何在?大致是因西魏政權主要以關中地區為限,然關中地區雖經五胡時期以來已雜揉胡人於其中,但仍以漢人為多。故入關的代人在關中地區實屬少數,其他大部分都是原本居住關中的當地漢人,本來就沒有改姓問題,所以詔令恢復舊姓時,只針對入關的代人即可。〔註16〕

然而其後的賜姓政策,卻是針對某些特定的人物,如《周書‧文帝下》所言:

> (西魏恭帝二年)魏氏之初,統國三十六,大姓九十九,後多絕滅。
>
> 至是,以諸將功高者為三十六國後,次功者為九十九姓後,所統軍
>
> 人,亦改從其姓。〔註17〕

雖然這道詔令的時間是在西魏恭帝二年,但是賜姓的實際行動卻在此之前即已展開。大量賜姓的時間約在西魏大統十五年至西魏末年之間,也就是宇文

〔註14〕 漢‧班固,《漢書》(臺北:鼎文,民國67年)卷一下〈高帝紀第一下〉,頁50。卷四十三〈婁敬〉,頁2121。

〔註15〕 《北史》卷五〈魏本紀第五〉,大統十五年五月條,頁180。

〔註16〕 北魏太和年間實行漢化,雖言通令全國改姓,但所謂「全國」也是指境內的各胡人部落,漢人原來就是漢姓,自然不在此列。至於六鎮,原來就屬於北魏時期漢化較淺的地區,故服膺改漢姓的情形不多,或是姓氏雖改卻未實際使用,不若拓拔宗室之一律改為元氏並強制使用。故可從《周書》各傳中看出,元魏宗室的後裔在北周時期仍採用元氏,而其他姓氏的胡人在北周時期即已恢復使用本姓。而之所以元魏宗室不需要強制恢復胡姓,大抵是因為西魏時期仍然屬於元氏政權,即便是宇文泰有丞相之姿亦不能要求皇帝改姓之故。

〔註17〕 《周書》卷二〈文帝下〉,西魏恭帝二年十一月條,頁36。

泰掌政的時期。〔註18〕就從這條資料來看，受賜姓的對象應以有戰功的軍事將領爲主。筆者在正史之中搜尋的結果，也發現受賜姓者確實多以戰功受賜，尤以跟隨宇文泰「破沙苑」、「殺竇泰」、「復弘農」等爲最多，如李穆、〔註19〕蔡祐、〔註20〕陸通〔註21〕等等。而這些在早期跟著宇文泰四處征戰的將領，也就成爲所謂宇文泰的「親信集團」。〔註22〕但是仔細分析史書中諸多有戰功的將領，卻也發現有許多親信是未曾被宇文泰賜姓的，如于謹、〔註23〕尉遲迴〔註24〕等。因此，有否賜姓與是否爲有功將領似乎是沒有一定關連的。如此則賜姓對象除了是有功將領之外，是否還有其他標準？

如前文所提到的，學者多認爲賜姓與府兵制有緊密關連，而最重要的就是要拉攏漢人，使漢人與胡人在部落制的方式之下融合成一個整體。若依此而言，則此一措施的賜胡姓對象應以漢人爲主，使漢人成爲胡人。但是從上述所引資料來看，並沒有提到賜姓對象是否有胡人或漢人的限制，那麼究竟賜姓對象以何者爲多？

依朱希祖的研究，其所列賜姓六十七人中，能夠確定爲胡人的只有六人，而其餘六十一人，朱氏認爲皆應是漢族。〔註25〕但從筆者根據正史及墓志資料所作的附錄二〈西魏時期賜姓總簡表〉可以看見，筆者所列西魏時期受賜姓的對象總共六十人，扣除資料過少無法推論的四人之外，根據正史本傳所記載出身經歷，或是墓志記載其家世，以及對照姚薇元《北朝胡姓考》中所

〔註18〕　大統十五年到西魏末年的這個時間點，可以從《周書》各傳中傳主受賜姓的時間整理得知。從前文所提濱口重國的文章中，其所整理的賜姓表格亦可看出受賜姓的時間分佈。

〔註19〕　見《周書》卷三十〈李穆〉，頁 527。《北史》卷五十九〈李賢〉，頁 2115。

〔註20〕　見《周書》卷二十七〈蔡祐〉，頁 443。《北史》卷六十五〈蔡祐〉，頁 2310。

〔註21〕　見《周書》卷三十二〈陸通〉，頁 558。《北史》卷六十九〈陸通〉，頁 2392。

〔註22〕　參見呂書第四章，或見氏著〈宇文泰親信集團與魏周革命〉，《文史哲學報》，第 41 期（民國 83 年 6 月），頁 19～48。

〔註23〕　見《周書》卷十五〈于謹〉。《北史》卷二十三〈于謹〉。于謹爲宇文泰元從幕僚，屬北魏勳臣八姓，西魏時期並未見賜胡姓。

〔註24〕　見《周書》卷二十一〈尉遲迴〉。《北史》卷六十二〈尉遲迴〉。

〔註25〕　朱氏所認爲胡族六人乃周搖、段永、豆盧寧爲鮮卑人；王盟、高琳爲高句麗人；叱羅協爲新羅人。其他如竇氏、高氏、王氏、李氏疑爲外族者，朱氏均認爲不足採信，應列入漢族。見前引朱氏之文。但依筆者查其本傳，周搖賜姓時間在北周孝閔帝受禪之後；豆盧寧其先本姓慕容氏，在北魏皇始初年已改姓豆盧氏；高琳其先祖亦在北魏時受賜姓，因此均不能算在西魏時期的賜姓之內。因有類似這些誤差，筆者所統計的賜姓人數，與其他學者相較可能會有所落差。

列胡姓，其餘五十六人中，漢人雖居多數，然胡人也有二十一位，佔有超過三分之一的比例。〔註26〕

　　當然這樣粗略的統計並不是精確的，因爲經過北朝的胡漢遷徙，以及冒蔭的現象頻仍，〔註27〕從本傳所記載的出身不一定能夠看出其本族。但在有限的資料之下，仍是可以做出一個粗略的概況。〔註28〕如果筆者所做的約略估計與事實相差不會過大，則賜姓對象不會只有在漢人身上，也無怪乎西魏恭帝二年的詔令中並沒有針對賜姓對象的胡漢問題。因此，單純將賜姓解釋爲使漢人認同胡人、使漢人與胡人成爲同一族群的論調，則需重新討論。如此，則賜姓目的究竟爲何？

　　筆者認爲朴漢濟的說法是可信的，即是將「居住在關中的胡漢兩族『親族化』」。〔註29〕也就是說不論是胡漢，都賜予不同於本姓的新姓，透過這個新賜的姓建立一個新的氏族，同屬這個姓氏的人即是親族。「將領所統軍人亦改從其姓」，如此一來，不論胡漢都同屬一個氏族，親密感自然會增加許多。除此之外，人的記憶會隨著時間的流逝而逐漸模糊，相處久了語言及習性也會越來越相近，在如此情形下，跟隨被賜姓將領新姓的「所統軍人」，也會逐漸打破隔閡，認同彼此是「同一群人」、「同一家族」，以此建立新的自我認同。過去學者即認爲這是將關中胡漢族群重新整合，恢復過去魏初的部落組織，以氏族爲部落，強化部落民對氏族的向心力，以增強戰鬥力。〔註30〕然重新

〔註26〕除本傳、墓誌有記載之外，查詢姚薇元《北朝胡姓考》是否有考證，若均無，則依本傳所提供出身或遷居地，查詢譚其驤《中國歷史地圖集》，依其地緣關係加上早年經歷，約略推測是否爲早年跟隨宇文泰入關之部族，或是可能爲漢人。另，表中有一「李賢之妻」，其賜姓原因並非戰功，而是照顧宇文泰之子而獲賜姓，原可不列入表中，但因其賜姓時間亦在西魏時期，爲避免缺漏故列入。除此之外，有一些資料因爲晚近才出土，故本文表格中有一些賜姓資料是朱希祖等前輩沒有收入的。

〔註27〕冒蔭的情況在魏晉南北朝非常嚴重，因爲經過不斷的遷徙，對於族系無法證明，所以除非能夠用族譜證明，否則其姓氏或出身都是有疑問的。如李唐皇室經陳寅恪考證，並非大族隴西李氏。見陳寅恪，〈統治階層之氏族及其升降〉，收入《唐代政治史述論稿》，頁194。

〔註28〕正史之中仍會有一些出入，如竇毅在《周書》的本傳之中並沒有被記載賜姓，但是在《隋書》〈李德林傳〉中卻發現「紇豆陵毅」的人名，經《隋書》作者校勘爲竇毅，在北周時被賜姓紇豆陵氏。見《周書》卷三十〈竇熾〉。《隋書》卷四十二〈李德林〉，頁1209「校勘一」。

〔註29〕朴漢濟，〈西魏北周時代胡姓的重行與胡漢體制〉。

〔註30〕如姚薇元所言「可知西魏賜姓，乃在恢復魏初之部落組織，以加強其戰鬥力。其後北周獨強，而卒滅北齊，此殆其主因也」。見姚書，頁65。

整合姓氏後所造成的影響，並非本文重點，筆者著重的是重新分定姓氏的基本用意。

除此之外，從所賜的姓氏來看，大部分所賜的姓，被賜者都只有一、二人，唯獨受賜宇文氏的人數多達二十多人。這樣大的落差，可以明顯看出賜姓宇文氏有其特殊意圖。且在這二十多人之中，胡漢均有，顯示並非針對漢人所賜。則其原因為何？

濱口重國認為，透過大量賜姓宇文氏，可以增加宇文氏的羽翼力量，提高宇文氏的地位。〔註31〕筆者認為這是有可能的，因同時期所見賜姓拓跋氏的只有一人，〔註32〕賜姓宇文氏的卻多達二十四人。而且根據呂春盛的研究，西魏政權建立之時，由北鎮勢力、關隴河南河東土著勢力、追隨魏帝勢力等三大勢力所支持。雖後來北鎮勢力逐漸成為權力核心集團，但是宇文泰的地位仍與其他北鎮武將維持「等夷」關係。〔註33〕此亦可從《周書·趙貴傳》中看出：

> 初，（趙）貴與獨孤信等皆與太祖等夷，及孝閔帝即位，晉公護攝政，
> 貴自以元勳佐命，每懷怏怏，有不平之色……〔註34〕

宇文泰都督西魏中外諸軍事，掌控西魏朝政，直至西魏結束之時，趙貴仍自認與宇文泰平等地位，可以想見初時宇文泰的地位在諸將之中並非特別高。而入關中之時，宇文氏家族跟隨者又少，〔註35〕因此為了擴展宇文氏的勢力，大量賜姓宇文氏是可能的做法。而這些被賜姓宇文氏的將領，其所統軍人又跟隨其姓，對於宇文氏的力量及向心力，無疑增加許多。

就上述所言，西魏宇文泰所主持的賜胡姓政策，其賜姓對象非僅以漢人為主，尚包含相當比例的胡人。可能的目的即在於透過建立新的氏族，重新凝聚不同族群的人，建立對新部族的向心力。並且透過大量賜姓宇文氏來增加宇文氏的羽翼力量，以制衡其他北鎮武將，鞏固宇文氏的統治力量。

〔註31〕濱口重國，〈西魏に於ける虜姓再行の事情〉。
〔註32〕即李穆，參見附錄二。
〔註33〕呂書第四章，或見氏著〈宇文泰親信集團與魏周革命〉。
〔註34〕見《周書》卷十六〈趙貴〉，頁263。
〔註35〕呂書第四章，或見氏著〈宇文泰親信集團與魏周革命〉。宇文泰入關中時，宇文氏家族中只有一個姪兒宇文導跟隨宇文泰同時入關，其他都是一些姻親，如王勵、王懋兄弟是宇文泰的表弟。

二、代周建隋之際楊堅親信集團姓氏分析

　　經過西魏時期的大量賜胡姓，以宇文氏爲主導的西魏統治階層，逐漸建立起一個混合胡漢的新群體，陳寅恪稱之爲「關隴胡漢混合集團」。〔註36〕不過仍須注意的是，被賜姓的對象是功臣或有特殊事蹟的人物，以及將領所統軍人改從其姓。一般人之中，若非屬軍隊或未獲賜姓，則仍維持原來的姓氏。這與北魏太和時期通令全國皆改漢姓還是有所不同的。

　　而北魏太和改姓的風潮，到西魏大統十五年被詔令復姓。所謂「太和中改姓者」，當然是指所有在太和年間改姓的胡人。雖然史料中並沒有提到爲什麼要恢復原來的舊姓，但從前文的討論中我們不難猜出，既然宇文氏想建立一個新的胡姓群體，自然得先將胡人身上的漢姓去除。其次，爲了鞏固宇文氏的掌權地位，降低北魏時期魏帝的影響力也是必須的，因此要將過去北魏時期加諸在人民身上的影響去除掉。

　　同樣的，當楊堅掌握北周政權，想建立一個新的統治階層時，就必須設法將宇文氏的影響力去除。故楊堅選擇與宇文泰同樣的決定：將過去西魏時期加諸在將領軍士身上的胡姓去掉。因此，在楊堅已掌政而尚未奪權，跟宇文泰一樣是都督中外諸軍事時，就下詔去除西魏末大量賜予的胡姓，嘗試恢復西魏以前的舊姓。此見《周書·靜帝紀》所載大定元年十二月癸亥詔令：

> 詔曰：「詩稱『不如同姓』，傳曰『異姓爲後』。蓋明辨親疎，皎然不雜。太祖受命，龍德猶潛。籙表革代之文，星垂除舊之象，三分天下，志扶魏室，多所改作，冀允上玄。文武群官，賜姓者眾，本殊國邑，實乖胙土。不歆非類，異骨肉而共烝嘗；不愛其親，在行路而敘昭穆。且神徵革姓，本爲曆數有歸；天命在人，推讓終而弗獲。故君臨區寓，累世於茲。不可仍尊謙挹之旨，久行權宜之制。諸改姓者，悉宜復舊。」〔註37〕

從這段史料中來看，其認爲賜姓是「本殊國邑，實乖胙土」，是不符合民情的。宇文泰在西魏時期施行的賜姓政策也不過是「權宜之制」，是爲了因應東西魏對峙時期的緊張情勢所致。北齊既已消滅，北周統一北方領土，自然無須再實行此一混合胡漢的措施。事實上，在漢人傳統中即非常重視姓氏，姓氏代表一

〔註36〕見陳寅恪，《唐代政治史述論稿》，頁219。

〔註37〕見《周書》卷八〈靜帝〉，大象二年十二月條，頁135。雖是周靜帝所下詔令，但年僅八歲的靜帝應無法以其自由意志下達詔令，而應該是出自於掌政者楊堅之意。

個人的家族與出身，是不能輕易更換的。楊堅既以漢人大族弘農楊氏自居，爲漢太尉楊震之後，〔註38〕強調姓氏的恢復似也理所當然。而依朱希祖的說法，則是認爲楊堅詔復漢姓的原因是「隋文帝所以發憤復姓，既爲漢族洗污辱，又爲漢族復國權」。〔註39〕但是此說卻忽略了詔令中所言「悉宜復舊」中的「舊」，其實是廣泛恢復過去的舊姓，並非單指漢人而言。那些在西魏末年被賜予新姓的胡人，亦可以恢復過去舊的胡姓。如此而言，復姓的對象也就不只是漢人，而是所有曾被賜姓的人。就這點來看，過去許多史家都忽略了這個部分，致使研究中認爲楊堅的政策是反應漢人勢力的上升，或是爲漢族復國權。就史料上來看，這個政策的對象不只是被賜胡姓的漢人可以恢復漢姓，被賜新胡姓的胡人亦可以恢復舊的胡姓，如此就不能說是爲漢族復國權了。

準此，將楊堅此一舉措視爲去除宇文氏對胡漢二族群的影響，當是合理的。不過畢竟宇文泰在許多開國功臣心中仍有不可毀去的重要地位，所以楊堅在欲去除宇文泰時期所實施的政策時，仍須從宇文泰當時的政治環境所需來檢討，指出西魏賜姓並非宇文泰之錯舉，只是政策需因時制宜罷了。

再說，若強調以漢人身份欲復國權，理應排胡人而大量擢用漢人。然從下頁筆者所整理的表 3-1-1〈楊堅親信集團姓氏出身表〉〔註40〕中可以看出，正史所見楊堅在禪代之際的親信集團約有四十二人，其中確定爲胡人的就有約十三位，約佔總數的百分之三十左右。尤其是最受楊堅重用、對楊堅影響最深的幾人，都是胡人。如「朝臣莫與爲比」、「當朝執政將二十年，朝野推服，物無異議」〔註41〕的高熲，經姚薇元考證屬高句麗人。〔註42〕歷經西魏北周的元老李穆，在楊堅掌政時表達支持之意後，其族子也都支持楊堅。雖

〔註38〕《隋書》卷一〈高祖上〉，頁 1。不過這個說法早已被史家質疑。
〔註39〕朱希祖，〈西魏賜姓源流考〉，頁 1817。
〔註40〕甘懷眞亦曾整理出一「楊堅集團」的成員，其篩選條件是楊堅的相府僚屬或親信，共有約 33 人。與筆者不同的是，筆者的篩選條件包含在楊堅奪權過程中表態支持或實際行動支持的人，因此人數較多。甘氏的篩選範圍則較小，只有親信僚屬與家僕等，因此人數較筆者統計爲少。而依其所統計之集團成員，胡人亦佔有一定比例。見甘懷眞，〈隋朝立國文化政策的形成——以楊堅集團爲分析對象〉，《第四屆唐代文化學術研討會論文集》（臺南：國立成功大學，1999 年 1 月），頁 711～743。另外，呂春盛也整理了「楊堅功臣人物表」，但其分類依據是以其政治勢力，與筆者不同，故在人物及人數上會略有差異。見呂書，表 7-1，頁 312～316。
〔註41〕《周書》卷四十一〈高熲〉，頁 1180。
〔註42〕見姚書，頁 272。

然他們自稱是隴西成紀人，但實際上仍是鮮卑拓拔氏之後代。〔註43〕而楊堅受詔輔政之際，被「委以腹心，恒宿臥內」，〔註44〕在楊堅受禪之時「保護朕躬，成此基業」〔註45〕的元胄，更是北魏宗室之後。

　　雖最初支持楊堅輔政的鄭譯、劉昉都是漢人，但是從這個表之中可以看出，楊堅所吸收拉攏的不會只有漢人，反而是胡漢都有。再者，從表中可以發現，曾經被賜過姓的人非常少。然若依朱希祖之說法，楊堅復漢姓的目的在於為漢人「洗污辱」、「復國權」，則應該極力拉攏過去曾被賜胡姓的漢人或是其後代，藉此發揮同仇敵愾的精神才是，但從史料上來看似乎並非如此。表中曾被賜姓又是漢人的，只有韋孝寬。而漢人中父親曾被賜姓的，也只有鄭譯、楊雄二人。故由此觀之，為漢族「洗污辱」、「復國權」的說法是值得再商榷的。

表 3-1-1〈楊堅親信集團姓氏出身表〉

	姓　名	出　身	族　別	賜　姓	備　　註	出　處
1	于宣道	河南洛陽	胡		于謹之孫	《隋書》卷 39
2	于翼	河南洛陽	胡		于謹之子	《周書》卷 30
3	元胄	河南洛陽	胡		北魏宗室	《隋書》卷 40
4	王誼	河南洛陽	胡		姚書考為東夷	《隋書》卷 40
5	宇文忻	朔方→京兆	胡			《隋書》卷 40
6	何稠		漢			《隋書》卷 68
7	李安	隴西狄道	漢		隴西李氏	《隋書》卷 50
8	李圓通	京兆涇陽			父與家僮黑女私通	《隋書》卷 64
9	李德林	博陵安平	漢			《隋書》卷 42
10	李穆	自云隴西成紀	胡	拓跋氏	據姚薇元考證為高車族，但據〈李賢墓誌〉記載，原為鮮卑拓拔氏	《周書》卷 30 《隋書》卷 37 〈李賢墓誌〉
11	李禮成	隴西狄道	漢		隴西狄道李氏，涼王李暠六世孫	《隋書》卷 50

〔註43〕此據〈李賢墓誌〉所載，誌文拓片見寧夏回族自治區博物館、寧夏固原博物館，〈寧夏固原北周李賢夫婦墓發掘簡報〉，《文物》1985 年 11 期，頁 1～20。此前姚薇元考證李賢家族為高車人，應據此改正之。姚書，頁 300。
〔註44〕《隋書》卷四十〈元胄〉，頁 1176。
〔註45〕《隋書》卷四十〈元胄〉，頁 1177。

12	辛公義	隴西狄道	漢		隴西狄道辛氏	《隋書》卷 73
13	長孫熾	河南洛陽	胡		北魏宗族十姓	《隋書》卷 51
14	柳肅	河東解人	漢		河東解縣柳氏	《隋書》卷 47
15	柳裘	河東解人	漢		河東解縣柳氏	《隋書》卷 38
16	柳謇之	河東解人	漢		河東解縣柳氏	《隋書》卷 47
17	段文振	北海期原	胡		姚書考爲東部鮮卑	《隋書》卷 60
18	韋孝寬	京兆杜陵	漢	宇文氏	京兆杜陵韋氏	《周書》卷 31
19	韋藝	京兆	漢		京兆韋氏	《隋書》卷 38
20	高熲	自云渤海脩人	胡	父賜姓獨孤氏	姚書認爲其父屬東夷,高句麗人	《隋書》卷 41
21	崔仲方	博陵安平	漢		博陵崔氏	《隋書》卷 60
22	張虔威	清河東武城	漢			《隋書》卷 66
23	張祥	京兆	漢		姚書中的張氏並無京兆者	《隋書》卷 71
24	梁士彥	安定烏氏	漢		安定梁氏	《周書》卷 31 《隋書》卷 40
25	郭衍	自云太原介休		周時賜叱羅氏	不詳,姚書無郭氏	《隋書》卷 61
26	郭榮	自云太原人			不詳,姚書無郭氏	《隋書》卷 50
27	陳茂	河東猗氏	漢			《隋書》卷 64
28	陸玄	代人	胡			《周書》卷 28
29	楊弘	弘農華陰	漢		楊堅從弟,河間王	《隋書》卷 43
30	楊汪	弘農華陰→河東	漢		父至儀同三司,汪且精通三禮、左氏傳	《隋書》卷 56
31	楊雄	弘農華陰	漢	父賜叱呂引氏	楊堅族子,觀德王	《隋書》卷 43
32	楊義臣	代人	胡		本姓尉遲氏,隋時賜姓楊氏	《隋書》卷 36
33	裴矩	河東聞喜	漢			《隋書》卷 67
34	趙綽	河東			不詳	《隋書》卷 62
35	劉昉	博陵望都	漢			《隋書》卷 38
36	鄭譯	榮陽開封	漢	父賜姓宇文氏	河南開封鄭氏	《隋書》卷 38
37	獨孤羅	雲中	胡		獨孤信之子	《隋書》卷 79
38	盧賁	涿郡范陽	漢		范陽涿縣盧氏	《隋書》卷 38
39	蕭子寶	蘭陵	漢		南朝梁宗室	《周書》卷 42
40	龐晃	榆林	胡			《隋書》卷 50

41	竇榮定	扶風平陵	漢		扶風竇氏	《隋書》卷 39
42	權武	天水	漢		三代居於此，且任秦州刺史，應爲當地漢人大戶。姚書亦無權氏。	《隋書》卷 65

註：本表根據《周書》、《隋書》、《北史》、諸墓誌，及《北朝胡姓考》、毛漢光〈中古家族之變動〉〔註46〕等二手資料，整理而得。

　　西魏時期的賜姓政策實施得非常徹底，甚至有點是強制性的，只要被賜姓，往後不論是在官方文書或是口語稱呼，均必須用新姓。最明顯的例子即是楊堅本人，在北周朝時的記載中均被稱爲「普六茹堅」，如其在《隋書・高祖紀上》所載：

　　齊王憲言於帝曰：「普六茹堅相貌非常，臣每見之，不覺自失。恐非人下，請早除之。」帝曰：「此止可爲將耳。」內史王軌驟言於帝曰：「皇太子非社稷主，普六茹堅貌有反相。」〔註47〕

其他在西魏時期曾被賜姓的人，在北周朝仍可見一直使用新賜之姓，別人也是稱其胡姓，如王軌：

　　太子乃陰謂譯曰：「秦王，上愛子也。烏丸軌，上信臣也。……」

〔註48〕

在平日的使用上也是使用所賜胡姓，如唐瑾在其所立的碑上留下的名字即是「万紐于瑾」而非唐瑾。〔註49〕而應該詳細記載家族源流與出身的墓志，甚至也被影響必須使用胡姓，如題名爲〈周故開府儀同賀朶□之墓誌〉的墓主，事實上是侯植，不過志文內有載明其本姓。〔註50〕有的甚至只知被賜的姓，而遺失了原姓。如北周的若干云，其出土墓志中明白記載「太祖文皇帝賜姓若干氏」，卻未記本姓，正史之中也沒有本傳，因此無從查找其本姓。〔註51〕

〔註46〕收入毛漢光，《中國中古社會史論》（臺北：聯經，1988 年初版，1997 年 9 月初版二刷），頁 51～67。
〔註47〕見《隋書》卷一〈高祖上〉，頁 2。
〔註48〕見《隋書》卷三十八〈鄭譯〉，頁 1128。烏丸軌即是王軌。
〔註49〕清・王昶，《金石萃編》（臺北：新文豐，民國 71 年二版），卷三十七〈華嶽頌〉，頁四，總頁 630。其在《周書》卷三十二本傳中記，原是賜姓宇文氏，後因于謹之請更賜万紐于氏。
〔註50〕清・陸增祥，《八瓊室金石補正》（臺北：新文豐，民國 71 年二版），卷二十三〈周故開府儀同賀朶□之墓誌〉，頁 4358。
〔註51〕若干云墓志見羅新、葉煒，《新出魏晉南北朝墓志疏證》（北京：中華書局，2005 年 3 月）第 107 條，頁 288。

而有的案例是本傳中看不見有賜姓記載，卻藉由他人墓志中得知有賜姓事蹟，如侯莫陳崇。〔註52〕

　　從日常生活及口語中的使用可以看出被賜的姓是落實使用的，而非僅僅是一項政治榮譽。〔註53〕正因為落實實施，且經過時間的催化，宇文泰的民族融合政策才會發生效力。〔註54〕經過賜姓政策的整合，且宇文泰的威望一直延續到北周朝，因此當年被宇文泰賜姓的將領及其所屬軍隊，包含胡漢二族，很有可能因此而對於北周宇文宗室有較強的向心力。

　　根據呂春盛的研究，支持楊堅篡位的各派勢力，多屬於在北周朝中受到打壓、政治不如意的失意政客。他們多是在宇文護執政之時受到打壓，尤其是宇文護執政時一反宇文泰拉攏關中漢人豪族的作法，排除政權內部的漢人勢力。因此這些失意政客，自然會支持楊堅建立一個新的政權。〔註55〕也就是說宇文護時期打破了宇文泰拉攏胡漢二方的作法，一意提升宇文氏的統治權力，將其他勢力排除於政權之外。據此，當楊堅掌權時，才會有部分所謂失意政客的依附，並且包含了胡漢二族。

　　而曾被賜過胡姓的功臣，大多在北周建立之後逐漸凋零，或是在宇文護專政時期死於政治鬥爭。其後代或是不重視前代所受賜之胡姓，或是因而對宇文宗室產生反感，均不支持北周宗室。如李穆之兄子李植曾因反對宇文護

〔註52〕侯莫陳崇其本傳未曾記被賜姓，正史之中也都以侯莫陳崇記之，然在《新出魏晉南北朝墓志疏證》中，該書作者藉由其甥女李麗儀的墓志推論出其本姓應為劉氏。則筆者推論可能是侯莫陳崇死於北周武帝年間，尚未行恢復漢姓，因此文書記錄也都以侯莫陳崇記之，唐時修史也因而記之。見《新出魏晉南北朝墓志疏證》第130條，〈崔仲方妻李麗儀墓志〉，頁366～370。

〔註53〕在正史之中的記載，有紀錄當時對話言談或詔令的，或為求真，才會用當時的稱呼，如普六茹堅。但若只是單純敘述，由於《周書》、《隋書》、《北史》都寫成於唐代，而北周末年已恢復舊姓，因此在書寫上不用胡姓。如《北史》的敘述中楊堅均以「隋文帝」稱，《周書》則作「楊堅」，《隋書》為本朝史則作「高祖」記。

〔註54〕馬長壽所持的意見恰與筆者相反，其認為宇文泰此姓氏政策的成效不大，因為如拓拔氏仍姓元，有許多部族也仍保持原來胡姓，所以宇文泰的政策並沒有成功。見氏著《碑銘所見前秦至隋初的關中部族》（北京：中華書局，1985年1月）頁60。但誠如筆者所言，即便是宇文泰以丞相之姿，亦不能要求皇帝改姓，所以拓拔氏仍然維持元氏。其他未改姓的部族，則是因為沒有受到賜姓的緣故，既然賜姓對象是「諸將功高者」，未達這個標準的部族則未獲賜姓，其部族維持原來胡姓也是正常的了。所以並不能以此認定宇文泰的姓氏政策的成效不大。

〔註55〕呂書第七章，或見氏著〈關於楊堅興起背景的考察〉。

專政而欲謀害之，事發被誅，李植之弟李基也被連坐，賴李穆向宇文護求情，以其子代之，才獲免。〔註56〕再加上宣帝時的荒淫無度，史書載其「兇暴是聞，芟刈先其本枝，削黜遍於公族」，〔註57〕這些因素均可能使李穆發出「周德既衰，愚智共悉」〔註58〕的感慨，遂決定支持楊堅。

從以上論述可知，楊堅下詔恢復舊姓，並非單純如前人所言只是利用其漢人身份，欲推翻宇文氏的胡人政權。且若依拉攏漢人的角度而言而言，楊堅應大量擢用漢人、排除胡人。然而從楊堅代周建隋之際身邊的親信來看，他並沒有徹底實行之，反而引用不少胡人，且看來這些人支持楊堅的目的多是為政治利益，而非族群意識。若依此而言，此一欲以漢姓取代胡姓的文化指標是否有達成？

三、北周末復姓政策對楊堅奪權的影響

宇文泰時期的賜姓對象，由前文的討論可以得知並非單獨針對漢人，而是遍及胡漢族群的。然在過去胡人的傳統中，部落民跟隨部落長姓，所以當部落進行兼併或是更換部落長時，便會發生改姓。因此在胡人之中推行賜姓似是較為容易的。而且依內田吟風的研究，去除北魏所改漢姓，可能是吸引未被漢化的北鎮胡人支持政權的方式之一。〔註59〕但對漢人傳統而言，姓氏代表著家族與出身，是不可隨意更改的，尤其自東漢強調家學家風以來，更是以門第郡望為身份地位的表徵，因此更改其姓是推行不易的。然而根據濱口重國的研究，宇文泰在賜予漢人胡姓時，除了考量其功績之外，出身與門第也是考量的因素之一。如河東解縣柳敏、博陵安平崔猷等名門出身，均賜姓宇文氏。〔註60〕而根據筆者的調查也發現確實有此情形，顯見宇文泰掌政時期除了用賜胡姓來混和胡漢族群之外，對於漢族名門亦有籠絡之意，給予較高的政治地位，以緩和強制改為胡姓的刺激。據此而言，宇文泰的政策是在去除北魏漢化影響力的前提下，對於胡漢二者兼顧的作法。

〔註56〕見《周書》卷三十〈李穆〉，頁528。
〔註57〕見《周書》卷十三〈文閔明武宣諸子〉，頁209。
〔註58〕見《周書》卷三十〈李穆〉，頁529。
〔註59〕內田吟風，〈北朝政局に於ける鮮卑・匈奴等諸北族系貴族の地位〉。
〔註60〕濱口重國，〈西魏に於ける虜姓再行の事情〉。柳敏本傳見《周書》卷三十二，《北史》卷六十七。崔猷本傳見《周書》卷三十五，《北史》卷三十二。

　　楊堅自稱漢太尉楊震之後，是強調其漢人名門家世，陳寅恪早已提出其為偽冒之說。〔註61〕從《新唐書》中所見〈宰相世系表〉，楊堅的世系也是有脫落的，因此不能夠證明其為漢族名門。〔註62〕但是為了取代宇文宗室，他必須建立一個有別於宇文宗室的新的信仰中心。在這樣需求之下，楊堅可能藉由強調其漢人身世，並且透過弘農楊氏的大姓，藉其聲望來抬高楊堅的社會地位。

　　楊堅從掌政到奪位不到一年的時間，〔註63〕原本在北周的政治地位也非特別高，〔註64〕因此欲奪權必須籌畫許多政治謀略。除了前文曾提過的興復佛教之外，恢復舊姓也可能是其政治謀略之一。前已提到，漢人對於姓氏的改換較為重視，故欲以姓氏為政治手段，拉攏漢人即是首要措施。準此，楊堅從自家楊氏家族為始，拉攏楊氏族人共同努力。此從《隋書》中可以看到：

　　　　高祖始遷周鼎，眾心未附，利建同姓，維城宗社，是以河間、觀德，

　　　　咸啟山河。〔註65〕

楊堅需要同姓來聯合穩固政權，除了其族子楊雄、族弟楊弘均支持外，亦拉攏楊尚希：

　　　　高祖以尚希宗室之望，又背迴而至，待之甚厚。〔註66〕

當時尚處北周末年，楊堅輔政時期，若其中的「宗室」指宇文宗室，則楊尚希怎麼會是宇文宗室？依此而言，其中的「宗室」應是指漢人楊氏之宗室。若要建立漢人政權，則拉攏漢族名門之後這是合理的。前文所見韋孝寬是京兆杜陵韋氏之後，柳裘也是河東解縣柳氏之後，均是漢族名門。藉由這些漢族名門作為號召，是有可能吸引一些原本不願意仕於胡人政權，或是對北周朝政感到失望的漢人官員。由此觀之，若言楊堅欲以恢復舊漢姓為建立漢人政權的謀略思想，這是有可能的。

〔註61〕見陳寅恪，《唐代政治史述論稿》，頁200。

〔註62〕《新唐書》卷七十一下〈表第十一下‧宰相世系表下‧楊氏‧楊氏源流〉，頁2347。這個世系表中間有脫漏無法連貫，而且與《隋書‧高祖紀》不合，因此早有史家認為不足以作為其為弘農楊氏的證據。不過這只能說明楊堅可能並非出自弘農楊氏，並無法作為確切的證據。

〔註63〕楊堅在大象二年五月受詔輔政，隔年大定元年二月即行代周建隋事，其間不過大約十個月。

〔註64〕參見本文第二章第三節。

〔註65〕見《隋書》卷四十三〈觀德王雄〉，頁1218。

〔註66〕見《隋書》卷四十六〈楊尚希〉，頁1252～1253。

　　但是從前文的討論中發現，這種建立漢人政權的謀略似乎沒有達成預定目標。從表 3-1-1〈楊堅親信集團姓氏出身表〉中可以看出，楊堅在代周建隋之際，所重用的親信仍有將近三分之一是胡人，因此過去學者有謂以漢人身份欲建立漢人政權的說法，至少在這個標準上是無法成立的。但就史料上來看，楊堅卻也曾利用輔政身份下詔恢復舊姓殆無疑義，此舉若非目的在建立漢人親信集團，則其用意為何？

　　筆者推測，雖然楊堅認為西魏時期大量賜胡姓只是為因應西魏時期政治環境的權宜之制，已不適合北周末年的政治環境，故下詔欲恢復舊姓；但其目的有可能是欲去除西魏宇文氏所留下來的胡族文化影響，就像當年宇文泰欲以胡族文化取代漢族文化一般。因此，楊堅恢復舊姓的政策並非如前人所言是利用恢復漢姓建立漢人政權，而應該說其目的在於欲消除宇文氏政權加諸在北周臣民身上的影響。

　　但雖如此，楊堅以其漢人身份對於漢族之後的號召還是有一定作用的。正如同前文所言，從西魏建立以來，為鞏固國勢，宇文泰極力拉攏漢人地方豪族，在朝政上也重用漢人。且為了重建新的氏族，對胡漢功臣均賜予新姓，並給予豐厚賞賜，這對中原皇室南遷之後留存在北方的漢人大族及其他漢族寒門是很大的鼓舞，給予他們重新參政的機會。但是在北周建立之後，由於宇文護的執政使政權逐漸穩固，宇文泰的子孫也逐漸枝繁葉茂，宇文氏宗室逐漸在政壇上掌握政權，遂使得漢人勢力失去參政機會，誠如《周書·文閔明武宣諸子》所言：

> 太祖之定關右，日不暇給，既以人臣禮終，未遑藩屏之事。晉蕩輔
> 政，爰樹其黨，宗室長幼，竝據勢位，握兵權，雖海內謝隆平之風，
> 而國家有磐石之固矣。〔註67〕

雖因宇文護的掌政使政權穩固，但也因「爰樹其黨，宗室長幼，竝據勢位，握兵權」，而使其他勢力失去政治地位。且如前文所言，因宇文護的專政，對皇帝的廢立與大臣的生死均操之其手，遂使部分朝臣對其反感，正如《周書·晉蕩公護》所載：

> 自恃建立之功，久當權軸。凡所委任，皆非其人。兼諸子貪殘，僚
> 屬縱逸，恃護威勢，莫不蠹政害民。上下相蒙，曾無疑慮。〔註68〕

〔註67〕見《周書》卷十三〈文閔明武宣諸子〉，頁209。
〔註68〕見《周書》卷十一〈晉蕩公護〉，頁175。

除了宇文護的專權擅任之外，再加上宣帝的荒淫暴亂，這些均可能使所謂「失意政客」爲求取新的政治環境、好的出仕機會，而轉爲支持楊堅。〔註69〕

雖然朱希祖認爲「隋文帝所以發憤復姓，既爲漢族洗污辱，又爲漢族復國權」，筆者也懷疑楊堅詔復漢姓的動機與其篡位之謀略有關，但從其實際作爲來看，楊堅此一政策的目的似乎並非如此，甚至爰引許多胡人助其奪得權位。所以前人所謂「爲漢族復國權」的政策方針是不恰當的，就這點來看並沒有爲楊堅代周建隋有很大助益。但是筆者以爲，楊堅這一政策的目的在消除宇文氏政權的影響力，就這一點來看，對於楊堅代周建隋應還是有所助益的。

四、小結

楊堅在代周建隋之際，下詔恢復舊姓是反宇文宗室的謀略之一。由於西魏宇文泰大規模對有功將領賜胡姓，再加上他們所統軍人亦改其姓，遂形成一個新的氏族群體。並透過大量賜姓宇文氏，來增強宇文氏的力量。經過北周朝的發展，宇文護的鞏固宗室，漢人的勢力已不若宇文泰時期般受到重視。再加上宇文護的專政與宣帝的殘暴，均可能使漢人勢力轉而支持以漢人宗室出身爲號召的楊堅。

楊堅嘗試透過下詔去除宇文泰時期所賜的胡姓，並且恢復舊姓。但此一恢復舊姓的措施似乎沒有達到建立漢人集團的功效，而且用人上還大量使用胡人，可見此一措施並非建立漢人集團的目的。應該說，此一政策的目的是在於去除宇文泰時期加諸在西魏北周政權的影響力，就像宇文泰時期欲去除北魏政權的影響力是一樣的。因此，藉由恢復漢姓欲達到拉攏漢人推翻宇文宗室的目的，在某種程度上是未完成的，未達到預期的目標。反倒是在北周朝中受到打壓、不受重視的政治人物，可能轉而支持新的出仕機會，不過於此方面胡漢雙方都是包含其中的。不過這只是諸多政治謀略的其中之一，其他的政策仍是幫助楊堅順利取得政權，下文即針對其他有力政策加以論述。

第二節　北周政權地域組成與楊堅代周建隋之關係

府兵可謂是北周政權的核心組成，第一代的府兵將領追隨宇文氏建立了

〔註69〕以上可參見呂書第五章，或見其文〈北周前期的政局與政權的弱點〉。

西魏北周政權，此批將領的第二代則在北周政權中角力，爭奪更高的權位以及更接近權力核心的位置。但隨著時間推移，北周朝中的核心人物不再由功臣子弟所獨攬，原本處於合作對象的關隴漢人豪族勢力逐漸增加，加上梁的滅亡、北齊被併，伴隨而來的是一批又一批以文學和漢人統治見長的其他漢人勢力。雖然這些外來的勢力尚不足以威脅功臣第二代在北周朝中的優勢地位，但卻在朝中隱隱然成為一股不可忽視的力量。

　　這些新興的勢力並非都是組成龐大的勢力圈，多半是鬆散的小集團或個人勢力。即使是小集團之間也不一定相互結合，多半以各自之利益為第一優先考量。因此，雖然在北周政權中出現其他力量，似仍不足以威脅功臣第二代的優越地位。然而，出身於開國功臣第二代的楊堅，在其代周建隋之際，其身邊的親信、將領、幕僚等人，並非以同樣與他是功臣第二代或是北鎮武人後代為主，反而包含北周朝中許多非主流的人物。﹝註70﹞這些非主流人物能在周隋鼎革之際浮上檯面成為新政權的開國功臣，其憑藉的是什麼？又是什麼樣的背景，能讓他們從次要角色成為新一代的開國功臣？楊堅又是基於什麼需求與他們合作？北周武帝平齊之後曾招募山東人士進入關中政權，然武帝卻在隔年便去世，似未來得及為進入關中的山東人士做好安排。這些山東人士在北周的地位如何？楊堅是否曾拉攏這些山東人士？除此之外，還拉攏哪些區域的人士？考量為何？均是本節討論的重點。

　　目前學界討論到北周政權組成的的研究頗多，但大部分均從府兵制、關隴集團的角度著手，看宇文泰時期的政策在西魏北周的延續及影響。但是這些研究既以宇文泰為中心，就多半只討論西魏時期，最多至北周初期或中期，最晚到北周武帝朝。對於北周武帝之後到楊堅代周建隋之間的情況，或許因為政權已然穩定，便不再多闡述。較早的學者如谷川道雄的《隋唐帝國形成史論》，晚期的學者如劉國石〈簡論西魏北周改革～兼論孝文改制未盡之歷史任務〉﹝註71﹞、楊翠微〈西魏北周政治鬥爭與中央集權之加強〉﹝註72﹞、丁

﹝註70﹞ 在呂春盛的研究中，其認為楊堅的功臣集團中，大多數是在北周政權中被排擠或是不被重用的中下層官僚。因為他們在仕途上不如意，因此會考慮支持另一股新興的勢力，以爭取更好的政治地位。見呂書第七章。及其文〈關於楊堅興起背景的考察〉。

﹝註71﹞ 劉國石，〈簡論西魏北周改革～兼論孝文改制未盡之歷史任務〉，《民族研究》，1999 年第 3 期，頁 53～61。

﹝註72﹞ 楊翠微，〈西魏北周政治鬥爭與中央集權之加強〉，《中國文化研究》，2000 冬之卷，頁 127～136。

愛伯〈西魏北周時期軍人政治集團所起的作用〉〔註73〕等等。其他有較多篇幅討論北周時期政權組成的，均是從政治勢力集團來著手，如呂春盛的系列文章，〔註74〕以及張偉國的《關隴武將與周隋政權》〔註75〕、鍾盛《關隴本地豪族與西魏北周政治》〔註76〕等。關於西魏北周的研究非常多，但大部分都還是從政治勢力、關隴集團的角度著手。但是這些政治勢力來自中國各個地域，他們背後的地域背景是否會影響他的的政治考量？這方面卻少見探討。

故本節即欲討論從北周到隋初，政權的地域組成是否有所變化？若有，如何變化？這樣的變化與楊堅代周建隋的關係又是如何？不同地域出身的人，是否會有不同的政治傾向？支持楊堅的人，又是否有特定的區域特色？這些均是本節欲討論的問題。

為了配合本節研究，姑且將北周到隋之間的政權結構依時間先後，劃分為三個時期。第一期為北周時期，從北周建立到北周武帝崩，以《周書》中所記載出仕北周政權的人物為準，但須去除在西魏時期便已過世而來不及參加北周政權的人；第二期為周隋之際，主要指楊堅代周建隋之際的親信集團，以《周書》及《隋書》中記載楊堅的親信為主；〔註77〕第三期則是隋代，以《隋書》記載出仕隋代的人為主，但不包括大業以後才出仕的人。〔註78〕雖然在周隋之際出仕的人，有許多人的政治生涯橫跨三個時期，但仕於北周的不一定都支持楊堅，支持楊堅的人在北周時期不一定受到重用，所以三個時期的人物仍是有所區隔的。

〔註73〕 〔美〕丁愛伯著，楊翠微譯，〈西魏北周時期軍人政治集團所起的作用〉，《漢學研究》（北京：中華書局，2000年9月）頁348～366。
〔註74〕 呂氏的研究主要著重在政治人物派系的分別，從西魏北周功臣集團所延續下來的派系分別。如追隨魏帝的勢力、追隨宇文泰的勢力、關隴河南河東土著勢力、北齊勢力、南朝勢力等。並從他們在北周朝中的官位，來分析為何會支持楊堅的共同原因。而本章中欲著重在地域的分別，找出支持楊堅的人多半屬於哪一個地域，或是不同地域的人支持楊堅的共同原因為何。因為劃分標準不一樣，故會出現人物分類與呂氏不同的情況。但也希望藉此不同角度的分析，能看出楊堅代周建隋不同的影響因素。
〔註75〕 張偉國，《關隴武將與周隋政權》（廣東：中山大學出版社，1993年6月）。
〔註76〕 鍾盛撰，何德章指導，《關隴本地豪族與西魏北周政治》，武漢大學碩士學位論文，2004年5月。
〔註77〕 楊堅的親信集團篩選標準與表3-1-1〈楊堅親信集團姓氏出身表〉相同。由於楊堅政治生涯橫跨周隋兩代，他在周隋之際的親信集團也大多如此，因而親信集團的出仕時間可能會橫跨三期。但為了區分這三個時期的變化，人物重複是無可避免的。
〔註78〕 大業以後才出仕的人，他的官宦歷程便與楊堅較無關係，故不列入統計。

一、北周政權組成之地域分佈

　　北周承襲自宇文泰所建立的西魏政權，故其開國班底與西魏時期是相去無幾的。稍有變化的是，部分西魏時期的重要將領在幾場重大戰役中殞歿，所以北周開國時期未見其身影。而西魏政權結構在前後期亦有所轉變，故要討論北周開國政權中人物的地域分佈，就不得不先看西魏政權的結構組成。

　　根據呂春盛的研究，西魏開國的時期大致以三大勢力共同支撐政權，分別為北鎮勢力、關隴河南河東土著勢力、追隨魏帝勢力。然西魏政權建立之初，宇文泰與其他北鎮武將地位是不相上下的。到西魏中期之後局勢慢慢轉變，由宇文泰的親信集團逐漸掌握政權。在宇文泰死後，宇文泰的親信集團便協助宇文護，將宇文覺推上大位，並經過一連串的剷除異己的準備工作，宇文護終建立宇文氏獨大的政權。〔註 79〕

　　但即是如此，大部分順應時勢的北鎮武將仍在北周政權中留存下來，並依附在宇文氏政權之下。其他勢力雖在西魏後期逐漸屈居弱勢，但也在北周政權中佔有重要地位。這些西魏時期的元老功臣將領，大部分在北周前期就已逐漸凋零，其第二代則繼續在北周朝中以父祖之餘蔭出仕，而這些功臣第二代也在北周中期之後逐漸成為北周政權的主力。但是他們之間並沒有父祖時代馳騁沙場、共同為領袖揮灑血汗的同袍情誼，故彼此之間的關係是建立在當前政治利益之上。就此而言，欲對北周政權中的朝臣作分析，便不能再用西魏時期的勢力分法，而應重新區分。

　　呂春盛針對此點作出「親宇文護派」與「親帝派」的分法，是根據北周政權中的政治現狀而分。〔註 80〕然在武帝諸殺宇文護之後，這種分法便又失其依據，對北周末年楊堅掌政時期的情況也無所助益。故筆者針對本文需求，重新將北周政權中的人物分類，依其出身之地域作劃分標準，以觀察政權中不同人物是否因不同地域出身而影響其政治傾向。

　　以地域出身作為劃分的依據，其優點在於能通用於整個北周朝至隋初。其缺點則在於：自北魏以來曾有數次更換籍貫地的措施，〔註 81〕加上人民遷徙流離，本傳上所記載的籍貫並不一定與當時情況相符合，故在以地域作分

〔註 79〕　呂書，第四章。或見氏著〈宇文泰親信集團與魏周革命〉。

〔註 80〕　呂書，第五章。或見氏著〈北周前期的政局與政治弱點〉。

〔註 81〕　如北魏太和年間，詔改居住洛陽者為河南洛陽籍；北周初年，明帝又下詔入
　　　　　關中者宜改關中籍。故許多跟隨中央政府遷徙的中央官員，經過幾次改換，
　　　　　本傳所記早已非原籍貫了。

類上，亦遇到相當程度的困難。為解決此一問題，筆者設定一分類標準：即以三代以內的居住地為其出身地。如傳主四代以前居住南方，三代以來即已定居北方，則視為北方人。又，若同屬一區域之不同州郡，可忽略其在不同州郡中之遷徙，歸入該區域即可。如傳主由隴西移入關中，則仍視為關隴地區，其區域內部遷移行動可忽視之。又若傳主未記載其先祖出身何處，只記其本身之出身地，則以本傳記載之出身地為依據。以三代以內居住地為標準的分法，用意即在於居住地對傳主的影響。如若先祖是南方人，卻是三代以來都定居北方，那麼北方的風土民情或政權轉變，想必對傳主的影響是較為深刻的，故應以三代居住地為主。但有的傳主在本傳中只記其原籍貫地，未記其三代之內的居住地，則依其原籍貫為主，因其既不記三代居住地，想來是較為重視原籍貫，因此原籍貫對該傳主的影響應是較為深刻的。

其次，北周人士之出身在地域分類上，筆者分為關隴地區、河南河東地區、山東地區、北鎮地區、南方地區等五大類。關隴地區以黃河河曲、潼關以西為界，向西到隴西地區、河西走廊均屬於此區。〔註82〕河南河東地區大致以今天的河南省及山西省部分為主，以北魏時期的司州、豫州、荊州、洛州為主。〔註83〕山東地區則在河南河東以東的地區都納入範圍，包括仕於東魏北齊的人。〔註84〕北鎮地區則大致以長城為界，長城以南，關隴地區、河南河東地區、山東地區以北的地方納入此範圍。〔註85〕南方則泛指南朝政權的領土，後梁政權原屬南朝梁的屬地，故亦為南方地區。

依照上述地理區域劃分之後，再依前文的三期時間劃分，做出三個統計表。表3-2-1〈北周（第一期）統治人物區域分佈統計表〉為北周時期政權組成的地域分佈；表3-2-2〈周隋之際（第二期）依附楊堅人物區域分佈統計表〉

〔註82〕 河西走廊範圍雖大，但《周書》中顯示，在北周時期來自此地的人不多，故可暫與隴西地區畫為一地。

〔註83〕 可參見譚其驤《中國歷史地圖集》第四冊，頁46～47。

〔註84〕 此所謂「山東地區」並非今日所言「太行山以東」地區，也並非單指今日的山東省地區。事實上，在北魏時期，太行山以東有部分地區被畫入河南地區的司州，故此處「山東地區」只是一個概略的稱呼。從《周書》中來看，西魏北周時期往往將東魏北齊政權稱為山東政權，或將東魏北齊領土統稱為山東地區。故此處所謂「山東地區」，應指東魏北齊境內地區較為恰當，但須扣除河南河東地區。在入周之前仕於北齊的人，姑且不論籍貫，也一律列入此類，因其可能受北齊政權影響較多。

〔註85〕 此地區出身的人，就大多數而言，即以北魏末期、西魏時期所見的「北鎮」武人居多。

為周隋之際楊堅親信集團的地域分佈情形；表 3-2-3〈隋代（第三期）統治人物區域分佈統計表〉則為隋代政權組成的地域分佈情形。從這三個表格來著手，希冀能看出北周到隋政權結構在地域上的變化，以及其變化與楊堅代周建隋是否有所關連。

根據以上原則，從下表 3-2-1 可以看出，第一期的政權組成人數約有一百五十六人。其中以關隴地區的勢力佔最多數，政權組成的核心—北鎮人物—卻落居第三。

表 3-2-1〈北周（第一期）統治人物區域分佈統計表〉

地區 統計	河南 河東	關隴 地區	北鎮	山東 地區	南方	不詳	總和
人數	38	44	32	21	21	0	156
百分比	24.36%	28.2%	20.51%	13.46%	13.46%	0%	99.9%
排比	②	①	③				

註：本表人數依據《周書》中各本傳，除去在西魏時期即已過世，根本來不及參加北周政權的的人物之外，剩下在《周書》中有記載出仕北周政權的人物。

由此可見，西魏北周政權的核心份子—北鎮人士，在北周時期只能屈居第三。最主要因素還是在西魏時期就已折兵損將，宇文泰不得不「廣募關隴豪右，以增軍旅」，〔註86〕故政權中的關隴地區人數在西魏末期增加得比北鎮人士為多，甚至躍身成為西魏政權的主力。此處需注意的是，河南河東地區、關隴地區及北鎮地區三者之間的比例相去不甚遠，都是在百分之二十以上，顯見此三大地區的勢力在數量上還算是勢均力敵。

另外需注意的是，西魏政權進入關中，大量招募關中軍力遂使得關隴地區人數比北鎮來得多是合理的，然而為何河南河東地區的人數亦會比北鎮人士還要多呢？呂春盛將關隴地區人士與河南河東地區人士劃為同一勢力，然二者在地域上有所分別，對政權的影響力亦應有所差異。

一般通論性的研究均指出，西魏北周立足關中，故不得不結合關隴豪右以建立足以與山東高氏抗衡的政權。在如此思維之下，西魏北周政權中以北鎮人士與關隴豪右為主體的概念似乎可以成立。前所引史料「廣募關隴豪右，以增軍旅」亦可證之。然而經過五胡時期在北方的不斷征戰，關中這個兵家

〔註86〕《周書》卷一〈文帝紀〉，西魏大統九年三月條，頁 28。

必爭之地早已殘破不堪，所留存的除了無力遷徙又僥倖在戰火中生存下來的貧苦百姓之外，就是一些力量尚足以自保的漢人大族。故當西魏政權進入關中時，所吸收的就是以這些殘留在關中的漢人大族爲主，他們的家族長進入政權，也會帶著自己的鄉兵與族人投身政權。故不僅僅增加政權中的人才，也增加了政權的力量。

然而自東漢經學大盛以來，山東及河南河東地區在文化方面就一直是勝過關隴地區的。後來經過五胡時代的摧殘，經學在山東被保存下來，幾盡殘破的關中地區也僅有那少數漢人大族能勉強維持家學不墜，如京兆韋氏、安定梁氏。〔註 87〕山東既在東魏轄地，距離關中遙遠，宇文氏政權不得不就近在河南河東地區尋求的支持。因爲河南河東地區在北朝時期，經學、文化方面的水準，是僅次於山東而高於關中地區的。故除了招募關隴地區豪右之外，宇文泰也積極招募河南河東地區之漢人大族，如《周書·司馬裔傳》所載：

> （大統）十五年，太祖令山東立義諸將等能率眾入關者，竝加重賞。
> 裔領戶千室先至，太祖欲以封裔。裔固辭曰：「立義之士，辭鄉里，
> 捐親戚，遠歸皇化者，皆是誠心內發，豈裔能率之乎。今以封裔，
> 便是賣義士以求榮，非所願也。」太祖善而從之。授帥都督，拜其
> 妻元爲襄城郡公主。十六年，大軍東伐，裔請爲前鋒。遂入建州，
> 破東魏將劉雅興，拔其五城。〔註 88〕

西魏時期率眾來歸之後，進入北周政權，司馬裔仍然受到重用，雖然多是在外地平定蠻酋，但此功勳對於北周的疆域的穩固還是有所助益的。〔註 89〕

而在《周書》中所列人物，關於關隴地區出身的，多半有「三輔著姓」、「關中著姓」的共同特徵。關於山東地區出身的人物，也多半是幾個漢人大姓，如清河崔氏、博陵崔氏、滎陽鄭氏等。來自河南河東地區的人士，同樣明顯集中在某幾個漢人大姓，如河東汾陰薛氏、河東聞喜裴氏、河東解縣柳

〔註 87〕宇文氏政權中，關中地區漢人著姓的代表之一就是京兆韋氏，其中以韋孝寬位望最高。而韋孝寬及韋瑱等均受賜宇文氏，顯見受宇文氏之重視。另還有武功蘇氏，代表爲蘇綽。

〔註 88〕《周書》卷三十六〈司馬裔〉，頁 645。按：司馬裔爲河內溫人，晉室之後。河內在地域上屬於三河地區，位於黃河北岸，今河南地區，故應列入河南河東地區討論。然此條史料謂司馬裔爲「山東立義諸將」，顯示在西魏北周時期，關中政權將東魏北齊政權及其領土均廣泛稱爲「山東」的佐證。在《周書》中也可見「山東」一詞多指東魏北齊政權，而非單純的地理概念。

〔註 89〕北周武帝時期，司馬裔因平定群蠻，徵拜大將軍。《周書》卷三十六〈司馬裔〉，頁 646。

氏等。至於三者之間的共同特徵，就是多有「博涉經史」、「涉獵經史」等在文化上有較高水準的表現。故北周關隴政權中河南河東地區人士會多於北鎮地區人士，筆者認爲一個很重要的原因即是：此地的文化水平又在關隴地區之上，是除了山東經學大家之外的第二選擇。然而山東人士仍有部分在東西魏分立之時，便已隨著魏帝西入關中，故關中政權仍有山東人士，只是比例上比較少。

　　自五胡時代以來，中國經歷一場大變動，許多人在主動與被動的情形之下離開原居地。然而顯見的是，晉室南遷之後，南朝仍是以漢人爲主的政權，北朝則不然。五胡統治北方之後，北方政權一直就是胡漢混合的狀態，直到北魏太和改制之後，縱使多改漢姓，仍不能掩沒其胡人血統。但由於北魏時期統治整個中國北方，故在其政權之內的人物來自北方各地區是合理的。但北周政權統治區域个過只有關隴地區一帶，卻也呈現多地域組成的情形。

　　從前文及表 3-2-1〈北周（第一期）統治人物區域分佈統計表〉即可看出，北周政權雖立足偏狹的關中，但在建立之時就已呈現地域上多元的特色。眞正來自關隴地區的人士不到百分之三十，其他超過百分之七十則是由各地域的人士所組成。特別是關隴地區、河南河東地區與北鎮地區的人數，在比例上是相去不甚遠的。相較於南朝政權以南方漢人爲主，以及東魏北齊政權以山東人物爲主，西魏北周在地理位置上侷促關中，但政權人物組成卻呈現地域上多元的匯聚情形，實是整個魏晉南北朝居民四處流動具體而微的展現。正如《周書‧王褒庾信傳》中所述的：

> 周氏創業，運屬陵夷。纂遺文於既喪，聘奇士如弗及。是以蘇亮、蘇綽、盧柔、唐瑾、元偉、李昶之徒，咸奮鱗翼，自致青紫。……既而革車電邁，渚宮雲撤。爾其荊、衡杞梓，東南竹箭，備器用於廟堂者眾矣。唯王褒、庾信奇才秀出，牢籠於一代。〔註90〕

上述所列幾位人物，蘇亮、蘇綽來自關隴地區；盧柔、唐瑾、李昶來自山東地區；元偉來自河南洛陽，屬於河南河東地區，並爲元魏宗室後裔；王褒、庾信則來自南方。再加上宇文氏本身所代表的北鎮勢力，這段話正可以顯示宇文氏政權建立的地域多元性質。而其地域上的多元性質，也可呈現出宇文泰用人的包容與遠見。〔註91〕

〔註90〕《周書》卷四十一〈王褒庾信〉，「史臣曰」，頁744。
〔註91〕可參見陶賢都、劉偉航，〈論北朝時期漢族士人的政治心態〉，《許昌師專學

二、隋代政權組成之地域分佈

　　根據楊堅本紀，楊堅出身自弘農華陰，若以此論之，在北周的地域分佈上，楊堅應屬關隴地區人士。〔註 92〕然其父祖的經歷，卻不能等同視之。根據《周書・楊忠傳》所記：

> 楊忠……高祖元壽，魏初，爲武川鎮司馬，因家於神武樹頹煙。祖烈，龍驤將軍、太原郡守。父禎，以軍功除建遠將軍。屬魏末喪亂，避地中山，結義徒以討鮮于脩禮，遂死之。……（忠）年十八，客遊泰山。會梁兵攻郡，陷之，遂被執至江左。在梁五年，從北海王灝入洛……〔註 93〕

楊忠的高祖家於武川，祖父爲太原郡守，父親避地中山，楊忠本人又客遊泰山。〔註 94〕由此可見，楊忠在年輕時主要活動區域在山東地區，後來又曾短暫到過南方，當然在西魏時期又進入關中地區。而其父祖的生活範圍，亦從北鎮到河東到山東地區都有。單從楊忠父祖的經歷就可以看出北朝時期人民流動的頻繁，幾乎每隔一代就更換一個地區，這對傳統安土重遷的漢人來說，此一時期的生活未曾安穩過。從另一方面來看，不僅是前文所說，北周偏狹一隅卻能凝聚各地域的人士，單從楊忠家族來看，一個家族的活動範圍就能囊括各個地域，突顯出北朝時期各地域與人民之間彼此混亂的關係，不再是過去「安土重遷」的現象了。

　　報》，第 21 卷第 3 期，2003 年，頁 41～45。此文指出，爲了鞏固地位，宇文泰必須加強與漢族士人的合作，所以對漢族士人友好，且努力消除民族間的隔閡，與北齊形成鮮明對比。北齊的鮮卑政權有排斥、打擊漢族士人的情形，且輕視漢人。故雖北齊的漢化較深，在北齊政權中的漢族士人卻得不到較好的待遇。

〔註 92〕東漢時期，弘農郡位於函谷關與潼關之間的黃河以南地，與河東郡隔黃河南北相望，同爲首都洛陽之近畿地。故在東漢時期，弘農華陰應是屬於河南河東「三輔地區」的地理區域。然而北魏時期因孝文帝諱「弘」，故將「弘農郡」改爲「恒農郡」，華陰縣則被劃入潼關以西的華州，隸屬「華山郡」。隋煬帝大業三年復置弘農郡，唐代則將弘農郡劃入河東道。但北周時華陰縣劃入同州，隋代則將華陰縣劃入京兆郡，均屬關隴地區。《北周地理志》亦將華陰縣列入關中地區的華州，故本文中將弘農華陰出身的人物均劃爲關隴地區。請分見《隋書》卷三十〈地理中〉，頁 840～841。譚其驤，《中國歷史地圖集》，〈隋代關隴諸郡〉，頁 7～8。王仲犖《北周地理志》（北京：中華書局，1980 年 8 月出版），頁 50。

〔註 93〕《周書》卷十九〈楊忠〉，頁 314～315。

〔註 94〕武川鎮屬北鎮地區；太原屬河東地區；中山爲定州中山郡，屬山東地區。

　　由此觀之，楊堅的家族在幾代以來並不是定居某地，而是代代遷徙。故雖楊堅出生於關中地區，但其父祖又遊歷河東、北鎮、山東方地區，或許楊堅在此一家族背景之下，用人或交友較無地域之狹見。此事可由楊堅在隋初所言用人政策上可看出：

> 朕受天命，四海爲家，關東關西，本無差異，必有材用，來即銓敍。……
> 〔註95〕

天子統治天下，自然以四海爲家；楊堅代周建隋之時，北周也早已併滅北齊，關東關西已合而爲一，故楊堅自然認爲四海爲家本無差異。此外，北周併滅北齊之後，楊堅亦曾任定州總管、南兗州總管。〔註96〕在此背景之下，楊堅在引用人才之時，可能較不受限於區域因素，此亦可從隋代統治人物地域分佈稍見端倪。

表 3-2-2〈隋代（第三期）統治人物區域分佈統計表〉

地區 統計	河　南 河　東	關　隴 地　區	北　鎮	山　東 地　區	南　方	不　詳	總　和
人　數	62	67	11	45	14	4	203
百分比	30.54%	33.00%	5.42%	22.17%	6.90%	1.97%	100%
排　比	②	①		③			

註：本表人數依據《隋書》中各本傳，除去大業年間才出仕隋代政權的人之外，剩下在《隋書》中有記載出仕隋代政權的人物。因爲大業年間才出仕的人，與隋文帝的用人政策關係較小，故不列入計算。

　　從上表 3-2-2〈隋代（第三期）各區域人數分佈統計表〉中可看出，與第一期相比，第三期關隴地區和河南河東地區的人士在比例上只有微幅增加，大約在百分之五到六左右；而山東地區人士的比例卻有大幅上升的情形，大約增加了百分之十左右。此外，南方人士減少大約一半，北鎮人士則減少至只剩第一期的四分之一。

〔註95〕唐・許敬宗編，羅國威整理，《日藏弘仁本文館詞林校證》（北京：中華書局，2001 年 10 月 1 版）卷六九一〈隋文帝令山東卅四州刺史舉人勅一首〉，頁 409 ～410。

〔註96〕楊堅在外任官只有一年時間，且於滅齊那一年外任。隔年宣帝即位，楊堅進位上柱國後即回京任大司馬。但楊堅外任時的僚佐，亦有在代周建隋之際被召入府爲親信的，如裴矩。見《隋書》卷六十七〈裴矩〉，頁 1577。

　　山東地區人士比起周代大爲增加的原因，除了因北周末年才將北齊併入北周之外，楊堅政權對於山東人士有較大的吸引力，是可能的因素。因北周武帝平齊之後雖亦曾大力招募山東士人，然似乎成效不大：

　　自周平東夏，每遣搜揚，彼州俊人，多未應起。或以東西舊隔，情
　　猶自疎；或以道路懸遠，慮有困乏。假爲辭託，不肯入朝。〔註97〕

且因爲隔年武帝便過世了，對於招募的工作未能持續進行，已進入關中政權的人也未獲妥善安排，故在《周書》中少見這些人的記載。然而楊堅在北周末年掌握政權之後，或許因爲需要與宇文宗室抗衡，所以盡力拉攏那些未受妥善安排的山東人士。

表 3-2-3 〈《隋書》中所示山東人士參政時期表〉

時 期 統 計	父祖即已仕於西魏北周	平齊後仕於北周	入隋後才出仕	總 計
數 量	20	24	1	45
百分比	44%	53%	2%	100%
支持楊堅者	16	12	0	28

註：本表依據《隋書》各傳，出身於山東地區的人物，依出仕北周及隋代政權的時間
　　來做分類。

　　從上表 3-2-3 〈《隋書》中所示山東人士參政時期表〉中可以看出，平齊後仕於北周的山東人士，在比例上比父祖就仕於北周的來得多。然而這些平齊後進入北周的山東人士未見於《周書》而見於《隋書》，顯見他們在北周的地位低下，故不被史書所載。之後見載於《隋書》，自然是因爲周末隋初對楊氏政權有所助益，而後得以在隋代有較好的政治地位之故。且看入隋後才出仕的山東人士不過一人，而平齊之後進入北周的二十四人當中，就有一半的人支持楊堅，顯見過半的山東人士都是因支持楊堅而在政權中獲得較好的地位，也因此才能載入史書之中。那些父祖時代就已仕於北周政權的山東人士，亦有百分之八十都支持楊堅。至於何以山東士人會在北周末年紛紛支持楊堅，後文會再討論。

　　此外，北鎮人士的大量減少，可見宇文氏政權時代的北鎮勢力已經大幅

〔註97〕《日藏弘仁本文館詞林校證》卷六九一〈隋文帝令山東卅四州刺史舉人勅一
　　　首〉，頁409。

下降。筆者認為，這是北鎮勢力已達到其階段性的任務，故逐漸退出政治核心的展現。

東西魏分立之時，東魏的漢文化水準高於西魏許多，結合了政治、文化、經濟等各方力量，故東西魏對峙初期，東魏的國勢的確較西魏為強。而關中地區在經歷戰爭的摧殘之後，雖仍保有其戰略地位，但文化與經濟均已殘破不堪，若沒有西入關中的北鎮勢力結合當地僅存的漢人大族，很難說關中地區何時才能再站起來。故北鎮勢力進入關中，為衰弱的關中提供了一個有利的政治力量。在宇文氏的積極經營之下，有效利用關中僅存的資源，並結合其他地區進入關中的力量，關中政權才能轉弱為強，最後併滅北齊。

然而宇文氏政權的建立，最初是為了對抗高氏政權而存在，在併滅北齊之後，階段性任務即已達成。就算武帝有雄心再南下滅陳，都因其暴崩而幻滅。沒有了強勁對手，南方陳朝又相對較為奢靡，對外征戰的需求暫時減少，北鎮武將的需要也就大幅降低。加上北周末年以尉遲迥為首的三方起兵被撲滅，更宣告了北鎮勢力的落幕。楊堅藉由幾位關中大姓的將領平定尉遲迥，即可看出彼此之間的消長。〔註98〕

至於南方人士的減少，除了因西魏平定江陵因而有一批南方士人進入關中之外，隋滅陳時政權組成核心已定，加上因江南地區風土民情不同，統治上出現問題，一度造成江南地區的反叛，故對南方人士較有戒心之故。〔註99〕由於此問題不在本文討論範圍之內，故不多贅述。

就前述來看，隋代政權（第三期）的組成與北周朝政權（第一期）的組成，的確是呈現一種轉變。關隴地區與河南河東地區增加的比例差不多，河南河東地區上升的比例甚至比關隴地區還多一些，但是山東地區的比例卻大幅上升。可以推測的是，代周建隋之際，為抵抗支持宇文氏的北鎮勢力，故必須借重其他地區的力量。因關中狹隘，只靠關隴地區的漢人豪族尚不足以與北鎮對抗，〔註100〕故需多拉攏河南河東地區及山東地區的的人士。《隋書》

〔註98〕　平定尉遲迥的主力是京兆韋氏的韋孝寬及其家族子弟，如韋洸、韋世康。其他從平尉遲迥的還有安定梁氏的梁士彥，以及其他關中小姓如京兆杜陵史萬歲、京兆長安劉方等。見《周書》卷三十一〈韋孝寬〉、《隋書》卷四十七〈韋世康・韋洸〉、《隋書》卷五十三〈史萬歲・劉方〉等傳。

〔註99〕　參見高敏，〈隋初江南地區反叛的原因初探〉，《中國史研究》，1988 年第 4 期，1988 年 11 月，頁 110～120。王永平，〈隋代江南士人的浮沉〉，《歷史研究》，1995 年 01 期，頁 42～54。

〔註100〕　從表 3-2-1〈第一期統治人物地域分佈統計表〉中即可看出，北周時期關隴人

中許多在北周時期地位不高的河南河東人士，都是因爲在北周末時跟隨京兆韋孝寬擊尉遲迥而在隋初獲得晉升。〔註101〕而仕周卻在《周書》中未見記載的山東人士，也因爲在周末隋初支持楊堅而留名《隋書》。〔註102〕故結合其他地區的人士以共同打擊北鎮人士，是這種轉變的可能性之一，此從北鎮人士在《隋書》中大幅減少也可旁證之。

楊堅在用人的態度上並沒有關東關西的差異，這可能與其先祖經歷有關。事實上也是如此，關東關西的用人都有增加，減少的是北鎮與南方的人士。南方用人較少與其地域環境差異有關，而北鎮人士的減少自然與其代周建隋有直接關係。爲了與支持宇文氏政權的北鎮勢力抗衡，平均拉攏關隴地區、河南河東地區及山東地區的人士以打擊北鎮人士，自然是合理的了。〔註103〕

總地來說，從周、隋兩代的政權地域組成觀之，北周時期政權（第一期）的地域分佈是較爲分散的，廣泛的包含除了南方以外的廣大北方，也呈現了北周政權組成的地域多元性質。然而到了隋代（第三期），卻呈現地域分佈情形是沿著渭水、黃河的水平線上，也就是以關隴地區、河南河東地區、山東地區此一東西分佈爲主。準此，從北周到隋的轉換期間，不僅政權轉換，政權組成的地域分佈也經歷一番轉換。而其過渡期就是代周建隋之際，楊堅親信集團的組成（第二期）。

三、楊堅親信集團的地域分佈

楊堅的親信集團已有部分學者做過整理，但各依其研究方向的不同，篩選的標準亦不相同。如甘懷眞曾整理楊堅集團的成員，以楊堅幕府僚佐或親信成員爲標準。〔註104〕呂春盛則是只要在周末曾經幫助過楊堅的人，都算是

士的比例與北鎮人士的比例是相差不多。然北鎮勢力人數雖少卻多權高位重，故單靠關隴地區的大族不一定能佔有壓倒性的勝利。

〔註101〕如柳素、柳昂、韓僧壽、韓洪等，見《隋書》中各本傳。

〔註102〕如李孝貞、李諤、郎茂、張虔威等。見《隋書》中各本傳。

〔註103〕韓昇曾言：「隋朝只能在北周政權基礎上構建新班底，同時又必須清除舊政權勢力，仔細平衡各個民族或區域集團內的勢力與利益」。筆者所言大致與其類同，然韓昇以隋代高級官員爲研究中心，筆者不過是廣泛比較整個《隋書》中的各地域人士比例。雖稍有落差，但是想強調的理念是相同的。見韓昇，〈隋文帝時代中央高級官員成分分析〉，《學術月刊》，1998年第9期，頁97～102。

〔註104〕甘懷眞，〈楊堅集團與隋朝開國──兼論隋朝立國文化政策〉。不過甘懷眞所整理的楊堅集團，主軸在於楊堅的丞相府幕僚、家族姻親及舊識，若非這些範圍的人就沒有列入。然而像李穆一家、韋孝寬等北周名將，在周隋之際支持楊堅，對政局的影響不容忽視，卻在此文中未見列入楊堅集團。

其功臣人物都屬於功臣集團。另外再挑出史料有明確記載與楊堅有親密關係的人以及楊堅任丞相時丞相府的僚屬，統稱爲楊堅的革命集團。〔註105〕

　　筆者所依的篩選條件大致與此二位學者類同，不同的是，部分在史料中記載「從擊尉遲迥」、「從平王謙」等的中、低階將領，筆者並不將之列爲楊堅的親信集團。因爲他們只是中、低階軍官，服從中央政府及高階將領所指派的軍令而不敢違背是很合理的，故不能以此論斷這些低階將領因隨軍征討三方起兵，就能成爲楊堅的親信集團。然正如筆者前文所言，許多此類的將領因從討三方起兵而在周末隋初獲得晉升。但是他們在北周末年，因服從征討三方起兵的指揮而沒有另外起兵違抗中央，故仍屬於依附楊堅勢力的一群。除去這些只是助平兵變的中、低階將領，或是純粹抵抗三方起兵、無意與中央政府敵對的地方官之外，剩下的才是筆者認爲的「親信集團」。〔註106〕

　　若依此爲標準，可以得出表 3-2-4〈周隋之際依附楊堅人物之地域分佈統計表〉〔註107〕及表 3-2-5〈周隋之際楊堅親信集團地域分佈統計表〉兩個表格。

表 3-2-4〈周隋之際（第二期）依附楊堅之區域人數統計表〉

地區 統計	河 南 河 東	關 隴 地 區	北 鎮 人 士	山 東 地 區	南 方	總 計
人 數	36	33	8	31	5	113
百分比	31.86%	29.20%	7.08%	27.43%	4.42%	99.99%
排 序	①	②		③		

註：本表依據《周書》、《隋書》中，雖沒有明確對楊堅轉移政權有貢獻或事蹟記載，但有表態支持楊堅或是反對三方起兵等等，都列入爲依附楊堅勢力的分類。

〔註105〕呂書第七章，頁310～311。或見氏著〈關於楊堅興起背景的考察〉。
〔註106〕故筆者建立楊堅集團的名單時，除了幕僚、家族及舊識之外，舉凡在楊堅爲相掌握朝政之時，助其鞏固地位的、得參機密的，都一併列入。部分人物可能地位或官職不甚高，但只要在代周建隋之際明顯表現出對楊堅有所幫助或支持的，筆者均認爲應列入其親信集團。
〔註107〕不論有沒有提供直接幫助，只要表態支持楊堅或是反對三方起兵，或是跟從高級將領平定三方起兵的，上書美言楊堅的，對楊堅深自結納的，楊堅待之甚厚的，但卻沒有明確建功事蹟記載的，都列入爲依附楊堅勢力的分類。此與上述有直接行爲貢獻或得以參掌機密的的親信集團不同。

　　從上表 3-2-4〈周隋之際（第二期）依附楊堅之區域人數統計表〉可以
看出，在周隋之際依附楊堅的人士，河南河東地區佔大多數，將近三分之一，
甚至比關隴地區人數還多，這已經與第一期中的比例不同。北周時期（第一
期）中關隴當地的人士多過於河南河東地區，第二期的周隋之際卻顛倒過
來，河南河東人士多於關隴人士；然據表 3-2-2〈隋代（第三期）統治人物
區域分佈統計表〉中所示，第三期又是關隴人士多過於河南河東人士，這是
何故？第二期的周隋之際，爲何會產生河南河東人士多過關隴人士的這種變
化？

　　在附錄三〈周隋之際依附楊堅人物表〉當中可以看出，周隋之際河南河
東地區支持楊堅的人士，有許多是落籍河南洛陽的北魏舊臣，也就是呂春盛
所謂的「魏帝勢力」。或許就是因爲魏帝勢力在北周政權中逐漸屈居弱勢，故
想藉由政權的重新改組取得較好的政治地位。

　　除此之外，另一項需注意的是，山東地區人士的數量，也在周隋之際就
有明顯成長。周隋之際（第二期）支持楊堅的山東人士，不但比周代（第一
期）多，甚至比在隋代（第三期）中的比例來得高。爲什麼在周隋政權轉移
之際，會有這麼多的山東地區人士願意依附楊堅呢？

　　誠如前文所言，北周武帝在平齊的隔年便過世，雖然曾大力徵召山東人
才進入關中，卻未收成效。少數應聘進入關中的，也不過多任文書之職，如
《周書・李德林傳》所載李德林的情形：

　　　我（周武帝）常日爲聞李德林名，及見其爲齊朝作詔書移檄，我正謂
　　其是天上人。豈言今日得其驅使，復爲我作文書，極爲大異。〔註108〕

李德林有重名於山東，入關中後亦不過爲武帝「作文書」，可見縱使招募山東
人士進入關中，也沒有參與朝政的權力。況且武帝在隔年便過世，沒有對此
時期進入關中的山東人士做好安排。

　　宣帝即位之後暴虐無道，且只重用太子時代的近臣、親信，不論是開國
功臣或當朝勳貴都人人自危，新進的山東人士自然無法得到重視。然楊堅得
以輔政的契機，或許使這些山東人士看到仕途的曙光，故轉而積極支持楊
堅。〔註 109〕畢竟楊堅得以輔政只是少數幾人所爲，然正式登上輔政的位置

〔註108〕《隋書》卷 42〈李德林〉，頁 1198。
〔註109〕可參見陳金鳳、梁瓊，〈山東士族與隋朝政治論略〉，《山東師範大學學報》第
　　　　48 卷第 6 期，2003 年，頁 66～70。此文指出，山東士族在楊堅得權之際傾
　　　　全力支持楊堅，楊堅得權才會如此迅速。

之後，朝野人士不免面臨是否依附楊堅的選擇。尉遲迥選擇發難，是因為他不僅是北周開國功臣，亦是宇文泰的外甥，自然要捍衛宇文氏政權。其他朝臣則各依其政治利益，為仕途做出選擇。如前文亦曾提到，劉昉、鄭譯之所以選擇舊識楊堅作為輔政人選而非依賴其他宇文宗室的繼位，很有可能就是因為擔心由後者掌政則自己的地位可能不保。故引舊識輔政不但能收鞏固己身地位之效，還能與之合作共建新政權，甚至可能獲得比當前更高的權力地位。

而那些在周隋之際依附楊堅的山東人士，從《隋書》中各本傳也可看出，與河南河東中、低階將領一樣，多有機會從討三方起兵，進而在隋初獲得晉升。所以較可能的解釋是，這些在北周朝中未獲重用的山東人士，藉由依附楊堅以尋找仕途的新契機。〔註110〕同樣的，前文所說的河南河東人士在周隋之際的大幅成長，也是類似原因。

至於北鎮人士與南方人士在周隋之際（第二期）依附楊堅的人數，比起第一期少了很多，〔註111〕顯見在立場上，楊堅少於拉攏與宇文氏同為北鎮勢力的人士，對於純粹以文學見長的南方人士也少見重用。

再者，若從周隋之際楊堅的親信集團來看，表 3-2-5〈周隋之際楊堅親信集團地域分佈統計表〉所呈現的比例大致與 3-2-4〈周隋之際依附楊堅人物地域分佈統計表〉相同。所以前文關於楊堅用人策略的說法，大致上應可成立，不僅是在依附楊堅人物的部分，親信集團中也呈現同樣的比例。只是比起純粹依附楊堅勢力的人，在親信集團之中，河南河東地區的比例稍有增加，山東地區的人略有下降，使得個別之間的差距稍微增加。

〔註110〕其實這個解釋與呂春盛的解釋是很相像的，或許說，幾乎是一樣的。然而差別在於，呂春盛用政治勢力的派系分別來討論，筆者用地域分別及其加入政權的先後來討論。獲得同樣的結果，可以說是殊途同歸，也或許可以證明這樣的理論是較為近真的。因為經過不同方式的考證都得出同樣結論，那麼這個結論應是較接近當時情勢的。

〔註111〕對照表 3-2-1〈北周時期統治人物地域分佈統計表〉與表 3-2-3〈周隋之際依附楊堅人物地域分佈統計表〉兩者，前者（第一期）的北鎮人士高達約百分之二十，南方人士則有約百分之十三；後者（第二期）的北鎮人數急遽減少至只剩百分之七，南方人士則只剩百分之四。

3-2-5〈周隋之際（第二期）楊堅親信集團地域人數統計表〉

地區\統計	河南河東	關隴當地	北鎮	山東地區	南方	總計
人數	16	13	3	8	2	42
百分比	38.10%	30.95%	7.14%	19.05%	4.76%	100%
排序	①	②		③		

　　爲何在周隋之際山東地區依附楊堅的人那麼多（31人），能成爲楊堅親信的人卻不多（8人）？觀諸史冊，楊堅對於大部分依附他的山東人士只是「甚器之」、「親遇之」，卻無法具體陳述他們對於政權轉移的直接貢獻爲何。只有少數成爲楊堅親信的，才有具體記錄其貢獻。筆者揣測，可能也是因爲這些平齊之後才進入北周政權的山東人士，在政權中尚未建立好人際脈絡。楊堅既已掌政，爲鞏固地位就必須任用舊識、親信，對於尚未建立起密切關係的新進山東人士，自然只能加以籠絡求其不反，而未能重用爲親信。故少數幾位得以成楊堅親信的山東人士，也確實都是楊堅之舊識或姻親。〔註112〕

　　除此之外，周隋政權轉移之際，不論是純粹依附楊堅的人，或是楊堅的親信集團，河南河東地區的人數都勝過關隴當地。除了前述與山東相同的原因，即河南洛陽籍貫的魏帝勢力的支持之外，還有一項可能的因素。即楊堅爲了對抗關中政權裡的北鎮勢力，光靠以他自己爲代表的關隴地區人士是不夠的，這從北周時代（第一期）的二者比例相當就可看出。爲此，楊堅就必須大量拉攏河南河東地區的人士，再加上拉攏山東地區的人士，如此才能對北鎮勢力有壓倒性的勝利。〔註113〕但是進入隋代之後，第三期

〔註112〕 如郎茂於楊堅任亳州總管時即爲其掌書記，崔仲方爲楊堅舊時同學，盧賁亦是在楊堅尚未嶄露頭角之時就已相交。像李德林那樣平齊後才入周，又被楊堅視爲親信的，也不過一、二人罷了。

〔註113〕 牟發松有一篇文章與筆者意見不甚相符，他認爲在三方之亂時，尉遲迥於山東起兵，許多山東大族因支持尉遲迥而起兵響應，故可見山東世族並不認同於關中政權。且這些山東世族在周隋政權中亦不見重用，均與反對關中政權有關。見牟發松，〈舊齊士人與周隋政權〉，《文史》，2003年第1期，2003年2月，頁87～101。但筆者認爲，會在山東地區隨尉遲迥起兵的山東世族，表示是未進入關中政權的世族，其起兵是因未獲北周政權重用或者對楊堅掌政不滿，是值得再商榷的。從史料中可見，山東世族在周隋之

的河南河東地區人士又減少到比第一期只有略微上揚的比例，山東地區人士也調整爲只比關隴及河南河東略少。可見進入隋代之後，河南河東地區及山東地區人士的階段性任務已經達成，故政權主力就恢復到與楊堅相同的關隴地區人士爲主。然不可否認的是，縱使經過周隋之際的過渡，北鎮勢力的大幅減少已成定調，山東地區的人士增加的比例也確實比其他地區來得多。故在楊堅「關東關西，本無差異」的觀念下，山東人士確實被提升起來。

總括來說，隋代（第三期）與北周（第一期）比起來，北鎮人士少了許多，代表著北鎮勢力的沒落。關隴地區人士只微幅上升，地位變動不大。但河南河東地區及山東地區的人士卻都大幅上升，顯示其在周隋之際（第二期）有了轉變。而周隋之際（第二期）有此轉變的主因，就是因爲楊堅代周建隋必須對抗以宇文氏爲代表的北鎮勢力。〔註114〕

此外，宇文泰在建立西魏之初，爲了穩固西魏政權而整合多方力量。這些西魏開國元老及其第二代，也大多留存到北周時期。因此，北周時期（第一期）政權組成的地域分佈是呈現平均分佈的情形。但到了周隋之際（第二期），楊堅有政治上的需求，故聯合其他勢力打擊北鎮勢力，逐在周隋之際以及隋代（第三期）的政權組成地域分佈上，出現極端現象。此三者之間的明顯差異及轉變情形，可由下頁三個圓餅圖中明顯比較出來。

際幫助楊堅的，都能在隋代獲得重用，故言山東大族不認同關中政權是需再討論的。

〔註114〕孫緒秀與賴紅衛有一篇文章專門討論楊堅的用人政策，並以「攝政時期」、「隋文帝前期」、「隋文帝後期」的時間段限來討論，不過其所謂的「用人」配合時間段限而有不同。如「攝政時期」用的是親信及北周舊臣，而「隋文帝前期」採用賢才，「後期」則因逐漸自滿而被蒙蔽。故其分類標準在於「時間」，不若呂春盛之以「政治勢力」，亦不若筆者之「地域分佈」。參見孫緒秀、賴紅衛，〈隋文帝的用人政策〉，《山東大學學報》，1996年第四期，頁85～90。

圖3-2-1〈第一期統治人物區域分佈比例圖〉

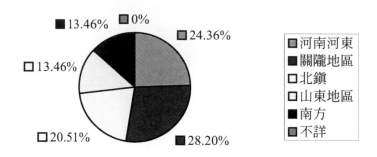

圖3-2-2〈第二期依附楊堅人物區域分佈比例圖〉

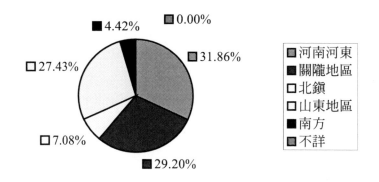

圖3-2-3〈第三期統治人物區域分佈比例圖〉

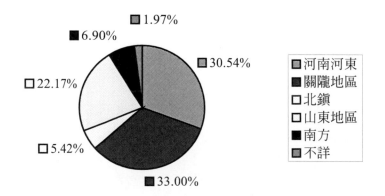

　　由上頁的三個圓餅分佈圖來看，北周時期（第一期）的政權組成分佈是較爲平均的，至多不過百分之二十幾，至少也還有百分之十幾。然而到了周隋之際（第二期）與隋代（第三期），政權組成卻出現極端化的情形。至多到百分之三十幾，至少則只有個位數的百分比。如此比例失衡的情形，也可充分說明在周隋政權轉移的過程之中，北鎮勢力與南方人士逐漸被排擠到政權之外，並且逐漸由關隴地區、河南河東地區以及山東人士成爲政權的主力。

四、小結

　　北周立足關中之際，單憑北鎮人士建構政權是不足的，故需結合關隴當地的漢人大族。然而關隴地區經過五胡以來的征戰早已殘破不堪，經濟文化都顯得落後，只有部分大家族仍能保留經學家傳。仕义化不足的情形之下，宇文氏政權大量拉攏河南河東的大族加入政權，以補充關中文化之不足。故在北周時期，北鎮地區、關隴地區、河南河東地區三方地區的比例相去無幾。北鎮人士甚至因爲征戰損失，而在比例上屈居弱勢。加上少數的南方人士與爲數不多的山東人士，宇文氏政權雖偏狹關中，卻呈現地域上的多元情形。

　　隋代統一天下，政權組成的地域性卻沒有更廣泛，反之更集中於某些地區。最明顯的是北鎮人士減少至只剩約四分之一，南方人士也沒有因爲統一南方而增多。主要原因可能在於楊堅在代周建隋之際欲對抗代表宇文氏政權的北鎮人士，但只憑關中地區的力量尚不足以與北鎮人士對抗，故不僅提升河南河東的力量，也極力拉攏山東人士力量。尤其是山東人士，比例大幅上升。雖然仍比不上關隴與河南河東，其增加比例仍是驚人，此亦可由楊堅在代周建隋之際的親信集團證之。楊堅透過聯合關隴地區、河南河東地區以及山東地區的力量對抗北鎮勢力，獲取了壓倒性的勝利。既已取代北周政權，政權中北鎮地區的人士比起北周時自然大幅減少。南方則因爲隋朝政權已經奠定，加上統一之後又有叛亂，故出仕者反而減少。

　　但大體而言，由北周到周隋之際，再到隋代，關隴地區人數的比例一直呈現穩定的狀態，只有略微上升。河南河東地區人數雖在周隋之際出現大幅成長的情況，卻在進入隋代之後也恢復到與關隴地區大致相當的比例。只有山東地區，其人數在周隋之際大幅成長，進入隋代之後仍維持比北周時期高出將近兩倍的比例。而北鎮地區的比例，則是一路下降，無可挽回。因此，

由北周到隋代，由於楊堅代周建隋的需求，政權組成的變化產生了「退北鎮」、「進山東」的現象。但是楊堅透過聯合關隴、河南河東及山東地區的力量，也確實成功的擊敗了北鎮勢力，建立新的政權。

第三節　北周興廢佛教與楊堅代周建隋之關係

「南北朝諸皇室中與佛教關係最深切者，南朝則蕭梁，北朝則楊隋，兩家而已」。〔註 115〕此二家之與佛教關係密切自與當時環境風潮有關，南朝蕭梁與本文較無直接關係姑且不論，北朝楊隋之與佛教關係密切除了當時佛教信仰的風潮之外，還與其時之政治環境有關。

佛教史上的「三武一宗」滅佛之禍，四次有二次發生在北朝，由此可見佛教在北朝的興盛程度。正因為佛教的流行，使得在位者考慮其存廢問題，亦正因如此，反映出佛教在北朝，勢力龐大到讓在位者感到憂心。而在滅、毀佛教之後，其繼位者的迅速恢復也令人感到玩味。如果佛教勢力之龐大足以影響國計民生，為何繼位者會迅速恢復？因此我們不得不懷疑這些滅佛者與復佛者的真正動機何在？

就以楊堅而言，北周武帝滅佛之後，楊堅一掌政便大舉復佛，這其間是否與其代周建隋的謀畫有所關連？如果原本就很興盛，再提倡也只是錦上添花；但若是在被打壓、被禁止之後去恢復，則恢復者無疑是英雄、護法、救世者。因此本文即在討論，楊堅作為一個復佛者的形象，是否為他的奪權之路增添了加分作用？他之所以能夠在短時間內取得政權，且除了在一開始的輔政時期曾短暫引起三方起兵以外，整個政權轉移過程是十分和平的，也沒有引起社會大眾什麼反彈，這與他大力恢復佛教是否有關係？

北朝經歷過兩次滅佛行動，也均引起學者的廣泛討論。如北魏朝的太武滅佛問題，國內學者如劉淑芬，〔註 116〕大陸學者欒貴川、〔註 117〕韓府〔註 118〕等，均以此為主軸討論北朝的佛教問題。討論北周滅佛的也不少，早期即有

〔註 115〕陳寅恪，〈武曌與佛教〉，收入《金明館叢稿二編》（北京：三聯，2001 年 7 月），頁 153～174。

〔註 116〕劉淑芬，〈從民族史的角度看北魏太武帝的滅佛〉，《中央研究院歷史語言研究所集刊》，第七十二本第一分，民國 90 年 3 月，頁 1～48。

〔註 117〕欒貴川，〈北魏太武帝滅佛原因新論〉，《中國史研究》，1997 年第 2 期，1997 年 5 月，頁 65～69。

〔註 118〕韓府，〈"太武滅佛" 新考〉，《佛學研究》，2003 年，頁 152～161。

一些日本學者關心此一議題，如塚本善隆、〔註119〕野村耀昌、〔註120〕片岡理，〔註121〕都對此事有深刻的討論。大陸學者中，則以張箭的研究爲多，如其〈論北周武帝廢佛的作用和意義〉〔註122〕以及〈北周廢佛特點初探〉〔註123〕，均是直接探討北周滅佛問題的文章。而張箭的學位論文即是以三武一宗的毀佛行動爲主題的。〔註124〕

　　研究北朝滅佛的著作如此豐富，討論復佛的卻很少，大部分都是附在滅佛研究之中，對其最後結果順帶一提罷了，並無再深入討論。對於楊堅復佛的研究就更少了，只有部分文章在討論隋文帝或是隋代思想時，有提到楊堅復佛對於其政權建立的助益。如芮沃壽所著〈隋代思想意識的形成〉，即有一大部分在討論楊堅利用佛教的興復來促成其國家的統一，並由諸政策來討論楊堅的以佛立國，但是對於社會大眾如何看待這個事件卻沒有討論。〔註125〕另一篇來自新加坡的華人學者周雁飛，其著作〈隋文帝發展佛教意識型態背景之探討〉旨在討論楊堅興佛之思想意識背景，興佛對於其政權的助益卻只有簡單點出而無深入分析，頗爲可惜。〔註126〕

　　筆者認爲楊堅興復佛教的措施，應與其穩定政權轉移有相當關係。正如前文所言，楊堅作爲一個復佛者的形象，對其轉移政權是否有加分作用？在其政權轉移過程當中幾乎是和平且快速進行，是否亦與此有關？本節的討論重心除了對前人學者的研究成果的辨析，以及周武毀佛、楊堅復佛的行動之外，所異於前人學者的部分乃在於從社會角度著手，嘗試從佛教經典、石刻碑銘、文集等資料，分析瞭解當時社會大眾對於周武毀佛及楊堅復佛的反應，

〔註119〕塚本善隆，《塚本善隆著作集》第二卷《北朝佛教史研究》（東京都：大東出版社，昭和四十九年十月）。

〔註120〕野村耀昌，《周武法難の研究》（東京都：大學教育社，昭和五十一年九月）。

〔註121〕片岡理，〈北周の宗教廢毀をめぐる史料の一考察〉，《史觀》，第118冊，昭和63年3月，頁32～45。

〔註122〕張箭，〈論北周武帝廢佛的作用和意義〉，《西南民族學院學報》，總第23卷，第3期，2002年3月，頁127～133。

〔註123〕張箭，〈北周廢佛特點初探〉，《佛學研究》，2003年00期，頁162～169。

〔註124〕張箭撰，楊耀坤指導，《三武一宗滅佛研究》，四川大學博士學位論文，2001年11月。

〔註125〕芮沃壽（Arthur F. Wright）著，段昌國譯，〈隋代思想意識的形成〉，收入《中國思想與制度論集》（臺北：聯經，民國68年），頁77～122。

〔註126〕周雁飛，〈隋文帝發展佛教意識型態背景之探討〉，《普門學報》，第十六期，2003年7月，頁135～151。

是否對毀佛感到傷心難過？而又對復佛感到歡欣鼓舞？藉此以分析社會大眾對於楊堅的支持力量，是否有部分建立於此？

一、北周佛教興盛的背景

佛教約在兩漢之際傳入中國，歷經一百多年，在魏晉時期有了新的發展，南北朝更達到極致。南北朝佛教達於鼎盛的原因，史家各有不同解釋。依錢穆先生的說法，「直到南朝，梁武帝信佛，而佛法遂盛極一時」。〔註127〕北朝佛教也因君主的提倡而大行其道，「北方五胡君主，崇佛尤殷。最著者爲二石之於佛圖澄。稍後至姚興迎鳩摩羅什，而北方佛法如日中天」。〔註128〕事實上我們也可以在諸多史料中見到南北朝君主大肆興建佛寺、雕刻佛像、翻譯佛經等活動。由此可見，不論是南北朝，佛教興盛的原因都跟君主的提倡有很大關係；反之，佛教也依附人主而獲得弘法的良好環境。

除了這層外在關係，錢穆也論及佛法流行的內在因素，他提出佛學流行的內在條件乃爲「第一佛法主依自力，不依他力。第二佛法主救世，不主出世」，以及「其時中國實有不少第一流人物具有一種誠心求法、宏濟時艱之熱忱是也」。〔註129〕這是從佛學本身的內涵，以及熱心人士對於佛教的宣傳來看。

然則南北朝佛教之盛行，亦當有其社會的背景因素存在。一是由於南北朝動盪不安，朝代更迭頻繁，導致社會動亂不安，人民陷於生活的苦難，因而尋求精神的寄託。〔註130〕二是因爲社會動亂不安，因此役繁稅重，爲了逃避賦稅而出家者眾。據《魏書・食貨志》所記：

正光後，四方多事，加以水旱，國用不足，預折天下六年租調而徵

〔註127〕錢穆《國史大綱》（臺北：臺灣商務，1995年三版），頁361。雖《國史大綱》被視爲通論性之著作，原少被學術論文引用。然筆者翻查多方資料，仍舊認爲錢穆將官方以及佛學內在因素詮釋得最好，其他佛教史專著則多半著重在社會動亂、經濟困難等方面。故在官方及佛學因素方面，仍引用錢穆的言論。

〔註128〕錢穆，《國史大綱》，頁362。

〔註129〕《國史大綱》，頁363～364。李叔玲也認爲佛教興盛的背景之一，與名僧輩出有很大的關係。因爲這些名僧致力於翻譯經典或是教授禪道，佛法才能普遍廣布。見其文〈從政治及社會背景論魏晉南北朝時代佛教之興衰〉，《慧炬》，第250期，民國74年4月，頁8～12。

〔註130〕大陸學者郭朋即持此說法，見其著作《漢魏兩晉南北朝佛教》（山東：齊魯書社，1986年6月）。另外，臺灣研究政治的學者孫廣德也認爲，魏晉南北朝佛教盛行的原因是由於世局的混亂，包括篡竊與擅自廢立，以及權臣之間的殘殺；也包括了戰亂頻仍的因素。詳見其著作《晉南北朝隋唐俗佛道爭論中之政治課題》（臺北：臺灣中華書局，民國61年5月）。

之。百姓怨苦，民不堪命。〔註131〕

以及《魏書・釋老志》所記：

> 魏有天下，至於禪讓，佛經流通，大集中國，凡有四百一十五部，
> 合一千九百一十九卷。正光以後，天下多虞，王役尤甚，於是所在
> 編民，相與入道，假慕沙門，實避調役，猥濫之極，自中國之有佛
> 法，未之有也。略而計之，僧尼大眾二百萬矣，其寺三萬有餘。流
> 弊不歸，一至於此，識者所以嘆息也。〔註132〕

由於沙門不用繳稅也不需要服役，因此成了逃避賦役最佳的管道。尤其到北
魏末年，世局動盪，「天下多虞，王役尤甚」正說明了戰亂之時頻頻徵調；繼
之「加以水旱，國用不足」，人民只好「假慕沙門，實避調役」。就如同湯用
彤所言：「北朝竟崇功德，出家可避租課官役，奸人又藏身于僧法之下。於是
出家者日眾，而立寺者亦多。」〔註133〕這都充分說明此時期佛教興盛的社會
經濟因素。南朝因與本文無關姑且不論，北朝佛教興盛的程度，除了由前所
引史料中記載的僧寺數量可以見端倪。日本學者佐藤智水對北朝的造像也做
了初步統計，西晉南朝與十六國時期所造金石諸像，不過數十方，到了北朝
則多達千方以上，充分看出北朝的造像之盛遠非前代所能比擬。〔註134〕

　　由前文論述可知，一般而言魏晉南北朝佛教興盛的原因可以分為幾項因
素：一為君主的提倡，使得建寺譯經活動大為盛行。二為佛教本身教義的內
涵，使人心歸附。三為世局動盪，民心不安，因而尋求精神寄託。四為戰亂
頻仍，役繁稅重，使得人民藉出家逃避賦役。因為這些內外在因素，而使得
佛教在魏晉南北朝時期達於鼎盛。

　　承繼北魏以來的西魏北周，也延續著這種崇佛的風潮，且因為北魏末年
戰亂頻仍，而使得這種崇佛風氣在西魏北周更為盛行。北周除了武帝以外的
主政者也都頗為好佛，如西魏末的宇文泰及北周初年的宇文護都非常崇敬佛
法，此見《佛祖歷代通載》云：

> 初宇文泰及大冢宰宇文護，並崇重佛法，與西域三藏十餘人宣譯經

〔註131〕《魏書》卷一百一十〈食貨志〉，頁2860～2861。

〔註132〕《魏書》，卷一百一十四〈釋老志〉，頁3048。

〔註133〕湯用彤，《漢魏兩晉南北朝佛教史》（北京：崑崙出版社，2006年4月），頁
458。

〔註134〕見佐藤智水，〈北朝造像銘考〉，收入《日本中青年學者論中國史・六朝隋唐
卷》（上海：上海古籍出版社，1995年12月），頁56～115。

論天文等，凡百餘卷云。〔註135〕

北周明帝在位時間雖短，卻也下詔修寺，如《廣弘明集》所載云：

> 制詔：孝感通神，瞻天罔極；莫不布金而構祇洹，流銀而成寶殿。
> 方知鹿苑可期，鶴林無遠；敢緣雅頌，仰藉莊嚴；欲使功侔天地，
> 興歌不日。可令太師晉國公，揔監大陟岵、大陟屺二寺營造。〔註136〕

就連下詔毀佛的周武帝最初也是崇佛的，如《佛祖歷代通載》所云：

> 初周武崇佛氏，天保六年（衛元）嵩上十一條省寺減僧，云僧多怠
> 惰貪財，冒利不足欽尚……〔註137〕

至於民間，北朝的鄉民透過大量的造像活動來表示其虔誠的信仰。除了前所述佐藤智水對北朝的造像銘記做過統計，劉淑芬亦曾就這些造像銘記分析過北朝造像盛行之因。〔註138〕當然，此時佛教之盛行，社會大眾透過建立實質的佛像來表現出其對於佛法的崇信，是北朝大量造像的最主要原因。然而反過來推論，正因為見到此時期造像以及建塔立寺之盛，我們可以得知此一時期佛教之盛。

綜上所述，自魏晉以來，諸多內外在因素使得佛法大盛。而北朝在戰亂動盪、民心不安之下，加之主政者的提倡，使得佛法更為盛行。北周即承繼北魏、西魏以來這樣的崇佛風潮，然而這樣舉國奉佛的熱烈風潮，卻為周武之世埋下毀滅的種子。

二、周武毀佛之動機辨析

對於周武毀佛的動機問題，目前學界的研究有下列幾種說法：一、佛道二教的爭執，至武帝時導致兩敗俱傷的結果。〔註139〕二、武帝受到他人的影響，而由原本崇佛轉為排佛。〔註140〕三、經濟因素。前文已有提到，龐大寺

〔註135〕《大藏經・史傳部一・佛祖歷代通載》卷九〈後周〉，總頁554。以下簡稱《佛祖歷代通載》。

〔註136〕《大藏經・史傳部四・廣弘明集》卷二十八〈後周明帝修起寺詔〉，頁327～328。又見《上古三代秦漢三國六朝文・全後周文》卷一〈明帝・修起寺詔〉，頁39。以下簡稱《廣弘明集》、《全後周文》。

〔註137〕《佛祖歷代通載》卷十〈衛元嵩上疏減僧〉，頁555。

〔註138〕劉淑芬，〈五至六世紀華北鄉村的佛教信仰〉，《中央研究院歷史語言研究所集刊》，第六十三本第三分，民國82年7月，頁497～544。

〔註139〕湯用彤即持此說法，見《漢魏兩晉南北朝佛教史》，頁472。

〔註140〕在這個說法上，學者有不同的論點，或是認為受到道士張賓影響，或是認為受到還俗僧人衛元嵩影響。認為受到衛元嵩影響的如張箭，但其文指出衛元

僧不需服役納稅，嚴重影響國計民生，爲此武帝嚴令毀佛，使得國力恢復，也因此能平定北齊。〔註141〕四、維護儒教的地位，因此打壓佛道二教。〔註142〕

　　究竟周武帝是單純滅佛還是佛道並滅？其廢教原因又是什麼？在下令廢教之前武帝曾多次召集大臣、沙門及道士相互辯論，從附錄五〈武帝時期三教論辨表〉可以發現，武帝在經過幾次大辯論之後的結果是二教並廢，顯見其心中原來的三教次序原本就是儒教爲上，只是在討論佛、道之次序。但是在此之前，恐怕其心中對佛教早有成見，這可從部分史料中看出來。如在附錄中的第七次論辨，很明顯的武帝即一意欲貶低佛教地位：

> 會武帝廢佛法欲存道教，乃下詔集諸僧道士，試取優長者留，庸淺者廢……（武帝）自昇高座言曰：「佛法中有三種不淨……主法眾俱不淨，朕意將除之以息虛幻，道法中無此事，朕將留之以助國化。」
>
> 〔註143〕

另在《佛祖統紀》中的記載也可以清楚顯現武帝之斥佛思想：

> （建德二年，周武）帝集僧道，宣旨曰：「六經儒教，於世爲宜；眞佛無像，空崇塔廟；愚人信順，徒竭珍財。凡是經像，宜從除毀。

　　　嵩只是希望達到儒道佛三教融合，因此提倡省寺減僧，沒想到卻變成滅佛廢道的結果。（見前引張箭〈北周廢佛特點初探〉）亦有二說均採者，如孫廣德即認爲，張賓以讖緯之說使武帝深信以黃老爲祥，衛元嵩又上書稱滅佛之利，因此武帝才決定毀佛。（見其著作《晉南北朝隋唐俗佛道爭論中之政治課題》第五章。）以及郭朋亦採此說，見其著作《漢魏兩晉南北朝佛教》第十八章。

〔註141〕此說頗多學者提出，如野村耀昌即認爲這是北周武帝富國強兵的政策之一，目的在攻伐北齊以及與突厥周旋，此外也還有國家教化統治的需要。（見氏著《周武法難研究》第十七章）其他學者有的以爲這不是最主要因素，只是眾多利益的其中一項，並且指出其實這是歷代毀佛的共同因素之一，在位者往往利用此一方法提高國力。如孫廣德即以此分析寺僧對國家經濟的影響。（見其著作《晉南北朝隋唐俗佛道爭論中之政治課題》第五章）只是周武帝在毀佛之後即平北齊，因此有些學者認爲這是毀佛之功，如張箭即持此說。（見前引文〈論北周武帝廢佛的作用和意義〉）

〔註142〕湯用彤即認爲周武帝「然終因治國在於名教，故提倡儒學，又以佛道鬪爭之結果，終至並毀二教焉」。（見《漢魏兩晉南北朝佛教史》，頁465）綜此與第一點所述，則湯用彤認爲周武毀佛實是爲了提倡儒教地位，加上佛道二教爭論不休，遂並滅二教，而非只爲滅佛。其實張箭也是認爲在沒有更好的解釋之前，佛道相持不下遂而使二教並廢，這樣的解釋是說得過去的。見前引張箭〈北周廢佛特點初探〉。

〔註143〕《大藏經·史傳部二·續高僧傳》卷二十三〈護法篇上·釋智炫〉頁631。以下簡稱《續高僧傳》。

> 父母恩重，沙門不敬。斯爲悖逆之甚，國法豈容。並令反俗，用崇
> 孝養。」……三年五月，帝欲偏廢釋教……〔註144〕

就這幾次三教大辯論來看，武帝對三教的認知是以儒教爲主，道爲次，佛爲後，因此多次論辨過程都以攻擊佛教爲主。但是因爲多次辯論都無法擊退僧人，所以才「二教俱廢」。由此觀之，在此一時期佛道之間的爭執，轉換成由武帝主導的領「道」排「佛」，加入了政治意涵，而非單純佛道之間的地位高低之爭。據此，所謂「兩敗俱傷」不能單純解釋爲佛道之間的爭執，而是武帝欲廢佛不成遂二教俱廢。就此而言，是「滅教」而非單純的「滅佛」。

其次，前引史料中所提到的「六經儒教，於世爲宜。眞佛無像，空崇塔廟」，顯見武帝是有崇儒思想的，認爲儒教對於治國有益，而崇佛只是虛無的崇拜。在附錄五中的第二次和第六次辯論，所訂出的三教順序也都是以儒教爲首，可見其認爲治國之準則仍以儒教爲先。甚至在天和年間，武帝也多次集大臣、沙門及道士親講《禮記》，顯見是要在三教面前宣示其對於儒教之重視，如《周書・武帝紀》所載天和元年時：

> （天和元年）五月庚辰，帝御正武殿，集群臣親講禮記。〔註145〕

以及天和三年時：

> （天和三年八月）癸酉，帝御大德殿，集百僚及沙門、道士等，親
> 講禮記。〔註146〕

到了宣布禁二教之時，其判教標準仍以儒家典籍爲主，見《周書・武帝紀》所載曰：

> （建德三年五月）丙子，初斷佛、道二教，經像悉毀，罷沙門、道
> 士，並令還民。並禁諸淫祀，禮典所不載者，盡除之。〔註147〕

此外，因爲武帝以儒教爲治國理念，不但將之奉爲正教，並且自以華夏正統自居，對於來自西域的佛教自然有理由排斥，故下詔曰：

> 詔曰：「佛生西域，寄傳東夏；原其風教，殊乖中國。漢魏晉世，似
> 有若無；五胡亂治，風化方盛。朕非五胡，心無敬事；既非正教，

〔註144〕 見《大藏經・史傳部一・佛祖統紀》卷三十八〈法運通塞志〉第十七之五〈北周武帝〉，頁358。以下簡稱《佛祖統紀》。
〔註145〕 《周書》卷五〈武帝上〉，天和元年五月條，頁72。
〔註146〕 《周書》卷五〈武帝上〉，天和三年八月條，頁75。
〔註147〕 《周書》卷五〈武帝上〉，建德三年五月條，頁85。

所以廢之。」〔註148〕

由此觀之，武帝不但以儒教爲治國之準則，並且認爲自己就是華夏正統，非過去五胡之君主。但是武帝是因爲要維護儒教地位才打壓佛道二教嗎？從第二次辯論中「以儒教爲先，佛教爲後，道教最上」即可看出，事實上在武帝心中道教尙且高於佛教。然而前一章節談到周武帝最初也是崇信佛法的，爲何到後來 卻對佛教產生排斥？實是因爲「（周武）帝信道士張賓、衛元嵩之讚，以讖緯黑衣當王，心忌釋氏」，〔註149〕所以後來才會「志存道學，躬受符籙，猜忌佛門」。〔註150〕

據此，武帝之所以廢毀佛道，其實有諸多原因。除了文化（儒家）與民族（五胡）因素之外，尙還有政治因素（讖緯）。既受到他人影響而對佛教產生猜忌，加之道教確實是出自中國本土之宗教，因此而欲廢佛存道是有理可循的。然武帝原本就以儒教爲治國之準則，在宗教信仰上後來轉爲崇信道教，所以對「儒教爲先」、「道教最上」的結論，其間並不衝突。而且從三教論辨的內容或武帝之詔令中均可看出，武帝對於佛法之本質原是非常瞭解的。或許正因爲其早先是虔信佛教，因而瞭解佛教，才知道佛教之弊端，加上有其他政治因素，遂使武帝轉而排斥佛教。

就前文所述，可以理解最初武帝會滅教的因素實是多元而複雜的，由原本的崇信佛教，卻因瞭解而知其弊端，再加之文化與政治因素，遂轉而排斥佛教；繼之爲欲滅佛而替道家挺身辯論，最後因無法說服僧人遂轉而二教俱廢。其間儒教的地位一直沒有動搖，因此稱不上是爲了維護儒教而廢佛道，也並非佛道雙方的爭執而玉石俱焚。

除此之外，武帝面對於北齊的壓力，也不得不想辦法增強國力以抵抗北齊。在北周狹小的國土範圍中，要增加兵力與稅收，最好又最快的方法即是向廣大的僧眾求取。據史料所載，北周武帝毀佛之際，光是沙門僧侶就有三百萬人以上，寺院塔廟也在四萬所以上，如《歷代三寶記》所載：

　　……八州寺廟，出四十千，近次王宮，充爲宅第；三方釋子，減三
　　百万，皆復軍民，還歸編戶。〔註151〕

〔註148〕見《廣弘明集》卷十〈辯惑篇一・周祖巡鄴請開佛法事〉，頁154。
〔註149〕見《佛祖統紀》卷三十八〈法運通塞志〉第十七之五〈北周武帝〉，頁631。
〔註150〕見《廣弘明集》卷六〈辯惑篇第二之二・列代王臣滯惑解・周祖武帝〉，頁125。
〔註151〕《歷代三寶記》卷十一〈譯經齊梁周〉，頁94。

要求三百万僧侶還俗，無疑為國家增加大量的生產力，寺廟財產也充國有，此舉無異為北周增加國力，也就是野村耀昌所謂的「富國強兵」。無怪乎數年之後即能平定北齊，並因此成為在北齊境內持續進行滅佛的最好藉口與理由，故《廣弘明集》如此載云：

> 自廢（佛）以來民役稍希，租調年增，兵師日盛。東平齊國，西之（按：疑為「定」）妖戎，國安民樂，豈非有益。〔註152〕

而由齊入周的盧思道也曾因之作〈西征記〉略云：

> 姚興好佛法，羅什譯經論，佛圖遍海內，士女為僧尼者十六七。糜費公私，歲以巨萬。（武）帝獨運遠略罷之，強國富民之上策也。〔註153〕

由此觀之，北周武帝滅佛之因素除了上述諸民族、宗教、文化及政治之外，社會經濟因素是不可或缺的，畢竟那是一個國家建立之根本，也是統一中國重要的基礎工作之一。

總括來說，武帝原本崇尚佛法，卻因聽信黑衣（僧人）會威脅王權的謠言，加上道士張賓及還俗僧人衛元嵩的鼓動，遂重道輕佛，欲廢佛教。但其治國理念無疑以儒教為準，自己也以華夏自居，因此透過三教辯論欲使僧人輸得心服口服。不料不但道士無法說服僧人，連武帝自己為道教挺身而出都無法說服僧人，最後遂二教俱廢，僅保留儒教作為治國基準。而宣布禁斷二教之後又能平定北齊，遂成為武帝繼續在北齊推行禁滅二教行動的藉口，認為禁斷二教即能至強國富民。

就此觀之，武帝毀的不只是佛教，而是二教俱斷。只是歷史上看魏晉南北朝時期最盛的佛教遭到法難，北周武帝即為其中之一，且佛教大量經典與著述均留下當時周武毀佛的紀錄，因此後人在觀察時總以「周武毀佛」為注目焦點，因而忽略了事實上周武帝是二教俱滅。除此之外不可忽略的是，武帝最初的排佛念頭基本上是具有政治意義的，最後二教俱斷也是政治考量的，爭執不下只會引起混亂，不如定儒教為一尊，亦方便武帝以儒家帝王的身份統治國家。

三、毀佛的施行及對北周社會的影響

北周武帝斷然施行禁斷佛教，確實為原本佛法極盛的北周社會帶來很大

〔註152〕《廣弘明集》卷十〈辯惑篇一·周祖巡鄴請開佛法事〉，頁154。
〔註153〕《廣弘明集》卷七〈辯惑篇第二之三·列代王臣滯惑解·隋盧思道〉，頁133。

影響。雖然從建德三年（574）宣布滅教，到武帝過世（578）只有短短五年，但的確足以稱爲佛教之法難，並且武帝平齊之後，亦在北齊境內實施毀佛，使得北齊境內的佛教也遭到打擊。

前文所引建德三年五月丙子〈斷佛道二教並禁諸淫寺詔〉此道詔令一公布，即有人起而反對：

> 至建德三年，歲在甲午，五月十七日，初斷佛道兩教，沙門道士並令還俗。三寶福財，散給臣下；寺觀塔廟，賜給王公，餘如別述。
> 于時，衛王不忍其事，直入宮燒乾化門。攻帝不下，退至虎牢，捉獲入京，父子十二人并同謀者，並誅。〔註154〕

此或許是佛教徒穿鑿附會之說，但若屬實，則反對者之手段竟如此激烈。他們非透過陳情或上書，而是直接以武力攻入皇宮，顯見其心中之激盪。繼之，禁斷二教所得之錢財建物，竟是賜給王公大臣而非作爲國用，如何能服民心？再者，王公大臣當中亦有許多佛教信徒，武帝此作法亦可能引起王公大臣對武帝的不滿，這或許也是周隋之際部分宇文宗室選擇支持楊堅的原因之一。

武帝在平齊之後，亦用同樣的方式欲說服北齊臣民，在北齊境內悉令毀之，故下詔曰：

> 朕受天命，寧一區宇；世弘三教，其風逾遠；啟定至理，多行陶化，今竝廢之。然其六經儒教之弘政術，禮義忠孝於世有宜，故須存立。且自眞佛無像，遙敬表心；佛經廣歎，崇建圖塔；壯麗修造，致福極多。此實無情，何能恩惠。愚人嚮信，傾竭珍財，徒爲引費，故須掃蕩。故凡是經像，皆毀滅之。父母恩重，沙門不敬，悖逆之甚，國法不容。並退還家，用崇孝始……〔註155〕

〔註154〕《廣弘明集》卷八〈辯惑篇第二之四・周滅佛法集道俗議事〉，頁136。衛王即《周書》中的「衛刺王」，爲武帝之同母兄弟。衛刺王傳見《周書》卷十三〈文閔明武宣諸子〉，頁202。但此傳中記衛王舉兵反的原因似未見與佛教有所關連，該傳載：「初，高祖以直第爲東宮，更使直自擇所居。直歷觀府署，無稱意者，至廢陟岵佛寺，欲居之。齊王憲謂直曰：『弟兒女成長，理須寬博，此寺褊小，詎是所宜。』直曰：『一身尚不自容，何論兒女？』憲怪而疑之。直嘗從（武）帝校獵而亂行，帝怒，對眾躂之。自是憤恨滋甚。及帝幸雲陽宮，直在京師，舉兵反，攻肅章門。……」以此來看，衛王舉兵反的原因應與武帝之態度有關，唯一與佛教有關係的，就只有居佛寺一事。或許因此佛教徒以爲衛王亦偏好佛教，故以此事爲藉口，將衛王舉兵視爲替佛教發聲。

〔註155〕《廣弘明集》卷十〈辯惑篇第二之六・周祖平齊召僧敘廢立抗拒事〉，頁153。另收入《後周文》卷三〈武帝〉，頁3897。

原來北齊境內佛法亦十分盛行，齊主高洋甚至強迫道士成為僧人，如《歷代三寶記》載云：

> （高）洋實明敏，迹見似狂。遣道士剃頭，未從者殺戮，沙門二百餘萬，寺塔出三十千。相承六主，二十八年。為周吞滅，三寶靈迹，一時俱泯。〔註156〕

然而北齊被北周併滅之後，武帝在北齊舊境內實施滅佛，遂使得「三寶靈迹，一時俱泯」。幾年後再追憶，人們仍然感到憤恨，致使佛教徒竟謂武帝之死與此有關。如《廣弘明集》載云：

> 帝已行虐三年，關隴佛法誅除略盡，既克齊境，還准毀之。介時魏齊東川佛法崇盛，見成寺廟出四十千，並賜王公，充為第宅。五眾釋門減三百萬皆復軍民，還歸編戶。融刮佛像，焚燒經教，三寶福財，簿錄入官，登即賞賜，分散蕩盡，帝以為得志於天下也。未盈一年，癘氣內蒸，身瘡外發，惡相已顯，無悔可消，遂隱於雲陽宮，繞經七日，尋介傾崩。〔註157〕

由此可見佛教人士對於武帝滅佛之憤恨，認為其猝崩是滅佛之報應。而歷經此一法難的僧人，在武帝朝過後追憶往事，亦不免聲聲斥責武帝的暴行。如在此次法難中被迫還俗的僧人費長房，於隋時作《歷代三寶紀》，即記錄了當時武帝滅佛之罪行：

> 第三主武帝邕世……毀破前代，關山西東，數百年來，官私所造，一切佛塔，掃地悉盡。融刮聖容，焚燒經典，八州寺廟，出四十千，盡賜王公，充為宅第。三方釋子，減三百萬，皆復軍民，還歸編戶。
> 〔註158〕

費長房是親身經歷法難的僧人，此書又在開皇十七年寫成，距法難不遠，故此書乃可視為時代最接近之回憶錄。〔註159〕且其書復譴責武帝云：

> 近遭建德周武滅時，融佛焚經，驅僧破塔；聖教靈迹，削地靡遺；寶刹伽藍，皆為俗宅；沙門釋種，悉作白衣。凡經七年，不識三寶，當此毀時，即是法末。所以人鬼哀傷，天神悲慘，慧日既隱，蒼生

〔註156〕《歷代三寶紀》卷九〈譯經西秦北涼元魏高齊陳氏〉，頁83。
〔註157〕《廣弘明集》卷十〈辯惑篇第二之六‧周祖平齊召僧敘廢立抗拒事〉，頁153。
〔註158〕《歷代三寶紀》卷十一〈譯經齊梁周〉頁94。
〔註159〕在《歷代三寶紀》卷十五頁120的〈上開皇三寶錄表〉中，費長房即自言「但昔毀廢，臣在染衣，今日興隆，還參法侶。時事所接，頗預見聞」。

畫昏。〔註160〕

從這些記錄當中可以看出，武帝毀佛的行動是很徹底的，佛像寺廟一切全毀，所有僧人一併還俗。若眞是爲了國計民生，理應將所得財物收歸國庫，以作爲國用，何以竟是「盡賜王公，充爲宅地」、「三寶福財，簿錄入官，登即賞賜，分散蕩盡」？無怪乎引起人民之反彈。故在武帝崩後，即陸陸續續有人上書宣帝，請復佛法，如《廣弘明集》云：

> ……衛元嵩，既鋒辨天逸，抑是飾非，請廢佛圖，滅壞僧法，此乃偏辭惑上。先主難明，大國信之，諫言不納，普天私論，兆庶怪望，是誠哉不便，莫過斯甚。……惟天元皇帝舉德納賢，招英簡俊，去繁就省。州存一寺，山林石窟，隨便聽居。有舍利者，還令起塔，其寺題名周中興寺。使樂慧之士，抑揚以開導；志寂之侶，息言以求通。內外兼益，公私無損，即是道俗幸甚。……〔註161〕

武帝滅佛對北周社會影響之鉅，不僅從這些請復佛法的要求中可看出，廣大信徒在後世重新興建寺廟、佛像時，亦在銘記上寫下對當年周武滅佛之痛惡，如〈大隋河東郡首山栖巖道場舍利塔之碑〉上所載云：

> 周氏季末，憲章版蕩，毀法甚於坑焚，銷像深於炮烙。山川並震，預覩橫流之徵；九鼎俱沉，先見群飛之兆。〔註162〕

諸此種種，均可見人民對於武帝毀佛之強烈反感。

　　據此，廣大信徒對於武帝之毀佛是痛恨的，其施行如果是爲了國家生存，爲人民利益，則或情有可原；然武帝將毀佛所得財物寺廟均賜給王公大臣，似乎是上位者在分贓廟產，叫僧尼與信徒如何能夠接受？然而縱使憤怒，信徒在當時卻顯得默然，沒有什麼反彈聲浪。或許因不敢違背詔令之故，但在武帝崩後即有人上書宣帝請求恢復，顯見信徒對武帝毀佛仍是不認同的。而當後世楊堅起而大舉復佛時，信徒回想起當年的遭遇，當無不感念，故可能因此成爲支持楊堅代周建隋的蘊含力量。

〔註160〕《歷代三寶紀》卷十二〈譯經大隋〉，頁107。

〔註161〕《廣弘明集》卷十〈辯惑篇第二之六・周祖天元立對衛元嵩上事〉，頁157。又收入《全後周文》卷十九〈王明廣・上書宣帝請重興佛法〉，頁3974～3977。

〔註162〕《金石續編》（臺北：新文豐，民國71年）卷三〈隋・大隋河東郡首山栖巖道場舍利塔之碑〉，頁3057。又見於《八瓊室金石補正》（臺北：新文豐，民國71年）卷二十六，頁3057。韓理洲輯校編年《全隋文補遺》（西安：三秦出版社，2004年3月）卷一，頁44。

四、楊堅復佛的動機及其施行

武帝死後宣帝即位，一年多又崩，靜帝即位。於此時楊堅受詔輔政，即陸續推行復佛。但靜帝在位時間很短，雖有行動，卻尚未見到成效。最主要的復佛行動，是在楊堅即位之後才大肆展開的。而楊堅會大舉興佛，有其身家背景，亦有其政治目的所在。

楊堅出身在一個篤信佛教的家庭，〔註163〕因此其崇佛思想與家庭教育有關。楊堅之出生也是充滿佛教意味，許多史料均有大同小異的記載，茲摘錄一段如下：

> ……同州大興國寺，寺即文帝所生之地，其處本基般若尼寺也。魏大統七年六月十三日，生於此寺中。于時赤光照室，流溢外戶；紫氣滿庭，狀如樓闕；色染人衣，內外驚禁。媚母以時炎熱，就而扇之，寒甚幾絕，因不能啼。有神尼者，名曰智仙……及帝誕日，無因而至。語太祖曰：「兒天佛所佑，勿憂也。」尼遂名帝為那羅延，言如金剛不可壞也。又曰：「此兒來處異倫，俗家穢雜，自為養之。」太祖乃割宅為寺，內通小門，以兒委尼，不敢名問。後皇妣來抱，乎見化而為龍，驚遑墮地。尼曰：「何因妄觸我兒，遂令晚得天下。」及年七歲，告帝曰：「兒當大貴，從東國來；佛法當滅，由兒興之。」而尼沈靜寡言，時道成敗吉凶，莫不符驗。初在寺養帝，年十三方始還家。〔註164〕

〔註163〕其父楊忠即曾建立佛塔，見《金石續編》卷三〈隋‧大隋河東郡首山栖巖道場舍利塔之碑〉頁 3057：「栖巖道場者，魏永熙之季，大隋太祖武元皇帝之所建立。」。又見《八瓊室金石補正》卷二十六，頁 4420。《全隋文補遺》卷一，頁 44。

〔註164〕見《續高僧傳》卷二十六〈感通下‧釋道密〉，頁 667。又見《佛祖歷代通載》卷十，頁 559。女尼名稱或曰智仙，或曰智遷。這些傳說都見載於唐以後的佛教典籍，當然也有可能是後世僧人感念楊堅復佛，所以作如此傳說。不過在《隋書‧高祖紀》中也有此記載，與佛教典籍大同小異。相異的是，《隋書》中尚有「有文在手曰『王』」記載，應與帝王祥瑞之說有關。而且《隋書》中的記載與佛教的關連性沒有這麼多，亦無「天佛所佑」等語。由於《隋書》與《續高僧傳》均成書於貞觀年間，同一時間官方史書與佛教典籍均記載此事，顯見此說在唐初是頗被知曉的傳說，很有可能在隋代就已廣為流傳。唯《隋書》記載楊堅出生於「馮翊般若寺」，而此段史料文後亦有記「龍潛所經四十五州，皆悉同時為大興國寺，因改般若為其一焉。」按本文前已查證馮翊郡位於同州，而大興國寺之前亦為般若寺，故此「馮翊般若寺」與「同州大興國寺」當是同一寺無誤，有可能即是楊忠「割宅為寺」後的般若尼寺。

楊堅出生在佛寺，又由女尼撫養長大，在如此環境薰陶下，自然養成楊堅崇佛的個性。加上女尼所日當興復佛法，楊堅自然有可能以興復佛法為己任，不但在武帝毀佛之時藏匿女尼，更如女尼所說，興復佛教，如《續高僧傳》所載：

> 及周滅二教，尼隱皇家，內著法衣，戒行不改。帝後果自山東入為
> 天子，重興佛法，皆如尼言。〔註165〕

故楊堅在北周末年得以掌政時，就已經利用其丞相地位主動興復佛法。《周書》即載，大象二年五月宣帝崩，楊堅受詔輔政之後，六月即「復行佛道二教」。〔註166〕據藍吉富之說法，楊堅為相時，已儼然為佛門一大護法，而其丞相府也猶如四方釋子之燈塔。〔註167〕

　　至楊堅即位之後，便大力恢復往昔在周武之世被毀損的佛像、寺廟塔舍及被焚燬的經書重新抄寫，如在《隋書・經籍志》中所記開皇元年時云：

> 開皇元年，高祖普詔天下，任聽出家，仍令計口出錢，營造經像。
> 而京師及并州、相州、洛州等諸大都邑之處，並官寫一切經，置於
> 寺內；而又別寫，藏於密閣。〔註168〕

及《歷代三寶紀》所記開皇四年時云：

> （開皇）四年，又勅旨，周武之時，悉滅佛法，凡諸形象，悉遣除
> 之。號令一行，多皆毀壞。其金銅等，或時為官物。如有見存，並
> 可付隨近寺觀安置，不得輒有損傷。〔註169〕

另，《續高僧傳》中亦記開皇十三年云：

> （開皇十三年）下詔曰云云，諸有破故佛像，仰所在官司，精加檢
> 括，運送隨近寺內，率土蒼生口施一文，委州縣官人檢校莊（裝）
> 飾。〔註170〕

〔註165〕見《續高僧傳》卷二十六〈感通下・釋道密〉，頁667。又見《佛祖歷代通載》卷十，頁559。楊堅生於大統七年（541），十三歲返家（553），至周武帝建德三年（574）廢除佛道二教，楊堅約33歲。按楊忠死於武帝天和三年（568），因此楊堅於此時已當家，藏匿女尼自是出自楊堅的意思。

〔註166〕《周書》卷八〈靜帝紀〉，大象二年六月條，頁132。

〔註167〕藍吉富，《隋代佛教史述論》（臺北：臺灣商務，1974年5月初版，1993年十月二版，1998年7月二版2刷），頁10。

〔註168〕《隋書》卷三十五〈經籍四〉，頁1098。

〔註169〕《歷代三寶紀》卷十二〈譯經大隋〉，頁108。另收入《全上古三代秦漢三國六朝文・全隋文》卷三〈文帝〉，頁4031。（以下簡稱《全隋文》）

〔註170〕《續高僧傳》卷十八〈習禪三・曇遷傳〉，頁573。又收入《全隋文》卷二〈文帝〉，頁4021。

不管從任何角度來看，這些都無疑是一個崇尙佛法的帝王所做的復佛行動。但如果楊堅純粹是作爲一個崇佛君王而實行復佛政策，理應在南北二方有一貫的標準，實則不然。從《續高僧傳》另一段史料當中，可以見到楊堅後來對江南地區佛教實施有限度的管制：

> 隋朝剗定江表，憲令惟新。一州之內，止置佛寺二所，數外伽藍，皆從屏廢。金剛之地，淪毀者多。〔註171〕

如果楊堅崇佛的標準一致，又怎會在江南限佛？依據王永平的說法，其認爲隋在開皇九年平定江南，但南方隨即在開皇十年時發生一場大叛亂，其中有頗多僧人與佛寺參與，因此才下令限佛。〔註172〕但若依楊堅崇佛之思想而言，參與叛亂的僧人不過是部分而非全體，且是附從而非主體，則何以需要限佛？既然在北方大力倡佛，江南的限佛特別引人懷疑，是否如此行動是爲政治考量？反推至北方，在南方會爲了政治目的而限佛，在北方除了其個人宗教信仰之外，亦有可能爲了政治目的而倡佛。正如芮沃壽所認爲的，楊堅是利用儒家、道教、佛教的思想力量，以做爲政策行使的理由，俾便解決國內的政治問題。〔註173〕只是本文此處著重在佛教方面罷了。

至於楊堅倡佛的政治目的是什麼？筆者認爲，楊堅是想透過提倡佛教，來拉攏普遍社會大眾的支持。由於周武毀佛引起人民的厭惡，若楊堅大舉恢復佛教，必定會獲得廣大信佛民眾及僧尼的擁戴。他便欲透過這個力量，來幫助他穩定新的政權。爲了達成這個目的，從北周到隋代，楊堅不斷向僧尼展現自己崇佛佛的態度，如其勅書予釋智顗云：

> 朕于佛教，敬信情重。往昔周武之時，毀壞佛法，發心立願，必許護持。及受命于天，仍即興復。仰憑神力，法輪重轉，十方眾生，俱獲利益。比以有陳虐亂，殘暴東南，百姓勞役，不勝其苦。故命將出師，爲民除害，吳越之地，今得廓清，道俗乂安，深得朕意。

〔註171〕《續高僧傳》卷十二〈義解八・釋慧覺傳〉，頁516。雖只是限佛而非廢佛、毀佛，但如此則違反崇佛性格，著實可疑。

〔註172〕參見王永平、張朝富〈隋煬帝的文化旨趣與江左佛、道文化的北傳〉，《江海學刊》，2004年5月，頁138～144。然高敏卻認爲，開皇十年的叛亂是屬於入隋之陳朝官員，不滿入隋後官位被廢，因此起而叛亂。就此觀之，就算有僧人參與，也不過是部分附從爲亂，而非引起叛亂的主體。見高敏〈隋初江南地區反叛的原因初探〉，《中國史研究》，1988年第4期，1988年11月，頁110～120。

〔註173〕參見前引芮沃壽（Arthur F. Wright）著，段昌國譯，〈隋代思想意識的形成〉。

朕尊崇正法，救濟蒼生，欲令福田永存，津梁無極。〔註174〕

又下詔書予釋靈欲云：

朕遵崇三寶，歸向情深，恆願闡揚大乘，護持正法。……朕遵仰聖
教，重興三寶，欲使生靈，咸蒙福力。〔註175〕

如果是潛心信佛，依憑自己的宗教信仰去作復興工作，又何須不斷的訴說自
己的功勞？況且以帝王之尊而行復佛之舉，難道天下人看不見嗎？因此楊堅
的不斷自頌與申述當有其政治目的，蓋藉此不斷向僧尼及廣大信佛人民灌輸
其復佛者的形象，以尋求廣大信徒對他的支持，鞏固新建立的政權。

　　除了前述的恢復破損佛像寺廟、重抄經書之外，楊堅也大力興建新塔，
並以國家力量來支持，如仁壽元年六月乙丑下詔云：

……朕歸依三寶，重興聖教，思與四海之內，一切人民，具發菩提，
竝修福業。使當今現在，爰及來世，永作善因，同登妙果。宜請沙門
三十人，諸解法相兼堪宣導者，各將侍者二人，幷散官各給一人。薰
陸香一百二十斤，馬五匹，分道送舍利往前件諸州起塔。其未注寺，
就有山水寺，所起塔依前山。舊無寺者，於當州內，清靜寺處，建立
其塔，所司造樣，送往當州。僧多者三百六十人，其次二百四十人，
其次一百二十人。若僧少者，盡見在僧……總管刺史以下，縣尉以上，
自非軍機，停常務七日，專檢校行道，及打剎等事……〔註176〕

若只是單純的個人信仰，何須動用國家官員來協助佛教事務？因此，如此龐
大的行動必有其政治目的，而欲以收其政治效益。這還可以從另一角度來證
明。如果楊堅只是單純因為個人信仰佛教而復佛，則又何須詔令佛道併復，
且又嚴懲毀壞天尊像者？該詔云：

（開皇二十年十二月辛巳）佛法深妙，道教虛融，咸降大慈，濟度
群品，凡在含識，皆蒙覆護。所以雕鑄靈相，圖寫真形，率土瞻仰，
用申誠敬。其五嶽四鎮，節宣雲雨，江、河、淮、海，浸潤區域，
並生養萬物，利益兆人，故建廟立祀，以時恭敬。敢有毀壞偷盜佛
及天尊像、嶽鎮海瀆神形者，以不道論。沙門壞佛像，道士壞天尊

〔註174〕隋・釋灌頂，《國清百錄》（臺北：國家圖書館微卷）卷二〈隋高祖文皇帝勅
　　　　書第二十二〉，頁12。又收入《全隋文》卷二〈文帝・勅釋智顗〉，頁4032。
〔註175〕《續高僧傳》卷九〈義解五・釋靈裕傳〉，頁496。
〔註176〕《廣弘明集》卷十七〈佛德篇・隋國立舍利塔詔〉，頁213。又收於《全隋文》
　　　　卷二〈文帝・立舍利塔詔〉，頁4026。

　　者，以惡逆論。〔註177〕

據此可知，武帝朝時二教並滅，楊堅也必須二教俱復，同時拉攏雙方信徒。
故楊堅不僅是復佛，且也是復道，因之可視爲復教政策，而非單只復佛。但
畢竟佛教信徒於時多於道教信徒，再加上楊堅本人的信仰，才會復佛的行動
大於復道的行動，也因此一般人容易誤解爲楊堅只有復佛。其實這也可以從
其年號「開皇」，即可看出楊堅對道教也甚重視，蓋「開皇」此年號出自於道
家，〔註178〕如果楊堅只是單純崇佛而復佛，年號理應取自佛教。由此可知，
其復教是帶有政治意味的，爲拉攏武帝朝時因廢毀二教不滿的民心，故必須
二者兼顧。不過在北朝仍舊是佛教勢力大於道教勢力，因此其恢復措施仍是
以復佛爲主。

　　據胡如雷之研究，楊堅在周隋之際著重於復佛之因有三：一爲其本身經
歷；二爲佛教在武帝朝時受損較重，所以興復時也較針對佛教部分；三爲民
間佛教勢力大於道教勢力，爲籠絡人心，故將興佛擺在首位。〔註179〕從前文
的討論來看，基本上這樣的分析是可以接受的。

　　綜前所述，楊堅掌政之後即大肆興復佛法，除了檢修破損的佛像寺廟，
重抄經典，亦新建佛寺、舍利塔等。同時不斷散佈出其復佛者的形象，其目
的有二：一是楊堅本身的宗教信仰。由於出身佛教家庭，又被女尼撫養長大，
因此崇佛思想較爲濃厚。其二則是爲了政治目的。由於自北周手中奪取政權，
需要鞏固民心，因此大力恢復曾盛極一時卻被武帝廢毀的佛道二教，以籠絡
民心。而楊堅爲了籠絡民心的這些復佛措施，其效益也反映在人民所建立的
碑銘上。

五、復佛對楊堅政權穩固之助益

　　爲了籠絡民心，楊堅在輔政時期便開始推行復佛，不過靜帝在位時間短
暫，因此雖已進行復佛行動，卻尚未見到成效。直到楊堅奪權即位後，即大
行興復佛道二教，不過仍以佛教爲主，而這些復佛的措施也的確使人民感念。
在造像建寺的風氣之下，人民紛紛在其碑銘上記錄下對武帝廢佛的厭惡，以
及對楊堅復佛的感恩，如〈大隋河東郡首山栖巖道場舍利塔之碑〉即載云：

〔註177〕《隋書》卷二〈高祖下〉，頁45～46。
〔註178〕《隋書》卷三十五〈經籍四〉，頁1091載曰：「道經者……然其開劫，非一度
　　　　　矣，固有延康、赤明、龍漢、開皇，是其年號。其間相去經四十一億萬載。」
〔註179〕見前引胡如雷，〈北周政局的演變與楊堅的以隋代周〉。

　　周室季末，憲章板蕩，毀瀆甚於坑焚，銷像深於炮格。山川並震，
　　預覩橫流之徵；九鼎俱沉，先見群飛之兆……高祖文皇帝撥亂反正，
　　膺籙受圖，作樂制禮，移風易俗。懸玉鏡而臨寓內，轉金輪而御天
　　下。監周室之顛覆，拯釋門之塗炭，爰發綸言，興復像瀆……周德
　　云季，鼎祚方移，崇信調達，欽尚流離。湮毀金地，枯涸寶池，民
　　號鬼哭，川竭巖墮赫矣。高祖勃焉革命，就日合明，則天齊聖，中
　　興王道……〔註180〕

費長房在《歷代三寶紀》中，也顯現了作為一個因廢佛而被迫還俗的僧人，
其心中對於楊堅復佛的讚頌：

　　昔姬潛之鼎出現，彰漢室之將隆；近周毀之法重興，顯大隋之永泰。
　　佛日再點，起自大興之初；經論寶歸，發乎開皇之始。〔註181〕

信徒們不但將復佛視為興復宗教，甚至認為那是一種德政，楊堅也因此得到
非常良好的形象，〈龍華碑〉就如此稱頌之：

　　……自元曆有歸，將移周紀；時惟多難，政乃私門。氣混陰陽，光
　　虧日月；經遭坑儒，（闕）天啟聖。膺圖籙於千年，下庶獲安；仰睿
　　風於萬古，降茲明命。用集我大隋高祖文皇帝，揖讓受終，理形統
　　象；下協兆民之欲，傍謹□萬國之情。位重青蒲，尊居紫極。雖復
　　機有萬事，偏注三乘；殿闕停修，伽藍是（闕）者歟？……〔註182〕

的確，信徒們認為正是楊堅即位，佛教才能夠從前代法難中起死回生，並以
此感念楊堅的恩惠。相反的，信徒不但斥責武帝的罪惡，甚至將武帝的罪行
加上因果報應說，警惕後人毀佛之罪惡，如〈惠郁等造像記〉所云：

　　大隋開皇五年歲次乙巳八月乙酉朔十五日乙亥……至後周建德六
　　年，歲次丁酉，破滅大像，僧尼還俗。至七年六月，周帝宇文邕因
　　滅三寶，見受迦摩羅之患罹。扶天元承帝改為宣政。至二年，以父
　　壞法破僧，願造大像，即改為大象元年。但周將滅□，即禪位。

　　大隋國帝主楊堅，建元開皇。自聖君馭宇，俗易風移，國泰民寧，

〔註180〕《金石續編》卷三〈大隋河東郡首山栖巖道場舍利塔之碑〉，頁 3057～3059。
　　　　又見於《八瓊室金石補正》卷二十六〈大隋河東郡首山栖巖道場舍利塔之碑〉，
　　　　頁 4420～4423。
〔註181〕《歷代三寶紀》卷十五〈上開皇三寶錄表〉，頁 221。
〔註182〕《八瓊室金石補正》卷二十八〈龍華碑〉，頁 4445～4446。收入《全隋文補
　　　　遺》卷二〈龍華碑〉，頁 78。

八方調順。護持三寶，率遣興脩，前詔後敕，佛法爲首。……但周

帝滅像，患報非輕，勸今世後世，持須尊重。……〔註183〕

這裡明顯指出武帝是「因滅三寶，見受迦摩羅之患罹」，且「周帝滅像，患報非輕」，指的就是武帝在壯年之時忽然崩殂，必定是因果報應的結果。不只如此，民間亦有傳說武帝因滅佛法，死後在陰間受苦，於是求人代爲轉達，請楊堅爲他作功德以補償罪惡，《佛祖統紀》即載此傳說云：

京兆杜祈暴亡，至冥府，王審其名曰：「誤矣。」問祈識周武帝否。

答：「曾任左武候司法，常在殿陛。」王顧吏引至大鐵屋，從窗中望，

一人瘦身鐵色，著鐵枷鎖。祈見泣曰：「大家何苦！」答曰：「我信

衛元嵩毀滅佛法，故受此罪。」祈曰：「臣誤追當還，大家有說（話）

否？」曰：「汝若還，爲聞大隋天子。昔日與我共食倉庫，我滅法受

大苦，望爲我作福相救！」及還，以事聞。帝乃敕天下人出一錢，

爲武帝追福。〔註184〕

當然這樣的鬼神之說沒有證據而不宜遽信，但是卻可以反映出當時信徒的心態，認爲武帝滅佛法死後必遭報應，其猝崩正應驗了因果報應之說。而楊堅也非常有憐憫之心，立即下詔信徒捐錢爲武帝祈福，也符合了信徒心中佛教君王仁慈的形象。

楊堅除了建立復佛者的形象，同時也建立自己「轉輪王」的形象，將君王形象與神佛形象合而爲一，使人們在信仰佛教的同時，也崇拜帝王。〔註185〕藉此，楊堅可以收到雙重效忠之利益，利用虔誠的崇佛思想，來鞏固其君王地位。而楊堅此一作法也的確深入民心，在民間所做碑銘當中，處處可見稱呼楊堅爲「輪王」或是「轉輪王」。如〈寶泰寺碑〉載云：

……值周併齊運，像法沈淪，舊塔崩頹，劣有□跡。大隋握圖受命，

出震君臨，屏囂塵而作輪王，救濁世而居天位。大開玄教，□置伽

〔註183〕見《全隋文補遺》卷六〈惠郁等造像記〉，頁391～392。

〔註184〕見《佛祖統紀》卷三十八〈法運通塞志〉，第十七之六，頁360。又見《廣弘明集》卷十〈辯惑篇二之六・周祖平齊召僧敘廢立抗拒事〉，頁154。又見《佛祖歷代通載》卷十〈宣帝・靜藹以法滅舍身〉，頁558。多篇記載中，入冥府的人名不一，但故事內容都是一樣的。

〔註185〕此外，在古正美的著作中提到楊堅亦以佛教中「月光童子」的身份出現，以佛教理念統治國家，但由於筆者對於此一層面之佛教理念尚不甚理解，暫且不論，但備此一說。見古正美《從天王傳統到佛王傳統——中國中世佛教治國意識型態研究》（臺北：商周，2003年6月），第四章。

藍。……〔註186〕

透過這樣的形象塑造，楊堅不但是政治上的領袖，也是佛教中的護法聖王。
加上前文所談到的復佛傳說，如神尼智仙預言「佛法當滅，由兒興之」。以及
前所述的楊堅不斷作興復佛教的行動，也頻頻下詔訴說自己以興復佛法為己
任。因此在信徒心中，楊堅就是上天派下來降魔護教的護法聖王。這些思想
也都反映在信徒建立的碑銘上，如〈詔立僧尼二寺記〉：

> ……我大隋應千齡之會……皇帝統廟諱乘元，欽明御宇，秉金輪以
> 治世，懸玉鏡而照臨……〔註187〕

以及〈龍藏寺碑〉所記：

> ……往者四魔毀聖，六師謗法；拔髮翹足，變象吞麻。李園之內，
> 結其惡黨；竹林之下，亡其善聚。護戒比丘，翻同□□□□□□□
> 等□……我 大隋乘御金輪，□□□□，上應帝命，下順民心。飛
> 行而建，鴻名揖讓，而升大寶。匪結農軒之陣，誰佇湯武之師……
> 〔註188〕

楊堅是「乘金輪」以治天下，顯見其在信徒心中的地位已非一般帝王。且這
種「上應帝命，下順民心」的評價出自民間而非官方文書，顯然具有較高的
說服力。

　　綜上所述，楊堅透過不斷的下詔，說明自己復佛的意願，以復佛為己任。
並且也用實際行動去興復佛教，包括重抄經書、建寺立塔、重塑佛像等等，
由此換得廣大佛教信徒的認同。這樣的行動是否收到其政治成效？顯然是有
的。廣大信徒透過廣泛的造像建寺活動，在碑銘上記下對楊堅復佛的感念與

〔註186〕《山右石刻叢編》卷三〈寶泰寺碑〉，本文作於開皇五年（585）。收入《全隋
　　　　文補遺》卷二〈寶泰寺碑〉，頁67。
〔註187〕《金石萃編》卷三十八〈隋一·詔立僧尼二寺記〉，頁658～660。此記雖題
　　　　名為〈詔立僧尼二寺記〉，然應非官方所建。據《金石萃編》文末所云，前文
　　　　亦曾提過，開皇元年高祖曾普詔天下「任聽出家，仍另計口出錢，營造經像」
　　　　云云，故此僧尼二寺應是在此背景之下，由地方建寺，寺成之後歸功於楊堅
　　　　之復佛政策。
〔註188〕《金石萃編》卷三十八〈隋一·龍藏寺碑〉，頁646～648。顏尚文曾就〈龍
　　　　藏寺碑〉撰專文討論，其文認為龍藏寺碑中反映出北朝國家佛教政策的背景。
　　　　「龍藏寺」隱含其地（定州）為隋文帝龍藏之地，而其內容也呈現出北周武
　　　　帝滅佛的時代背景，與隋文帝的佛教治國政策之間的轉變關係。見氏著〈隋
　　　　「龍藏寺碑」考（一）─定州地區與國家佛教政策關係之背景〉，《第二屆國
　　　　際唐代學術會議論文集》（臺北：文津，民國82年），頁937～969。

擁戴，並且可以在銘文當中看見楊堅以「轉輪王」、「金輪王」的形象出現，顯見其在信徒心目中已非一般帝王，而是以一個「護教聖王」的形象治國，護的正是之前被打壓的佛教。對此，崇信佛教的社會大眾自然會擁護楊堅，希望重建一個佛法興盛的社會。由此反觀那些銘文，相較於人民對武帝的唾罵，文中稱頌楊堅的佛教形象特別顯眼。尤其如前文所引史料〈栖巖道場舍利塔之碑〉，其文作於大業三年，可見楊堅復佛者的形象是紮紮實實的確立，一直延續到後代。

由此觀之，楊堅確實達到拉攏民心的功效，在廣大的佛教信徒心中，楊堅是撥亂反正、伏魔護教的護法聖王，不但興復佛教，還有一顆仁慈的心。據此，所以人民能夠心悅誠服的依附楊堅的新政權。從碑文中即可看出信徒對楊堅的崇拜，反過來對武帝的廢佛、宣帝的亂政大加撻伐。

六、小結

周武帝受到他人影響，下令並毀佛道二教，其實已經埋下北周毀滅的種子。雖然武帝畢竟是平了北齊，卻仍在北齊境內並廢二教。因此原北齊境內的廣大佛教信徒，就如同北周的信徒一樣對武帝感到憤恨。

楊堅從小出身佛教家庭，又受女尼教育其興復佛教之責任，遂使楊堅在掌權之後從事復佛工作。然其動機並不如此單純，從其二教並復而非單復佛教即可知其有政治目的。且其在江南的限佛行動，也使人懷疑其政治目的大於佛教崇拜的力量。這令筆者聯想到，後來武周也利用此故智來篡唐建周。或許此時的執政者，就是利用宗教外衣來掩飾其政治目的吧。

但從本文中可見，楊堅的手段的確是高明的。楊堅透過北周人民對武帝廢佛之痛恨厭惡，以復佛者的形象出現，以其崇信佛教的家庭背景來包裝其政治目的，以復佛的行動來掩飾其政治手段。從修復佛像、重建塔寺、重抄經文，再到鼓勵造像、建寺立塔，楊堅處處顯示其以復佛為己任的形象。甚至在佛教信徒心中展現「轉輪王」的形象，以「護教聖王」的身份來治理國家，也因此深得信仰佛教之周隋人民崇拜。也正因為如此，楊堅代周建隋之後不但沒有招致太多的反彈力量，反而得到民間大力的支持，這應該是楊堅代周建隋之後能夠迅速鞏固政權的根本原因之一吧。

第四章　政權轉移的另一側面——
漢人政權的重新建立

　　前文已提到，楊堅在代周建隋之際，既無顯赫功勳，身份地位也不甚突出，卻仍能夠順利轉移政權，應與其個人的一番努力有關。在本文的第三章之中充分討論了楊堅為代周建隋所做的一些努力，包括去除宇文泰加諸在北周臣民身上的胡姓影響，以及組織自己的親信集團，並聯合其他地域人士共同打擊北鎮人士的勢力。還有嘗試在周隋鼎革之際便即行恢復佛道二教，力圖拉攏北方廣大二教信徒的支持。我們也看到了在恢復佛教的部分，楊堅的確獲得許多信徒的感謝。然而前文也曾提到，楊堅強調其為弘農楊氏的出身，卻沒有建立一個純粹漢人的親信集團，則其強調漢人名門的出身有何其他作用？除了對政權內部的布局之外，楊堅又如何建立其代周建隋的外在形象，去說服社會大眾相信其是天命所歸？這些均是本章欲討論的重點。

第一節　楊堅漢人政權的重新建構

　　楊堅究竟是否出自弘農華陰、漢代太尉楊震之後代，此一問題早已不新鮮。但是綜觀學界對於此事的討論，一般通論性的著作、非以楊堅身世為討論重點的研究，仍多沿用《隋書》中對於其身世的記載，同意其出身於弘農楊氏。若以楊堅出身為專文討論的，則多半同意楊堅並非出自弘農楊氏，此乃因為懷疑才提起研究之故。近代學界對楊堅身世的懷疑則多半出自陳寅恪《唐代政治史述論稿》中所提到的：「故隋唐皇室亦依舊自稱弘農楊震、隴西李暠之嫡裔，偽冒相傳，迄於今日，治史者竟無一不為其所欺，誠可嘆也。」

〔註1〕然書中卻沒有針對此事再作更詳盡深入的研究，故引起後世學者進一步的討論。

前人學者對楊堅族源的討論已十分豐富，再討論楊堅是否出自弘農楊氏，的確是了無新意的話題，若無新史料出土，似也不需再炒冷飯。故筆者於本文中，對楊堅家世與族源並不做更進一步的研究，而將之作爲基礎，討論楊堅在聲稱弘農楊氏的背景之下，如何從宇文氏手中取得政權。因弘農楊氏代表著關中地區的漢族名門大姓，對政權中佔大多數的漢人官員是否有重要的影響力？北周朝中的漢人官員是否會因此支持楊堅？楊堅又如何運用這個身份，使得大多數的漢人支持他呢？這些均是本節欲討論的重點。

一、漢人集團的建立

通論性的著作當中均稱隋文帝楊堅出自弘農華陰，一般對楊堅出身的基本印象也是如此，此一說法大概是來自《隋書·高祖紀》的記載：

> 高祖文皇帝姓楊氏，諱堅，弘農郡華陰人也。漢太尉震八代孫鉉，
> 仕燕爲北平太守。鉉生元壽，後魏代爲武川鎮司馬，子孫因家焉。
> 元壽生太原太守惠嘏，嘏生平原太守烈，烈生寧遠將軍禎，禎生忠，
> 忠即皇考也。皇考從周太祖起義關西，賜姓普六茹氏，位至柱國、
> 大司空、隋國公。〔註2〕

《周書·楊忠傳》也註明了楊氏身家來源：

> 楊忠，弘農華陰人也。小名奴奴。高祖元壽，魏初，爲武川鎮司馬，
> 因家於神武樹頹焉。祖烈，龍驤將軍、太原郡守。父禎，以軍功除
> 建遠將軍。屬魏末喪亂，避地中山，結義徒以討鮮于脩禮，遂死之。
> 保定中，以忠勳，追贈柱國大將軍、少保、興城郡公。〔註3〕

因爲史料的缺乏，正史的記載成爲史家主要的參考來源。然經過五胡十六國的混亂與遷徙，楊堅的族源早已不可考。姑且不論楊堅究竟是否爲弘農楊氏之後，從正史來看，他的確認爲自己是弘農楊氏之後。這就牽涉到了「認同」的問題，也就是說，他究竟是不是弘農楊氏的後代是一回事，但他確實「認同」自己是弘農楊氏。〔註4〕

〔註1〕陳寅恪，《唐代政治史述論稿》，頁200。
〔註2〕《隋書》卷一〈高祖紀上〉，頁1。
〔註3〕《周書》卷十九〈楊忠傳〉，頁314。
〔註4〕根據王明珂的說法，這種「認同」問題多出現在族群的邊緣地帶，因爲邊緣

根據陳寅恪等人的研究，我們可以合理的懷疑楊堅不一定出自弘農楊氏。〔註5〕但從上述正史所載可看出，楊堅卻強調出自弘農楊氏。楊堅自稱弘農楊氏，對他的政治生涯有何助益呢？

西魏恭帝三年（556年）宇文泰託孤宇文護，隔年宇文護擁宇文泰之子宇文覺受西魏禪建北周，從此也開始了宇文護在北周的專政時期。〔註6〕宇文護為了鞏固宇文氏的力量，大量提拔宇文氏子弟擔任朝廷要職，並拜授柱國，因此北周政權逐漸走向窄化，尤其位高權重的職位全由宇文氏家族所擔任。〔註7〕這樣一來就違反了宇文泰時期，重用關隴漢人以求共同建立關中政權的政策。因此北周時期的漢人勢力是有普遍受到壓抑的現象，並不如宇文泰時期的大量引用漢人、重用漢人。〔註8〕

地帶存在不只一種文化，故族群會選擇一種文化作為自己的族源。見王明珂，《華夏邊緣～歷史記憶與族群認同》（臺北，允晨，民國90年5月）第一章。楊堅家族既久居武川，屬於胡漢民族的邊緣地帶，就有可能是選擇一種文化作為自己的族源。不論楊堅家族是否出自弘農楊氏，看起來他們就是認同於這個族源。而且正因為遷徙，族源不可考，有心人自然會利用此機會冒蔭或是重新選擇族源。北朝歷經北魏時的改籍洛陽與西魏北周時期的改籍關中，許多北方人早已認同自己是洛陽人或是關中人。並且在改籍時，攀附漢族的名門大姓，以提高社會地位。所以在魏晉南北朝時期，許多人所聲稱的家世都很有可能是被創造出來的。就如同王明珂所言的「『族群認同』所賴的『族源』不一定是歷史事實，也可能是共同的『歷史記憶與想像』」。見氏著〈「起源」的魔力及相關探討〉，《語言暨語言學》，二卷一期，民國90年1月，頁261～267。就此來看，楊堅的家族有可能是弘農楊氏的後代，但也有可能是冒蔭的。

〔註5〕陳寅恪於其著作中只論及楊隋皇室冒籍弘農楊震，卻沒有論及楊堅是為胡族或漢族。（見氏著《唐代政治史述論稿》，頁200。）因此無法確定陳寅恪所論是楊堅本為漢人而冒籍弘農楊氏，或者是非為漢人而冒籍弘農楊氏？其後陳寅恪的弟子王永興則針對陳寅恪的論點，再進一步做深入討論。王永興從楊堅家族早年經歷來看，其家族久鎮武川，故胡人的成分居高。因為北魏時期的武川鎮屬於邊陲重鎮，應由胡人將領中地位較高者出任，故楊堅家族可能為胡族。見王永興，〈楊隋氏族問題述要——學習陳寅恪先生史學的一些體會〉，收錄於李錚、蔣忠新主編，《季羨林教授八十華誕紀念論文集》（南昌：江西人民出版社，1991年），頁365～372。王永興的論點既認為楊堅家族為胡人，就更不可能為漢人大族弘農楊氏，則以胡人冒蔭漢族名門大姓的可能性較高。

〔註6〕從西元557年北周建立到西元572年北周武帝誅殺宇文護，期間宇文護掌權共15年，立了三個皇帝。

〔註7〕呂書第四章，或見其文〈北周前期的政局與政權的弱點〉。

〔註8〕關於北周時期的漢人勢力，參見呂書第七章，或見其文〈關於楊堅興起背景的考察〉。但筆者認為，說漢人遭到「壓抑」可能有點太過，因為許多功臣第

　　因此，北周末年時，弘農楊氏出身的楊堅得以掌政，爲許多中下階層的漢人士大夫帶來新的希望。雖然前文亦曾提到，楊堅的核心集團仍有一定比例的胡人，但不可否認的是，在北周末年有許多漢人選擇支持楊堅而非代表宇文家族的尉遲迴。綜覽《周書》、《隋書》之列傳，北周末年大部分官員都是支持楊堅的，但並非都是因爲楊堅的個人因素，而多半是因爲楊堅輔政的身份就代表著北周朝廷。

　　楊堅先是輔政、任左大丞相，後又都督內外諸軍事、任大丞相，大冢宰、總百揆。挾著八歲大的周靜帝，楊堅就是代表北周政權，因此在情況未明之前，各將領服從楊堅之指揮亦即服從北周政權之指揮。故筆者在前文做分類時，才會將純粹依附楊堅輔政地位的人，與身爲楊堅親信集團的人分開討論。

　　然而第三章第二節表 3-2-4 可以顯示，周隋之際依附楊堅勢力的人數多達 113 位，但能成爲楊堅親信集團的不過 42 位。而這 42 人之中，就至少有13 人確定爲胡人，所以筆者在前文認爲這並非一個純粹的漢人集團，而是參雜了許多胡人的集團。然不可否認的是，大多數胡人在其本傳中都隱藏了他們的胡人身份。這些隱身於漢人之中的胡人，尤其是冒隱名門大族的人，均藉此提升其社會地位。但既然要隱身在漢人之中，就要學習漢文化、受漢教育。故此類隱身在漢人之中的胡人，過去的研究中稱之爲「漢化胡人」，筆者則稱之爲「新漢人」。最明顯的例子就是李賢家族，根據《周書・李賢傳》的記載，李賢「其先隴西成紀人」，〔註9〕《隋書・李穆傳》也記載「自云隴西成紀人，漢騎都尉陵之後也」。〔註10〕然根據 1980 年代出土的李賢夫婦墓志卻發現，墓志上記載「本姓李，漢將陵之後也。十世祖……建國拓拔，因以爲氏」。〔註11〕就此來看李賢其先當屬拓拔鮮卑，云其爲李陵之後不過是攀附、冒隱之舉。〔註12〕這種透過冒隱的方式成爲漢人或漢族名門的人，就

　　　二代在北周朝中，仍依著父蔭與自己的表現逐漸升遷，只是未能進入權力核心。因此說受到壓抑是不太適合的，或許應該說是較難進入權力核心。而既然權力核心由宇文氏所掌握，其他非宇文氏的北鎮人士也同樣無法進入權力核心，故對於北周政權窄化的反感亦不會只限於漢人。只是因爲在政權組成中漢人居多數，故被排在政權核心之外的官員也就以漢人爲多。

〔註9〕　《周書》卷二十五〈李賢〉，頁 413。
〔註10〕　《隋書》卷三十七〈李穆〉，頁 1115。
〔註11〕　寧夏回族自治區博物館、寧夏固原博物館，〈寧夏固原李賢夫婦墓發掘簡報〉，《文物》，1985 年 11 期，頁 1～20。
〔註12〕　姚書曾考李賢家族爲高車人，因其時此墓志尚未出土，可據此墓志改正之，見姚書，頁 300。

是筆者所謂的「新漢人」。

　　國內學者王明珂曾提到，「Patricia Ebrey 研究『姓』與『漢人認同』之間的關係；她指出，由於得『姓』及一可溯及著名遠祖的家族歷史，許多非漢人群在歷史上成為漢人」。〔註 13〕也就是說，透過得到一個新的「姓」，以及一個有名的家族歷史，原本非漢人的就可以化身為漢人。而這批化身為漢人的胡人，在面對北周末年漢人可能重新掌政的局勢之下，其新漢人的身分似也有所助益。誠如本文第三章第二節所言，楊堅的核心集團中有許多非漢人，看似並不強調漢人統治。但事實上有許多非漢人在當時就已自稱漢人，並可能在人事資料中以漢人身分為記載，故在史書的本傳中記載為漢人。〔註 14〕這也就是為何楊堅以漢人統治但親信集團卻非全為漢人，此一矛盾得以解開之主因。意即，在「當時」，楊堅集團確實可稱之為漢人集團，因為此一集團事實上是由漢人及新漢人所組成，只是時至今日，透過史家一連串的解析，證明那些新漢人的冒蔭身分罷了。

　　若從此一角度觀之，楊堅以弘農楊氏的漢族名門為號召，藉以重建漢人政權為政治手段的說法，仍是可以成立的。〔註 15〕在前文中所提到的，在周隋之際成為楊堅親信集團的約有 42 人，然此 42 人之中從姓氏即可看出為胡人的不過只約六、七人，其他均是漢人，或是已從姓氏上看不出族別的新漢人。而這些新漢人在唐初所修正史之中以漢人姓氏見於本傳，顯見其死時所留下的碑銘或墓誌仍是保持漢姓，才會依樣被正史所收錄。同理可推，他們在死時仍保持漢姓之漢人身分，在周隋之際亦同樣是如此的。故楊堅在代周建隋之際，他的親信集團仍是以「當時」所認為的漢人為絕大多數。

　　因為楊堅以弘農楊氏的出身擔任輔政，他的親信集團看起來也是以漢人

〔註 13〕見王明珂，〈論攀附：近代炎黃子孫國族建構的古代基礎〉，《中央研究院歷史語言研究所集刊》，第七十三本第三分，民國 91 年 9 月，頁 583～623。

〔註 14〕五胡十六國時期就有許多胡人為了融入漢人社會而改漢姓、說漢語，或者冒蔭漢族名門以求得較好的社會地位。到了魏周時期，他們使用漢人身份已過了幾個世代，生活完全漢化，對先祖可能也不復記憶，就會認為自己一直都是漢人。經過這樣的「結構性失憶」，並透過「尋得或假借一個華夏祖先傳說」，這些人建立起對漢族的族群認同。並且因為他們長期的漢化，對漢族而言「入華夏則華夏之」，他們也就是漢族了。另參見王明珂，《華夏邊緣～歷史記憶與族群認同》，頁 279～284。

〔註 15〕如前文曾提到學者如朱希祖等人，均認為楊堅以漢族名門身份復國恥、重新建立漢人政權的說法，若由此一觀點來看仍是成立的。不論楊堅是否為弘農楊氏，他的親信集團「看起來」大部分都是漢族名門，很能起號召漢人之力。

佔絕大多數的集團，故很有可能因此吸引那些原本在北周朝中無法進入權力核心的漢人官員轉而支持楊堅，以求能在新政權中獲得更好的政治地位。從前文第三章第二節亦可看出，在周隋之際河南河東地區與關隴地區依附楊堅的人數比例均有增加，尤其是河南河東地區增加了 7.5 個百分比。由此可看出，對於原本就仕於北周政權的漢人而言，比起宇文氏政權，楊堅可能是更值得支持的對象。

　　除了關隴地區與河南河東地區之外，還有另外一支漢人力量需要拉攏，即是代表北方漢人高門的山東士人。「魏孝文以來，文化之正統仍在山東，遙與江左南朝並爲衣冠禮樂之所萃」，﹝註16﹞故楊堅若要以漢人政權爲號召，勢必要拉攏山東士人的力量。而楊堅強調出自弘農楊氏的家世，或可以對山東士人產生一些吸引力。從下頁表 4-1-1〈周隋兩代政權統治階層地域分佈統計表〉中可以明顯看出，隋代山東地區人物，在數量上比北周時期多出了約百分之九。

表 4-1-1〈周隋兩代政權統治階層地域分佈統計表〉

統計	地區	河南河東	關隴地區	北 鎮	山東地區	南 方	不 詳	總 和
北 周	人 數	38	44	32	21	21	0	156
	百分比	24.36%	28.2%	20.51%	13.46%	13.46%	0%	99.99%
	排 比	②	①	③				
隋 代	人 數	62	67	11	45	14	4	203
	百分比	30.54%	33.00%	5.42%	22.17%	6.90%	1.97%	100%
	排 比	②	①		③			

註：本表依據《周書》、《隋書》各本傳統計而成，西魏時期已歿未參加北周政權者則
　　不列入計算。

　　由此可見，北周政權與隋代政權相比，山東士人是比較支持楊堅政權的。而從北周政權到隋代政權之間山東士人比例的增加，就正如本文第三章第二節所言的，關鍵時期就在周隋之際。因此可以約略推知，楊堅輔政時期，確實是吸引很多山東士人的支持，除了政治地位可改變之外，另外一項原因即

﹝註16﹞陳寅恪，《隋唐制度淵源略論稿》（北京：三聯書店，2001 年 4 月出版），頁
　　　　49。

很有可能是楊堅的漢族名門出身。

　　再者，從下表 4-1-2〈《隋書》中所示山東士人參政時期與支持楊堅關係表〉可知，《隋書》中記有四十五位山東士人，在周隋之際依附楊堅勢力的即有二十八人，超過總數之一半以上。且此二十八人均在北周即已出仕，故可見北周末年的官員中，山東士人逾半是傾向支持楊堅的。而剩下那些沒有積極支持楊堅的山東士人，則至少是在周隋之際沒有反對楊堅掌政，才能繼續在隋代政權中出仕。

表 4-1-2、〈《隋書》中所示山東士人參政時期與支持楊堅關係表〉

統計＼時期	父祖即已仕於西魏北周	平齊後仕於北周	入隋後才出仕	總　　計
數　　量	20	24	1	45
百分比	44%	53%	2%	100%
依附楊堅者	16	12	0	28
依附楊堅者佔總人數百分比	35.55%	26.66%	0%	62.21%

註：本表根據《隋書》各本傳整理而成。

　　此外，四十五位山東士人中，有二十四位是在北齊滅亡之後才進入北周政權。在北周滅北齊之後才進入北周政權中的這二十四位山東士人中，就有十二位曾在楊堅代周建隋時助其一臂之力，也就是有一半都支持楊堅。另外一半也並非就不支持楊堅掌政，只是在史書中不見其對楊堅有積極的支持作為。但總地來講，在周隋之際，山東漢族士人是較傾向於支持楊堅掌政的。原因除了在政權轉變之際可能獲得更好的政治地位之外，很難說跟楊堅的漢族名門出身不無關係。此亦可從另一反面來證實。

　　北周末年，武帝曾下詔徵召山東漢族士人進入關中政權服務。時間在建德六年春，北周併滅北齊後，當年三月即下詔徵召山東士人進入關中政權，見《周書·武帝紀》所載：

　　　（六年）三月壬午，詔山東諸州，各舉明經幹治者二人。若奇才異

　　　術，卓爾不群者，弗拘多少。〔註17〕

山東的漢人世家大族原就是經學傳承的重地，武帝之所以徵召目的即是補關

〔註17〕《周書》卷六〈武帝紀〉，建德六年三月條，頁 102。

中之不足，也可說是延續宇文泰的政策。但似乎沒有獲得太大的響應，故於同年九月又再度下詔，同見於《周書‧武帝紀》：

> （六年九月）壬辰，詔東土諸州儒生，明一經以上，並舉送，州郡
>
> 以禮發遣。〔註18〕

同樣都是詔明經士人，卻同年連詔兩次，可見是第一次的成效不彰，且在第二次時還要「以禮發遣」。顯見在武帝時期，山東士人可能是不太配合受徵召入關中的。雖說《隋書》中亦記載有齊亡後入周的許多山東士人，但在其本傳之中，對於齊亡後入周的事蹟卻是寥寥無幾，若是對楊堅奪權有所助益才會提上一筆。可見即使是部分應徵召而入關的山東漢族士人，在北周朝中的地位也不甚受重視。直至北周末年因助楊堅建國，其本傳才豐富起來，也代表著政治地位有所改變。故可推測，除了在西魏時期因追隨魏孝武帝而西入關中的山東士人之外，北周中期以後因北齊滅亡而被併入北周政權的山東士人，基本上在北周政權中是不甚活躍的，〔註19〕除了與漢族高門的心態有關之外，與北周的政治情勢也有相關。

關於這種情形，亦可從楊堅在開皇年間的言論看出，如《文館詞林》所載〈隋文帝令山東卅四州刺史舉人敕一首〉即提到這樣的情形：

> 自周平東夏，每遣搜揚，彼州俊人，多未應起。或以東西舊隔，情
>
> 猶自疎；或以道路懸遠，慮有困乏。假為辭託，不肯入朝。〔註20〕

雖說北齊在建德年間方被併入北周，距離周亡也不過四、五年，未來得及參加北周政權是很合理的。但是在山東的經學世家，從傳統儒家理念來看，「學而優則仕」是最大的理念，一朝皇帝求賢若渴為何不起而受召呢？一個可能的原因是關中政權的胡化。

魏孝武帝入關中之時，有許多山東士人追隨魏帝入關，可能的原因是孝武帝代表著北魏政權，也代表著孝文帝以來的漢化政權。然而宇文泰在關中建立新政權之後，進一步推行的府兵制與賜胡姓的政策，如此看來是反漢化的政策，或許是之後山東士人不願意進入關中政權的原因之一。也因此當北周武帝徵召山東士人入關時，才會有「假為辭託，不肯入朝」的情形出現。但不可否認的是，仍有部分的山東士人應徵召而進入關中，《周書》、《隋書》

〔註18〕《周書》卷六〈武帝紀〉，建德六年三月條，頁104。

〔註19〕西魏時期即已進入關中的山東士人，因有開國功勳之故，地位較高。至第二代，因承襲父蔭，政治地位會比後期才進入北周政權的山東士人來得好。

〔註20〕《文館詞林》卷六百九十一〈隋文帝令山東卅四州刺史舉人敕一首〉，頁409。

中才會有他們的本傳記載。如《北齊書·杜弼傳》就記載「周武帝平齊，命尚書左僕射陽休之以下知名朝士十八人隨駕入關」。〔註21〕不過既言「知名朝士」，也就不一定都是山東的漢人大族，但山東士人還是有的，如李德林就是一開始即被徵召進關中的山東名士之一，據《隋書·李德林傳》即載此事曰：

> 及周武帝克齊，入鄴之日，勑小司馬唐道和就（李德林）宅宣旨慰
> 喻，云：「平齊之利，唯在於爾。朕本畏爾逐齊王東走，今聞猶在，
> 大以慰懷，宜即入相見。」……仍遣從駕至長安，受內史上士。自
> 此以後，詔誥格式，及用山東人物，一以委之。〔註22〕

由此觀之，平齊之後入關中的山東士人，在北周政權中似未受到重用，即使是如李德林這般「譽重鄴中，聲飛關右」〔註23〕的名士，也不過為文書官罷了。《隋書·李德林傳》就如此記載了北周武帝對李德林的態度：

> 武帝嘗於雲陽宮作鮮卑語謂群臣云：「我常日唯聞李德林名，及見其
> 與齊朝作詔書移檄，我正謂其是天上人。豈言今日得其驅使，復為
> 我作文書，極為大異。」〔註24〕

可見武帝之所以召李德林入關，只是為其文書而已，對山東漢族士人而言，實是稱不上受「重用」。況且周武帝尚用鮮卑語謂群臣，顯見不欲讓漢臣知道武帝的這般態度。在這樣的政治環境之下，或許楊堅即利用此契機，吸引這些未受重用的山東士人，除了同為漢族名門出身可以有相互扶助的理由之外，也給予較高的政治地位以吸引之。《隋書·李德林傳》即載楊堅在代周建隋之際遣人拉攏李德林：

> 宣帝大漸，屬高祖初受顧命，邗國公楊惠謂德林曰：「朝廷賜令總文
> 武事，經國任重，非群才輔佐，無以克成大業。今欲與公共事，必
> 不得辭。」德林聞之甚喜，乃答云：「德林雖庸懦，微誠亦有所在。
> 若曲相提獎，必望以死奉公。」高祖大悅，即詔與語。〔註25〕

李德林「聞之甚喜」的原因，即很有可能是政治生涯有轉變的機會。其後李德林果然受楊堅重用，如其本傳所載曰：

> 以德林為丞相府屬，加儀同大將軍。未幾而三方構亂，指授兵略，

〔註21〕《北齊書》卷二十四〈杜弼·杜臺卿〉，頁354。
〔註22〕《隋書》卷42〈李德林〉，頁1198。
〔註23〕《隋書》卷42〈李德林〉，「史臣曰」，頁1209。
〔註24〕《隋書》卷42〈李德林〉，頁1198。
〔註25〕《隋書》卷42〈李德林〉，頁1198。

皆與之參詳。軍書羽檄，朝夕填委，一日之中，動逾數百。或機速

競發，口授數人，文意百端，不加治點。〔註26〕

以山東漢族士人身份在楊堅手下如此獲得重用，應對其他尚在觀望的山東士人或在北周朝中不被重用的漢人有很大的吸引力。故如前文所言，隋代的山東士人比北周時期多了近九個百分點，應不是偶然。

楊堅在北周末年獲得輔政的機會，爲了與宇文氏對抗，楊堅採用漢人政權的號召，去除宇文泰時期所賜的胡姓、恢復舊姓，並且建立一個漢人集團，再加上籠絡在北周朝中不被重用的山東士人，使得楊堅的漢人政權號召顯得眞實而非空談。且從統計數據當中看北周末年依附楊堅的人，亦可以明顯看出漢人所佔的多數比例。不論是西魏北周以來就已依附的河南河東、關隴當地漢人，或是冒蔭爲漢人的漢化胡人，以及北方漢族代表的山東士人，都比北周時期大幅上升許多。相對的北鎮人士的比例卻大幅下降，其所顯示的不僅僅是關隴集團內部結構的轉化，也是胡人政權向漢人政權轉化的象徵。所以說，楊堅在周隋之際所做的努力之一，就是拉攏各地的漢人勢力，包括那些已經漢化的新漢人，共同建立以漢人政權爲號召的漢人集團。

二、漢人國族建構與代周建隋

縱使知道在北周末年有許多漢人及新漢人傾心支持楊堅建立新的政權，但也不可忽略的是，許多人支持楊堅是基於政治因素而非族別因素。有部分漢人勢力只是藉著楊堅的聲望地位，達到自己要的政治目的或利益。如當宣帝崩時引楊堅輔政的劉昉和鄭譯，其實也只是利用楊堅來鞏固自己的政治地位，這可從《隋書‧劉昉傳》中看出：

然昉素知高祖，又以后父之故，有重名於天下，遂與鄭譯謀，引高

祖輔政。高祖故讓，不敢當。昉曰：「公若爲，當速爲之；如不爲，

昉自爲也。」高祖乃從之。〔註27〕

顯見劉昉是爲了自身利益，軟硬兼施的要楊堅答應輔政。並且劉昉、鄭譯相謀引楊堅輔政時，原先想求得的地位是更高的，此由《隋書‧李德林傳》可

〔註26〕《隋書》卷 42〈李德林〉，頁 1199。

〔註27〕《隋書》卷三十八〈劉昉傳〉，頁 1131。前文已經提過，楊堅在北周時沒有什麼功勳，故在此處所指的「有重名於天下」，應該指的是楊堅的弘農楊氏出身是名門之後，所以有名望於天下。就此看來，楊堅成爲他們合作對象的原因，除了爲舊識之外，后父身分與漢族名門之後的名望都是重要的考量之一。

看出：

> 鄭譯、劉昉議，欲授高祖冢宰，鄭譯自攝大司馬，劉昉又求小冢宰。
> 高祖私問德林曰：「欲何以見處？」德林曰：「即宜作大丞相，假黃
> 鉞，都督內外諸軍事。不爾，無以壓眾心。」及（宣帝）發喪，便
> 即依此。以譯爲相府長史，帶內史上大夫，昉但爲丞相府司馬。譯、
> 昉由是不平。〔註28〕

所以對劉昉、鄭譯而言，楊堅只不過是他們鞏固勢力的一步棋子，目的在保護自己，並期望能有更高的權位。因爲他們均是以宣帝之寵幸而握權，宣帝既死，還能不能保有當前地位是迫切的問題。此時楊堅名門的身世及政治的地位確有可能達到鞏固政權之效，否則以劉昉「技佞見狎，出入宮掖，寵冠一時」〔註29〕的形象，可能在宣帝死後只能倉促下台，能否保持性命亦未可知。而且以劉昉在當時不過爲御正大夫的地位，想要掌握朝政又談何容易，故必須找一個身世背景、政治地位都恰當，又能跟自己站在同一陣營的人做爲合作對象。於是，楊堅便以「后父之故，有重名於天下」，成爲劉昉、鄭譯合作的對象。

在這樣的政治需求下，縱使楊堅輔政之後劉昉、鄭譯沒有得到預期的地位因而心生不平，但還是支持楊堅輔政。並且在此之後，因有定策之功，故「昉自恃其功，頗有驕色。然性粗疏，溺於財利，富商大賈朝夕盈門」，〔註30〕顯見此輩支持楊堅輔政的最大目的是在於自己的利益，至於楊堅身爲后父與弘農楊氏之後的身分，雖然也是考慮重點，卻是其次。

顏之儀所支持的宇文仲，與劉昉、鄭譯所支持的楊堅，在輔政地位的角力上由楊堅獲得勝利，或許即是漢人即將重新取得政權的先聲。然不可否認的是，楊堅在劉昉、鄭譯的披助之下，加上原先政治地位與出身背景的輔佐，漢族名門的作用突顯出來，不僅成立一個漢人集團，亦透過各方漢人勢力的協助，四個月便平定了三方起兵，楊堅也在隔年受禪建隋。〔註31〕

〔註28〕《隋書》卷四十二〈李德林〉，頁1198～1199。
〔註29〕《隋書》卷三十八〈劉昉傳〉，頁1131。
〔註30〕《隋書》卷三十八〈劉昉傳〉，頁1132。
〔註31〕平定三方起兵較重要的幾個將領，如韋孝寬、王誼、梁睿均是漢人名將。尤其韋孝寬爲西魏北周開國元老，對於以維護宇文氏政權爲號召的尉遲迥理應支持，卻反過來以七十高齡爲楊堅披掛上陣，平定尉遲迥後隔年便逝世。韋孝寬爲出身京兆杜陵韋氏的漢人高門，此一臨死前的功勳，很難說與看見漢人重掌政權而懷抱希望不無關係。

　　那些長期在宇文氏政權下被壓抑的漢人勢力，雖然不能說是全心傾附楊堅的漢人政權，但是楊堅以漢族名門出身輔政，建立漢人集團、恢復舊姓、極力拉攏各方漢人，似乎以建立一個漢人政權爲號召，這的確能吸附很多心底早已對宇文氏政權反感的漢人勢力。楊堅掌權雖然未必出於本身的事先預謀，但是在當下要鞏固自己的權位，也是需要這些漢人勢力的支持以對抗北周的宇文家族勢力。所以可以看到在周隋之際依附楊堅的人之中，以關隴、河南河東、山東地區的漢人爲大多數。在相互需要的作用之下（通常是政治需求大於族別需求），藉由聲稱屬於同一民族的來源（不論漢人或新漢人，在當時而言都是漢人），建立屬於漢人的國族建構。楊堅所聲稱的顯赫出身：出自西漢太尉楊震的「弘農楊氏」便成爲漢人依附的對象，而那些不論是漢人或是已經數代漢化的新漢人，都可以在這個漢人政權的旗幟之下支持楊堅取代宇文氏政權。

　　有學者提出，「國族」並非完全是由語言、種族或宗教等既定社會條件所決定的產物，而是透過「想像」使得存在。〔註32〕而這種「想像」的目的則多半是政治的，亦即有這樣的需要，因而某一群人聲稱是某個民族，而欲建構自己的國家。如此來看，北周政權中許多漢人與新漢人在政治需求下，藉由共同出自於漢族的認同，欲重新建立漢末以來北方久未見到的漢人政權，並藉以強調漢人正統在北方以抵抗南朝，是很有可能的。這樣的需求是政治性的，但所訴諸的方式卻是民族的。而這就是繼以宗教外衣掩飾政治野心之外，又以民族外衣掩飾政治野心的另一種手段。

　　若依沈松僑的理論而言，晚清的國族建構是以黃帝軒轅氏爲國族建構的歷史符號，強調漢人血統，〔註33〕那麼在北周末年的楊堅輔政時局之下，西漢名太尉楊震是否也成了當時國族建構的歷史符號？亦或者是依《新唐書》中〈宰相世系表〉中所記載的楊氏先世可以追溯到周代姬姓，若此則西周文武王與周公都成了楊隋的國族建構歷史符號，藉以強調本身的漢民族血統？

〔註32〕這是沈松僑對於 Anderson 的著作作整合性的結論，原文應參見 Benedict Anderson,*Imagined Communities Reflections on the Origin and Spread of Nationalism*（revised edition,London：Verso,1991），或見中譯本〔美〕本尼迪克特・安德森，《想像的共同體：民族主義的起源與散佈》（上海：上海人民出版社，2003 年 1 月）。沈松僑的言論見於氏著，〈我以我血薦軒轅──黃帝神話與晚清的國族建構〉，《臺灣社會研究季刊》，第二十八期，民國 86 年 12 月，頁 1～77。

〔註33〕沈松僑，〈我以我血薦軒轅─黃帝神話與晚清的國族建構〉。

此可見《新唐書‧宰相世系表》所載：

> 楊氏出自姬姓，周宣王子尚父封爲楊侯。一云晉武公子伯僑生文，
> 文生突，羊舌大夫也。又云晉之公族食邑於羊舌，凡三縣：一曰銅
> 鞮，二曰楊氏，三曰平陽……震，字伯起，太尉。五子：牧、里、
> 秉、讓、奉。牧字孟信，荊州刺史、富波侯。二子：統、馥。十世
> 孫孕，孕六世孫渠，渠生鉉，燕北平郡守。生元壽，後魏武川鎮司
> 馬，生惠嘏。〔註34〕

從五胡十六國以來，就有許多五胡君主假借中國的顯赫祖先，以拉抬自己的
社會地位。如匈奴冒爲夏禹之後、羌族出爲虞舜之後、鮮卑則與女眞同樣冒
爲黃帝之苗裔。這些聲稱的族源，都是爲了要爭取被統治者（境內廣大漢人）
的支持。〔註35〕就此來看，楊堅或許透過這個老方法，強調自己的政權不只
是承繼漢魏以來的漢人政權，更是承繼周代姬姓而來，用以形成更強的吸引
力。

　　楊堅對於自己出身於弘農楊氏的認同，並以此拉攏一批漢人成立漢人親
信集團，對於其漢人國族建構的號召有很大助益，而此一漢人的國族建構後
來也的確傾覆北周國本。雖然當是時依附楊堅的各方勢力並不全是因爲漢族
認同，漢人集團裡也有許多經過長時期漢化而認同自己是漢人的新漢人，但
是在這樣的號召之下，確實可能吸附許多漢人勢力爲了政治利益而藉口族群
關係，轉而投效楊堅，就像前文所說的，以族群利益來掩飾他們的政治野心。

三、小結

　　前文在第三章第一節曾提到，楊堅的親信集團中有許多胡人，看似不強
調漢人統治，但不可否認的是，在周隋之際有許多漢人勢力選擇了支持楊堅。
究竟楊堅是否以漢人政權作爲號召？筆者認爲是有的。雖然他的親信集團中
仍有近三分之一的胡人，但有一部分是因爲今日史家的考證得知其爲胡人，
然在當時，他們的確是以漢人身分處在北周政權中。經過五胡以來冒籍漢人、
長期漢化的過程，經歷了幾個世代，到北周時語言與生活形態完全漢化，根
本認爲自己是漢人實不爲過。故由此一觀點來看，楊堅的親信集團應還是以
漢人爲絕大多數的，則楊堅的漢人政權號召亦是可能成立的。

〔註34〕《新唐書》卷七十一下〈宰相世系一下‧楊氏〉，頁 2346～2347。
〔註35〕曹仕邦，〈史稱「五胡源出中國聖王之後」的來源〉，《食貨月刊》，第 4 卷第 9
　　　　期，民國 63 年 12 月，頁 396～399。

　　陳寅恪亦認爲楊堅並非弘農楊氏卻稱弘農楊氏，這樣的認同也可能是在如上所述大環境下形成的。楊堅若非出自弘農楊氏卻認同弘農楊氏的出身，除了拉抬社會地位之外，亦有可能是利用此身分藉口建立漢人政權。並以此身分、此藉口拉攏北周朝中的各方漢人，並給予山東士族比北周朝更高的政治利益，藉以建立一個漢人集團，豎立漢人政權的旗幟，終打倒了北周政權。

　　不過，雖然打著漢人政權的旗幟，事實上也不過是一群想要將政治勢力重新洗牌的政客，共同支持一個可能讓自己更上一層樓的新政權。如劉昉、鄭譯等人，雖也是漢族出身，但他們所關注的焦點是在於自己的政治利益，楊堅漢族名門出身的條件也不過是重點之一罷了。當然，不可否認的，還是會有人抱持著爲漢人政權而努力的心態，只是這些純粹爲漢人政權而努力的力量，都被淹沒在政權轉換的權力鬥爭之中了。

第二節　集體記憶的凝聚—製作偉人楊堅

　　「集體記憶賴某種媒介，如實質文物及圖像、文獻或各種集體活動來保存、強化或重溫」。〔註36〕記憶，當然指的是事後對此事的一種回憶。然而眾所周知的是，人的記憶是不可靠的，往往需要透過其他實質物品或是其他記憶來連帶回想。於是，爲了確保某個事件能夠深深烙印在人民的心裡不被遺忘，許多實際的紀念品被豎立在社會上的各個角落。諸如偉人銅像、紀念碑、紀念公園、紀念美術館、紀念博物館……等。後來的人們縱使不認識這個人、不知道這件事，也能夠透過這些紀念物略微知曉；而經歷過這些事情的人，再見到這些紀念物時，也能夠湧現當時的記憶與感動。這就是這些紀念物被建立的目的。也就是說，建立這些紀念物的當下，必然有某些歷史情境，促使這個紀念物被建立。而這個歷史情境，就是在當時的現實環境之下，有建立這些紀念物的需要。

　　除了實質的紀念物，也可透過其他方式記憶過去曾發生的事。如照片、詩歌、電影、文字等等。當這些影像重複播放出來，或是詩歌透過音樂讓人聽見，不論視覺或聽覺，也都能喚起人們的記憶。而這些記憶過去的物品，在某些方面來說，成爲了另一種史料。

〔註36〕王明珂，〈過去的結構──關於族群本質與認同變遷的探討〉，《新史學》，第五卷第三期，1994 年 9 月，頁 119～140。

英國史家彼得・柏克（Peter Burke）就曾利用石雕、銅像、油畫、紀念章、蠟像、錢幣、文字、各式舞蹈表演等，企圖重建路易十四的公眾形象。〔註37〕然而路易十四是十七世紀的人物，距今不過三百多年，許多當時建造的紀念物至今猶存，一些戲劇與音樂也不斷傳承至今。故彼得・柏克作這樣的研究有其優勢，他的材料十分豐富，此研究也成為後人學習的典範。

不論是西方或中國的帝王，都有形象塑造的問題，「在君主封建時代裡，是要向『子民』製造國王的公眾形象……今天，塑造政治人物形象的功夫，仍舊方興未艾」。〔註38〕今天的政治人物，形象塑造更是多元與花俏。只是在一千多年前的周隋之際，不可能有照片或是電影留下影像紀錄，只能從殘存的歌謠或雕刻拼湊過去。然而經過一千多年時間的摧殘，周隋之際能夠保存至今的資料少之又少，縱然是不易損壞的石刻也呈現磨損難認或是崩壞的現象，更遑論少數能呈現帝王圖像的絲綢畫卷。因此，欲研究周隋之際帝王形象塑造的問題是十分困難的，筆者只能盡量從斷簡殘編之中尋找蛛絲馬跡，試圖重組周隋之際楊堅是否亦曾利用大量的形象塑造，為其政權的和平轉移建立契機。〔註39〕

一、官方資料中的楊堅形象

「對於國家或社會群體而言，各種的偉人塑像、紀念碑、歷史文物等，都背負著許許多多過去的記憶。事實上書寫在實質材料上的文字，尤其以象形、指事、形聲為主體的中國文字，可說是保存記憶最普遍的具體媒介」。〔註40〕所以要檢閱過去發生的事，最直接、快速的方法就是查閱文字資料，目前在中古時代所遺留的資料當中，自然也以文字資料數量較多。

在北周宣帝崩後，如前文所得出的結論，楊堅是在一連串的契機之下得以上台輔政，而非他本人實至名歸的獲得眾人擁戴。故楊堅在輔政時期，必須進行一連串的行動以鞏固其輔政地位，包括恢復舊姓、建立漢人集團、興

〔註37〕彼得・柏克，《製作路易十四》，「導讀」。
〔註38〕彼得・柏克，《製作路易十四》，「導讀」。
〔註39〕楊堅代周建隋並非全然和平的，眾所周知，在楊堅輔政之時就已引起三方起兵，只是被楊堅快速平定了。然而在平定三方起兵後，楊堅接下來陸續進行的改朝換代，並沒有再引發任何反對聲浪。因此，就針對改朝換代一事而言，過程的確是和平的。
〔註40〕王明珂，〈集體歷史記憶與族群認同〉，《當代》，第91期，民國82年11月，頁6～19。

復佛道二教等等。除此之外，楊堅也透過其輔政地位之便，以靜帝的名義下達許多詔令，不僅給予其統治上的權力，也有助於其輔政形象的建立。如在三方起兵之時，靜帝下詔曰：

> 朕祇承洪業，二載於茲。藉祖考之休，憑宰輔之力，經天緯地，四海晏如。逆賊尉遲迴，材質凡庸，志懷姦慝，因緣戚屬，位冠朝倫。……稱兵擁眾，便懷問鼎。……〔註41〕

從大象二年五月上台輔政，到下達此詔令的八月，其間不過三個月。面對宣帝駕崩、靜帝幼弱的局面，楊堅的確是必須努力讓朝廷維持正常運作。況且在輔政的隔月（即大象二年六月）尉遲迴就已經舉兵不受代，接下來七月司馬消難起兵，八月王謙舉兵。面對一連串反對楊堅輔政的兵變，楊堅的確要有足夠的應變能力才能應付局面，並維持國政不輟。故詔令所言「藉祖考之休，憑宰輔之力，經天緯地，四海晏如」，如此美言楊堅的內容或許不會太過美化。然須注意的是，此一時期詔令的發佈人應是楊堅而非靜帝，故這些美化楊堅的文字很有可能是出自楊堅的意旨。當然也有可能是詔令的執筆者為討好楊堅所作，然不可否認的是，此道詔令必定是經過楊堅的授權才得以發佈。故不論是楊堅自己的意旨，或是臣屬為討好楊堅之作，都達到了美化楊堅的作用。與尉遲迴「材質凡庸，志懷姦慝」比起來，楊堅身為宰輔「經天緯地」的功勞更顯卓越。

繼此之後，大象二年九月，在授楊堅大丞相的詔令中，又對楊堅美言了一番：

> 假黃鉞、使持節、左大丞相、都督內外諸軍事、上柱國、大冢宰、隋國公堅，感山河之靈，應星辰之氣，道高雅俗，德協幽顯。釋巾登仕，搢紳傾屬，開物成務，朝野承風。受詔先皇，弼諧寡薄，合天地而生萬物，順陰陽而撫四夷。近者，內有艱虞，外聞妖寇，以鷹鸇之志，運帷帳之謀，行兩觀之誅，掃萬里之外。……治定功成，棟梁斯託，神猷盛德，莫二於時。……〔註42〕

此時三方起兵已經平定，楊堅輔政的功績又添上一筆，故再進位為大丞相，對其功勞美言幾句也是常態。然而楊堅進位為大丞相，想來也是自己的主意，

〔註41〕 《周書》卷八〈靜帝紀〉，大象二年八月條，頁133。宣帝在大象元年就已讓位給靜帝，故雖然宣帝於大象二年才過世，靜帝卻已是即位的第二年了。
〔註42〕 《隋書》卷一〈高祖上〉，大象二年九月條，頁4。

既不好自己褒獎自己，便假靜帝之名義，對楊堅治平國家的貢獻加以褒揚。且在此之後，又隨即追贈楊堅高祖、祖、父之爵位，〔註43〕不僅提高自己的地位，也連帶提高了父祖的地位。

再隔三個月，大象二年十二月，靜帝再次下詔，將楊堅進爵為王。楊堅能夠進爵為王，自是其有功於國家，故又將楊堅大大讚美一番：

>……隋國公，應百代之期，當千齡之運；家隆台鼎之盛，門有翊贊之勤。心同伊尹，必致堯舜；情類孔丘，憲章文武。……入處禁闥，出居藩政；芳猷茂績，問望彌遠。……任掌鈞陳，職司邦政；國之大事，朝寄更深；鑾駕巡游，留臺務廣。周公陝西之任，僅可為倫；漢臣關內之重，未足相況。

>及天崩地坼，先帝升遐，朕以眇年，奄經荼毒，親受顧命，保乂皇家。姦人乘隙，潛圖宗社；無君之意已成，竊發之期有日。……畫籌帷帳，建出師車；諸將稟其謀，壯士感其義；不違時日，咸得清蕩。……使朕繼踵上皇，無為以治，聲高宇宙，道格天壤。伊尹輔殷，霍光佐漢，方之蔑如也。……〔註44〕

此處明顯點出楊堅在輔政之前就已經是北周重臣，不但「國之大事，朝寄更深」，甚至「情類孔丘，憲章文武」。而楊堅在宣帝崩時受詔輔政，也被描寫為「親受顧命，保乂皇家」。平定三方起兵，穩固政權，其功更可比伊尹、霍光！不過同樣的，這次的晉升應仍舊是出自楊堅自己的謀畫。

從楊堅在大象二年五月輔政以來，至十二月，短短半年，楊堅已躍升為王。且透過詔令的下達，將楊堅對國家的貢獻，不斷地輸送給臣民知道。而確實，除了宇文宗室舊臣之外，對於廣大人民而言，穩定的政權就是對生活最大的保障。因此，楊堅能夠在三個月內平定三方起兵，又透過官方詔令的下達，宣揚其穩定國家的功勳，或許就是其在政權鼎革之際未再引發反叛的因素之一。

繼進爵為王之後，隔年改元大定元年。甫開春，大定元年二月，靜帝便透過一連串的詔令，讓位給楊堅。這些詔令之中，又不斷的宣揚楊堅的豐功偉業，甚至列舉其功勳十四大項，以彰顯其為國之棟梁。〔註45〕二月未結束，

〔註43〕《隋書》卷一〈高祖上〉，大象二年九月條，頁4～5。
〔註44〕《隋書》卷一〈高祖上〉，大象二年十二月條，頁5～6。
〔註45〕《隋書》卷一〈高祖上〉，大定元年二月條，頁7～11。十四項功勳除了平定

靜帝又以楊堅「眾望有歸」，下詔退位：

> 俄而周帝以眾望有歸，乃下詔曰：「……周德將盡，妖孽遞生；骨肉
> 多虞，藩維構釁……相國隋王，叡聖自天，英華獨秀；刑法與禮儀
> 同運，文德共武功俱遠；愛萬物其如己，任兆庶以爲憂……朕雖寡
> 昧，未達變通，幽顯之情，皎然易識。今便祗順天命，出遜別宮，
> 禪位於隋，一依唐、虞、漢、魏故事。」〔註46〕

經過一連串詔令的美言，以及臣屬的勸進，楊堅在大定元年二月接受了靜帝
的禪讓，並改元爲開皇元年。從大象二年五月至此時不到一年，從沒有顯赫
功勳、只單純賴其姻親關係入主輔政，到進爵爲王，甚至取靜帝而代之。爲
了彌補功勳的不足，楊堅建立漢人集團、拉抬漢人勢力、平定三方起兵，目
的就在於能夠穩固建立自己的勢力。

除此之外，也如前文所提的恢復佛道二教，並且大行寬政以賂民：

> （大象二年六月）……庚申，復行佛道二教……己巳，詔南定、北
> 光、衡、巴四州民爲宇文亮抑爲奴婢者，竝免爲民，復其本業。……
> 庚辰，罷諸魚池及山澤公禁者，與百姓共之。……〔註47〕

這一連串的政策，不會是一個八歲的孩童所能夠當機立斷的，想當然爾是
出自於輔政者楊堅之意。但是這樣還不夠，楊堅透過靜帝名義發佈多道詔
令，要將自己的政績宣揚出去。之所以要多次宣傳，就表示在當時的政治
環境上有這樣的需求。就像路易十四晚年面臨形象下降的危機，所以他的
化妝師便要挖空心思去挽救這種情形一樣，都是出自於當前政治環境的急
迫需求。〔註48〕因此，在這麼短的時間之內下達多項政策的執行，並接著
宣揚政績，應當就是楊堅爲接下來發展的先行計畫。

除了詔令之外，楊堅也盡量利用其他方式宣傳自己的政績，如前文第三
章第三節所談到的，楊堅多次在書信當中強調自己對佛法的虔誠，以及對興
復佛教的不餘遺力。如果自己本來就是虔誠信徒，致力興復也是爲其信仰所
致，何須大力宣揚？既如此宣揚，便是有所圖報，目的即在於加強人民對楊
堅的良好觀感。而除了本身的興復佛教之外，對於楊堅的出生也附加了佛教

三方起兵外，還有鞏固皇室、教化風俗、平定南北……等。這種總敘功勳的
詔文即是「九錫文」，關於九錫文的討論會在下一節提到。

〔註46〕《隋書》卷一〈高祖上〉，大定元年二月條，頁11～12。
〔註47〕《周書》卷八〈靜帝紀〉，大象二年六月條，頁132。
〔註48〕《製作路易十四》，「導讀」，頁9。

成分。如本文第三章第三節所分析過的，楊堅利用佛教家庭、出生即由尼姑所撫養，以及以興佛爲己任等事，建立自己佛教護法的形象。楊堅這些舉措的目的，都是希望在人民心目中建立一個仁君的形象，並且透過詔令的下達，傳遍全國，藉此不斷在人民面前讚頌楊堅的功勳。並由此建立一個集體的社會記憶，透過大規模的宣傳，周隋之際的人民，當會記得楊堅的仁政。〔註49〕下文即可從民間的資料來看，楊堅辛苦建立的佛教君王與仁君形象，是否成爲民眾深刻的記憶。

二、民間資料中的楊堅形象

　　不論是中西方的歷史，都是以記載國家興衰、帝王將相的事蹟爲主，對於廣大人民的記錄是少之又少，因此要研究中古以前社會大眾的情形是比較困難的。目前對於中國中古史領域裡的下層人民社會文化研究，仍大多依賴石刻史料，除了因爲不容易損壞而保存至今的因素之外，有很大的因素來自於北朝時期大量建寺立碑的風潮，這與北朝佛教盛行有很密切的關係，在本文第三章第三節已有討論。而對於本節所要討論的民間對於楊堅形象的討論，也是必須由石刻史料著手。然而目前所存中古石刻史料以墓誌與塔寺碑銘爲多，墓誌屬於個人或家族的記載，對於帝王的描寫很少。然而拜北朝佛教興盛之賜，楊堅又是篤信佛教的君王，故可從佛教石刻中找到較多的資料來佐證楊堅的形象問題。

　　誠如本文第三章第三節所說的，楊堅在輔政之時就開始興復佛教的政策：

　　　　（大象二年六月）……庚申，復行佛道二教……〔註50〕

即位之後也立即下令營造經像、抄寫經書：

　　　　開皇元年，高祖普詔天下，任聽出家，仍令計口出錢，營造經像。

　　　　而京師及幷州、相州、洛州等諸大都邑之處，並官寫一切經，置于

〔註49〕宣傳是否能達到目的有幾個關鍵，如訊息的來源是否可靠，以及訊息對民眾是否有吸引力。就楊堅的情況來說，這些祥瑞、符命由官方放出，自然是所謂的「官方說法」，又是魏晉南北朝以來流行的說法，自然能增加其可信度。再者，楊堅下達寬惠之政、復行佛道二教的作法，正是民眾所希望的，故此一訊息對民眾而言是有吸引力的，再加上訊息由官方所出，民眾自然會受到強烈的影響，並在心中留下對楊堅良好印象才是。又這些訊息欲收買的對象是廣大的下層民眾，教育程度不足的情況之下，官方說法便成爲唯一可信的訊息來源，對民眾的影響力自不可小覷。以上關於宣傳的效果，參見劉安彥，《社會心理學》，第六章。

〔註50〕《周書》卷八〈靜帝紀〉，大象二年六月條，頁132。

寺内；而又別寫，藏于秘閣。〔註51〕

除了興復佛道二教，還有如前文所提的將奴婢竝免爲民、將公有魚池山澤與
百姓共之，以及之後的快速平定三方起兵，使國家免於戰亂等等。除此之外，
又嘉惠百姓，甚至刪去舊時嚴苛的律令，行寬大之典，誠如《隋書・刑法志》
所載：

> 隋高祖爲相，又行寬大之典，刪略舊律，作《刑書要制》。既成奏之，
> 靜帝下詔頒行。〔註52〕

此處亦可明顯看出，楊堅輔政時期的政策都是出自楊堅之意，靜帝不過是以
皇帝名義頒佈罷了。然而因爲楊堅從輔政到轉換政權只有不到一年的時間，
所以很難看到此時期民間對於楊堅這些政策的反應何如。但是從隋代時期人
民在各式塔寺石碑所留下的銘刻，都不難看出人民對於楊堅當年復佛政策的
感念。如〈寶泰寺碑〉即載云：

> ……值周併齊運，像法沈淪，舊塔崩頹，岁有□跡。大隋握圖受命，
> 出震君臨，屛囂塵而作輪王，救濁世而居天位。大開玄教，□置伽
> 藍。……〔註53〕

這種復佛者的形象，加上當時楊堅輔政時一連串的寬大政典，使得楊堅不但
是復佛者，也是仁君，誠如〈龍華碑〉上所記載的：

> ……自元曆有歸，將移周紀，時惟多難，政乃私門。氣混陰陽，光
> 虧日月，經遭坑儒，（闕）天啓聖，膺圖籙於千年；下庶獲安，仰睿
> 風於萬古。降茲明命，用集我大隋高祖文皇帝，揖讓受終，理形統
> 象，下協兆民之欲，傍謹□萬國之情。位重青蒲，尊居紫極，雖復
> 機有萬事，偏注三乘，殿闕停修，伽藍是（闕）者歟？……〔註54〕

更甚者，將楊堅視爲上天派來拯救人民的聖王，是佛教的轉輪王，如〈詔立
僧尼二寺記〉所云：

> ……我大隋應千齡之會……欽明御宇，秉金輪以治世，懸玉鏡而照
> 臨。……〔註55〕

〔註51〕《隋書》卷三十五〈經籍四〉，頁1099。

〔註52〕《隋書》卷二十五〈刑法志〉，頁710。

〔註53〕《全隋文補遺》卷二〈寶泰寺碑〉，頁67。原見於《山右石刻叢編》卷三。根
據碑文最末所記，此文作於開皇五年。

〔註54〕《全隋文補遺》卷二〈龍華碑〉，頁78。原見於《八瓊室金石補正》卷二十八，
頁4445～4446。

〔註55〕《金石萃編》卷三十八〈隋一・詔立僧尼二寺記〉頁658～660。

佛教的轉輪聖王，就是以佛教教化天下或以佛教意識型態治國的帝王。〔註56〕
楊堅因爲出身佛教世家，又被女尼撫養長大，對於佛教經典自然十分熟悉。
他借用佛教中轉輪王的形象，來塑造自己佛教帝王的形象。而這樣的形象塑
造，也的確深深烙印在民眾心中，就如《金石萃編·龍藏寺碑》上所載的：

> ……往者四魔毀聖，六師謗法，拔髮翹足，變象吞麻，李園之內，結
> 其惡黨，竹林之下，亡其善聚，護戒比丘，翻同□□□□□□□等
> □……我　大隋乘御金輪，□□□□，上應帝命，下順民心。飛行而
> 建，鴻名揖讓，而升大寶。匪結農軒之陣，誰佝湯武之師……〔註57〕

一方面是佛教聖王，一方面是行寬大政典的仁君，這種「上應帝命，下順
民心」的評價出自於民間而非官方文書，顯見楊堅仁君的形象已深刻落實在
人民心中，成爲隋代臣民記憶中的一位佛教護法聖王。

　　雖然楊堅是從即位之後才慢慢塑造佛教帝王的形象，但從他輔政時期及
即位那年所施行的措施來看，楊堅應該早就有打算以大興佛教來拉攏民心。
從輔政到即位的一年裡，因爲推行這些政策，獲得人民支持，所以之後積極
建立佛教聖王的形象。除此之外，從另外一件事情也可以看出楊堅刻意營造
佛教帝王形象的心態。即是他請一位印度僧那連提耶舍，將《申日經》翻爲
漢文，並將隋天子放入經書之中，重新譯成《德護長者經》。而根據古正美的
研究，這部經書譯成漢文之後，內容稱大隋國王是一位以佛教教化天下的轉
輪聖王。因爲是根據隋文帝的意思將大隋天子放入經書，故古正美將之稱爲
僞經。〔註58〕然而既由國家翻譯成漢文推行，廣大的崇佛民眾（當然是不懂
梵文）當深信不疑，認爲楊堅的確是神佛化身的佛教天子。

　　由這些楊堅刻意營造的佛教形象，以及社會大眾反應出來對楊堅佛教君
王、仁君形象的崇拜，我們不難推論，楊堅在輔政時期就已經博得人民大眾
的好感。雖然人民可能對於國家改朝換代持有疑慮，但是與宣帝之暴虐無道
相比，這位輔政者的表現顯然比宣帝好得太多。因此在輔政至即位的這段時
間裡，楊堅恢復佛教進而建立其護法聖王的形象，是其代周建隋未再遭受抵
抗的另一個可能原因。

　　然而可惜的是，目前民間所留下關於楊堅的形象，只能從佛教資料中找

〔註56〕古正美，《從天王傳統到佛王傳統》，頁157。
〔註57〕《金石萃編》卷三十八〈隋一·龍藏寺碑〉，頁646～648。
〔註58〕古正美，《從天王傳統到佛王傳統》，頁164。古正美並認爲，楊堅此舉乃是模
　　　　仿符堅。

到較多佐證，這也是拜楊堅大力興佛之所賜。其他民間資料少，記載得也少，無法對本文論點再進行加強，是可惜之處。然除了楊堅個人形象之外，既要進行政權轉移，也要建立北周將衰的天命印象，以合理化代周建隋的必要性。故下文即從民間所見各式周衰隋興的民間謠諺，或是各項加上官方解釋的讖緯之說，來討論周隋之際另一個政權轉移的形象問題。

三、讖緯謠諺之說與周衰隋興的印象

　　魏晉南北朝時期，不論是統治者或是民間都十分信仰鬼神，各式民間宗教也十分繁盛。因為崇信鬼神，對於各式占卜與讖緯之說也頗為重視。因此在北周時期出現許多關於周衰隋興的讖緯之說，有的是由民間傳出，有的則有可能是統治者刻意製造，目的都是在相信讖緯之說的民間造成一股天命將改的印象。

　　為了政治目的而捏造謠言，這種事情不只出現在政權轉移之際，舉凡雙方征戰，也多用此形成離間計，造成對方陣營之混亂。目前很難對一千多年前的謠諺考證是出自民間或由統治者刻意製造，不過若是關乎祥瑞或災異的，則多半可能出自官方，因為這正是官方的工作之一。如《隋書·五行志》所記載：

> 後周大象元年六月，陽武有鯉魚乘空而鬪。猶臣下興起，小人從之而
> 鬪也。明年帝崩，國失政。尉迥起兵相州，高祖遣兵擊敗之。〔註59〕

類似此種民間發生的異象，官方對此做出與政治相關連的揣測，並與後來的政治變化相互呼應，目的就在於說服人民周衰隋興早已是天定。除此之外，政權轉換之際為了符合五行相生或相剋的理論，在這一方面的傳聞也添加了五行色彩。如《隋書·五行志》記載的異象：

> 後周建德六年，陽武有獸三，狀如水牛，一黃，一赤，一黑。與黑
> 者鬪久之，黃者自傍觸之，黑者死，黃赤俱入于河。近牛禍也。黑
> 者，周之所尚色。死者，滅亡之象。後數載，周果滅而隋有天下，
> 旗牲尚赤，戎服以黃。〔註60〕

不只是牛禍，還有二龍相鬪的異象，同為《隋書·五行志》所載：

> （大象二年二月）癸未，……是日，洛陽有禿鶖鳥集於新營太極殿
> 前。滎州有黑龍見，與赤龍鬪於汴水之側，黑龍死。〔註61〕

〔註59〕　《隋書》卷二十三〈五行下〉，頁651。
〔註60〕　《隋書》卷二十三〈五行下〉，頁658。
〔註61〕　《周書》卷七〈宣帝紀〉，大象二年二月條，頁122～123。

由於北周尚黑，而後隋室因「旗牲尚赤，戎服以黃」，故此時期的讖緯之說，多半有黑者滅亡之象。而顯示周德將衰的異象，反映在政治現狀上，則多是北周王室之不德。如《隋書・五行志》所載云：

> 後周建德五年，黑龍墜於亳州而死。龍，君之象。黑，周所尚色。墜而死，不祥之甚。時皇太子不才，帝每以爲慮，直臣王軌、宇文孝伯等，驟請廢立，帝不能用。後二歲，帝崩，太子立，虐殺齊王及孝伯等，因而國亡。〔註62〕

尤其是對宣帝無道的警示，如《隋書・五行志》所載：

> 後周建德六年，青城門無故自崩。青者東方色，春宮之象也。時皇太子無威儀禮節，青城門無故自崩者，皇太子不勝任之應。帝不悟。明年太子嗣位，果爲無道。周室危亡，實自此始。〔註63〕

從這些讖緯之說來看，《隋書》中所收錄周隋時期對於北周滅亡的原因，多半都是著重在北周宣帝之無道，見《隋書・五行志》云：

> 後周大象二年正月，天雨黃土，移時乃息。與大同元年同占。時帝昏狂滋甚，期年而崩，至于靜帝，用遜厥位。絕道不嗣之應也。〔註64〕

雖然對於部分讖緯之說出現的時間，可能無法考訂得十分清楚，〔註65〕但可以肯定的是，楊堅爲了代周建隋，的確有運用讖緯的力量。誠如《隋書・律曆志》所載：

> 時高祖作輔，方行禪代之事，欲以符命曜于天下。道士張賓，揣知上意，自云玄相，洞曉星曆，因盛言有代謝之徵，又稱上儀表非人臣相。由是大被知遇，恒在幕府。〔註66〕

楊堅在輔政時期就已經利用讖緯之說，爲政權轉移做鋪路，用意即是在呈現周衰隋興的天命印象。能夠幫楊堅製造符瑞的人，自然能夠獲得重用，故在周隋之際有許多人妄造祥瑞以求仕進。如《隋書・禮儀志》所記：

> 初帝既受周禪，恐黎元未愜，多說符瑞以耀之。其或造作而進者，

〔註62〕《隋書》卷二十三〈五行下〉，頁668。
〔註63〕《隋書》卷二十二〈五行上〉，頁632。
〔註64〕《隋書》卷二十三〈五行下〉，頁660。
〔註65〕《隋書・五行志》中所記錄的各項讖緯之說，按理來說應是隋代史官留下記錄，唐代修史時一一收入。如是官方記載的災異發生時間，當不致有誤。但是對於災異的解釋，就很難分辨是隋代史官的解釋由唐代修史者抄錄，或是唐代修史者自己的解釋了。
〔註66〕《隋書》卷十七〈律曆中〉，頁420。

不可勝計。〔註67〕

不只是在祥瑞災異部分，民間流傳的謠諺，也多暗指周衰隋興的氣氛。如北周時有童謠暗指楊氏將興，見《隋書・五行志》云：

> 周初有童謠曰：「白楊樹頭金雞鳴，祇有阿舅無外甥。」靜帝隋室之甥，既遜位而崩，諸舅強盛。〔註68〕

而尉遲迥之敗，民間也謠傳鬼神之說，暗示周室之亡。如《隋書・五行志》所載云：

> 周大象二年，尉迥敗於相州。坑其黨與數萬人於遊豫園。其處每聞鬼夜哭聲。洪範五行傳曰：「哭者死亡之表，近夜妖也。鬼而夜哭者，將有死亡之應。」京房易飛侯曰：「鬼夜哭，國將亡。」明年，周氏王公皆見殺，周室亦亡。〔註69〕

除了民間相傳，皇宮之中也有對於宣帝無道的歌謠出現，如《隋書・刑法志》所記載：

> （宣）帝既酣飲過度，嘗中飲，有下士楊文祐白宮伯長孫覽，求歌曰：「朝亦醉，暮亦醉。日日恒常醉，政事日無次。」鄭譯奏之，帝怒，命賜杖二百四十而致死。〔註70〕

甚至還有宣帝自己說的，對自己不利的歌謠，見於《隋書・五行志》：

> 周宣帝與宮人夜中連臂蹋蹀而歌曰：「自知身命促，把燭夜行遊。」帝即位三年而崩。〔註71〕

這些不論是官方解釋的災異祥瑞，或是民間謠傳的街談巷議，都在在顯示周德將衰、隋室將興的印象。不管這些祥瑞或謠諺在什麼時間點出現，不可否認的是，對於這些祥瑞災異以及謠諺的政治解釋，都是到周隋鼎革時才發現原來祥瑞災異指的是這件事情。這就不可避免的落入，為當前政治現象尋求天命解釋的圈套。

　　據王明珂所言，「為了解釋現實的情勢而產生的集體記憶不只是選擇性

〔註67〕《隋書》卷六〈禮儀一〉，頁117。
〔註68〕《隋書》卷二十二〈五行上〉，頁638。此童謠又收錄於《先秦漢魏晉南北朝詩》〈北周詩卷四〉頁2411。《古謠諺》卷十，頁188。《太平御覽》卷九百五十七〈木部六・楊柳下〉，頁4379～1。《樂府詩集》卷八十九〈雜歌謠辭七〉，頁1256。
〔註69〕《隋書》卷二十三〈五行下〉，頁656～657。
〔註70〕《隋書》卷二十五〈刑法志〉，頁710。又見《古謠諺》卷十，頁189。
〔註71〕《隋書》卷二十二〈五行上〉，頁639。

的、詮釋性的，而且也經常是扭曲的」。〔註72〕以前文所引的史料來說，建德六年有三牛相鬥，黑牛死而赤黃二者入河。在當時來說，絕不可能知道之後會出現隋朝，也不可能會知道隋朝採用什麼服色。而用這個異象來解釋周衰隋興的現象，自然是楊堅輔政或是奪位以後才有可能用服色來詮釋之。楊堅代周建隋（581）距離建德六年（577）也已過了三、四年，除了記錄當時異象的官員，當不會有人清楚記得當年相鬥的三牛各是何色，因此要依照當前政治現狀稍微修改異象，也不無可能。更甚者，也有可能如前文所說的造作符瑞以進之，根本沒有三牛相鬥之情事。所以說，「集體記憶的一個重要特質便是，有時集體記憶也是對過去經驗的集體創造」。〔註73〕也就是說，集體記憶有時也是被創造的。這個象徵周衰隋興的異象被創造出來，口耳相傳之際也成為一種集體的記憶。或者說，創作符瑞之後，為了彰顯天命而將此符瑞照告天下，那麼這個被「創造」出來的符瑞，也就成了大眾的集體記憶：楊堅似乎就是應天命而成為天子的。而那些顯示周德將衰的災異，與隋室將興的祥瑞異象放在一起，也都變得十分合理了。

除了自然界的祥瑞與災異之外，帝王的相貌或是出生傳說，都多少帶著祥瑞之氣，以象徵其應天命而生。故下文即從楊堅的帝王相貌，來討論楊堅的形象問題。

四、楊堅相貌與君王形象

自古以來，史書上所記載的帝王相貌，總是與常人有異。然而這些異常的相貌，卻總是重複出現。大多是身材高大、鼻子高挺、額頭飽滿，或者身上或手上生而有文字等等。史書中記載這些帝王的相貌非凡，目的也是要讓臣民相信他是應天命而統治國家。〔註74〕

楊堅也不例外，除了本文第三章第三節提到有佛教背景的出生故事以強調自己是佛教護法聖王的形象之外，楊堅的相貌在史書記載中也早有不凡之相。在《隋書》中記載楊堅的相貌為：

> 為人龍顏，額上有五柱入頂，目光外射，有文在手曰「王」。長上短
> 下，沈深嚴重。〔註75〕

〔註72〕王明珂，〈集體歷史記憶與族群認同〉，頁11。
〔註73〕王明珂，〈集體歷史記憶與族群認同〉，頁11～12。
〔註74〕洪安全，〈中國歷代帝王的相貌〉，《故宮文物月刊》，第一卷第二期，民國72年5月，頁122～130。
〔註75〕《隋書》卷一〈高祖上〉，開皇前，頁1。

在他年十六時，宇文泰就已經發現楊堅的相貌不凡：

周太祖見而嘆曰：「此兒風骨，不似代間人！」〔註76〕

北周明帝時，又遣善相者趙昭去觀察楊堅的相貌，然而趙昭沒有明言告訴明帝，卻私下向楊堅進言：

（明）帝嘗遣善相者趙昭視之，昭詭對曰：「不過作柱國耳。」既而陰謂高祖曰：「公當為天下君，必大誅殺而後定。善記鄙言。」〔註77〕

武帝時，又不斷有人向武帝勸告說楊堅相貌非凡，需甚加注意：

齊王憲言於（武）帝曰：「普六茹堅相貌非常，臣每見之，不覺自失。恐非人下，請早除之。」帝曰：「此止可爲將耳。」內史王軌驟言於帝曰：「皇太子非社稷主，普六茹堅貌有反相。」帝不悅，曰：「必天命有在，將若之何？」〔註78〕

武帝點出了很重要的一點，就是「天命」！如果北周天命將亡，剷除楊堅也無濟於事。這也就是爲什麼每個開國帝王都必須作一些符合天命的祥瑞，以向臣民證明自己是天命之所歸。而這二段言論雖出自宣帝、武帝之口，卻也有可能是隋文即位之後爲前朝修史時，史官刻意放入的。或者是出於楊堅之授意，亦可能是史官爲取悅楊堅所爲，總之都反映了楊堅天命所歸的形象。

然而楊堅的相貌，除了史書上記載的幾句話之外，並沒有當時的畫像留下。目前所能見到最早的畫像，是唐初閻立本所繪的《十三帝王圖》。〔註79〕

閻家從北魏時期就已仕進，祖父閻慶及父親閻毗都仕於北周，閻毗即以能書能畫聞名北周。楊堅代周建隋之後，閻毗以技藝侍東宮，煬帝即位之後又獲重用。〔註80〕閻立德與閻立本兄弟都早傳家業，在唐初即爲重要的宮廷畫家。〔註81〕閻氏一家的經歷，可說是最接近周隋鼎革事件的畫家世家。因爲閻毗本身即經歷過周隋政權轉移，又長年仕於隋代，故立德、立本這兩位出生於隋代官宦世家的兄弟，對於隋文帝的印象當是深刻。據此，閻立本所繪的帝王圖像，當有其時代意義。

〔註76〕《隋書》卷一〈高祖上〉，開皇前，頁2。
〔註77〕《隋書》卷一〈高祖上〉，開皇前，頁2。
〔註78〕《隋書》卷一〈高祖上〉，開皇前，頁2。
〔註79〕又有稱《歷代帝王圖》者，目前原圖藏於美國波士頓美術館。
〔註80〕《周書》卷六十八〈閻毗〉，頁1594～1595。
〔註81〕《舊唐書》卷七十七〈閻立德〉，頁2679～2680。《新唐書》卷一百〈閻立德〉，頁3941～3942。

圖 4-2-1〈閻立本所繪隋文帝圖像〉〔註 82〕

　　根據陳葆眞的研究，閻立本所繪的帝王圖像，多是根據唐初所修正史而繪。不過意外的是，《十三帝王圖》中關於隋文帝楊堅的畫像，與《隋書》中所描述的卻不甚相符。〔註 83〕《隋書》上記其「爲人龍顏，額上有五柱入頂，目光外射……長上短下，沈深嚴重」，看似長相特異、嚴肅凌厲的感覺。但從《十三帝王圖》的楊堅畫像來看，卻是個謙沖慈祥的和藹長者。或許說，比較像個溫和的「佛教君王」！

　　閻毗既歷經周隋二代，閻立本亦生於隋仕於唐，又善於丹青，不太可能會將隋文帝楊堅畫得與事實落差太大。較有可能的解釋是，史書上所謂「爲人龍顏，額上有五柱入頂，目光外射」都只是在表達帝王的特異面相，有可能是被誇大的。另一種可能的解釋則是，因爲隋文帝興佛的護法聖王形象瀰漫隋代，故在當世人的心中，楊堅就是如此一位崇敬佛法、謙沖慈祥的佛教帝王！因閻毗既長年仕隋，必也感染到隋代興盛之佛教氛圍，亦必見證了楊堅身爲佛教君王的形象。而其子閻立本正可能延續這個印象，描繪出他印象當中，佛教君王

〔註 82〕此圖翻攝自唐・閻立本繪，〈十三帝王圖〉，收入《域外所藏中國古畫集・漢晉六朝畫》（四川：成都古籍書店影印，1990 年 8 月），頁 81。

〔註 83〕陳葆眞，〈圖畫如歷史：傳閻立本《十三帝王圖》研究〉，《國立臺灣大學美術史研究集刊》，第 16 期，民國 93 年 3 月，頁 1～48。

形象的楊堅。這也見證了楊堅當初建立的形象，確實成爲隋代社會的集體記憶。而唐初所繪的畫像，也再次成爲新的集體記憶，流傳至今。

但不論是哪一種解釋，都很明顯的可以看出，楊堅在史書上所呈現的形象都是爲了凸顯其帝王之相而創造的。或創造其深沈嚴重的形象，或創造其慈祥的佛教形象，目的都是在建立符合天命的君王形象。

據《隋書·高祖紀》所載，開皇初年，陳後主曾聽聞隋文帝相貌有異，故遣人至隋以畫其相：

　　陳主知上之貌異世人，使（袁）彥畫像持去。〔註84〕

然而《隋書》只記其事，而未記陳後主見其畫像的反應。《陳書》未記此事，《南史》則詳記陳後主見畫像後的反應：

　　後副使袁彥聘隋，竊圖隋文帝狀以歸，後主見之，大駭曰：「吾不欲
　　見此人。」〔註85〕

《通鑑》合併二書所記，又略有所異：

　　（至德元年）十一月，遣散騎常侍周墳、通直散騎常侍袁彥聘於隋。
　　帝聞隋主狀貌異人，使彥畫像而歸。帝見，大駭曰：「吾不欲見此人。」
　　亟命屏之。〔註86〕

不論哪一段記載，重點之一是隋文帝的相貌特異，這也是陳後主遣人畫像的主要目的。注重考證的司馬光也認同這段記載，顯見在當時隋文帝的相貌的確是略異於常人。然而這樣的異象，在閻立本的畫像中卻沒有呈現出來，是爲何故？陳葆眞認爲可能是另有所本，或是畫家自己的創造與詮釋。〔註87〕但筆者認爲，依照閻立本與周隋政權的關係，楊堅在他筆下這種溫和的樣貌，還是與其佛教君王的形象有所關連。否則根據《十三帝王圖》中的北周武帝畫像來看，爲何併滅北齊的北周武帝看來霸氣凌人、不可一世，而平陳統一

〔註84〕《隋書》卷一〈高祖上〉，開皇三年十一月條，頁20。
〔註85〕《南史》（北京：中華書局，1976年10月）卷十〈陳本紀下〉，禎明二年十一月條，頁306。
〔註86〕《通鑑》卷一百七十五〈陳紀九〉，長城公至德元年十一月條，頁5467。
〔註87〕陳葆眞，〈圖畫如歷史：傳閻立本《十三帝王圖》研究〉。所謂的另有所本，指的是隋代另有一隋文帝的畫像，爲隋代畫家鄭法士所繪的「隋文帝入佛堂像」，只是並沒有流傳下來，所以無從證實閻立本是否依鄭法士的畫像而作。有關鄭法士的「隋文帝入佛堂像」，見張彥遠所著《歷代名畫記》（北京：中華，1985年出版），頁371。不過筆者認爲這樣的說法是有可能的，因爲鄭法士既畫隋文帝入佛堂，也代表著隋文帝的佛教形象，則很有可能這種慈眉善目的形象最早是出自於鄭法士。只是因其畫作沒有流傳下來，所以無法證實。

天下的隋文帝卻看來如此謙虛溫和呢？〔註88〕

圖 4-2-2〈閻立本所繪北周武帝圖像〉〔註89〕

　　在還沒有照片的年代，畫像就是圖像的儲存媒介，但畫家畢竟不是照相機，無法將真實人物原本不動的保留下來。在畫家的筆下，總會隱含著畫家的精神與畫風，或是顯示其時代特性，總之無法與真實的相貌一模一樣。但也正因為如此，我們可以從畫家筆下看到當時候的人如何看待楊堅的形象問題。歷史也是一樣，史書上記載的帝王事蹟，無不隱諱與美化，於是史書上所載的帝王形象與其真實相貌也會有所落差。

　　王明珂認為，「歷史作為一群人的集體記憶，其所反映的與『過去的事

〔註88〕隋文帝與北周武帝的畫像還有一個很大的差異點，就是武帝的相貌較為粗獷，眼凹顴凸又虯髯，很明顯的可以看出是胡人相貌。而楊堅的相貌與畫卷中其他陳朝君主的相貌相似，都是眼細顴平的漢人相貌。故閻立本所要傳達的思想或許不只在於隋文帝的佛教君王形象，可能還凸顯了北周胡人君主與隋代漢人君主的差異。這也可以回過頭與前一節討論，即在隋唐時期的社會觀感，可能也認同楊堅即是以漢人身分取代北周的胡人政權，而非只有今日史家如此言之。

〔註89〕翻攝自唐・閻立本繪，〈十三帝王圖〉，收入《域外所藏中國古畫集・漢晉六朝畫》，頁80。

實』常有相當的差距」。〔註 90〕形成這種差距的原因，就是「為了解釋現實的情勢而產生的集體記憶不只是選擇性的、詮釋性的，而且也經常是扭曲的。集體記憶的一個重要特質便是，有時集體記憶也是對過去經驗的集體創造」。〔註 91〕所以說，不論是史書上所載，或是畫像上所畫，都可能是扭曲的，或是被創造出來的。而其扭曲、創造的目的，就是為符合當時的利益。楊堅在周隋之際所塑造出來的形象，無疑成為社會大眾一種共同的歷史記憶，就算楊堅過世，在隋唐時期畫家的筆下，仍然將其印象中楊堅佛教仁君的形象重新呈現出來。雖然可能經過扭曲或詮釋，但的確是能夠呈現當時人心目中楊堅的形象。

　　綜上所述，楊堅相貌呈現出來的特異，不論是否人為，都塑造了異於常人的形象。再加上其「手中有文」，就相貌上來看，似乎符合了天命依歸的異象。而其在周隋之際營造的復佛者形象，也可以透過隋唐時期的畫像展現出來。由此亦可看出，楊堅的確透過一連串的護法行動，成功營造一個佛教君王的形象。而這些形象塑造的工作，也似乎作得很成功，不但陳後主遣人畫像，直至唐初對隋文帝的印象也是一位佛教君王。故筆者認為，在周隋之際楊堅所做的這些形象塑造的工作是成功的，對其代周建隋之後的政權鞏固方面，應發揮不少穩定民心的作用。

五、小結

　　賴中國史學很早就已發展的基礎，中國的文史資料被保存得很豐富完整，除了因戰亂流失或政治壓力而銷毀的之外，只要是刻意保存的多半能夠留存下來。帝王詔令猶如國家法律，帝王形象代表國家形象，更是被仔細保留在史書之中。尤其是「國可亡史不可亡」的意識，促使史家盡可能的留下當朝或前朝的歷史紀錄。這使得今日史家在歷史研究上，中國比西方有更好的基礎以研究中古以前的歷史。也賴這樣的背景所賜，筆者時至今日還能夠透過這些文史資料，研究中古時期帝王形象的問題。

　　楊堅從輔政時期開始，就利用靜帝的名義發佈一連串的詔令，除了宣揚楊堅的功績之外，也行寬大之政，以惠澤臣民的輔政者形象來籠絡民心。除此之外，楊堅也致力於恢復佛道二教，甚至塑造護法聖王的形象，以討好廣大佛教信仰的人民。而這樣的努力，成果可以反映在隋代出現的諸多佛教石

〔註90〕 王明珂，〈集體歷史記憶與族群認同〉，頁 11。
〔註91〕 王明珂，〈集體歷史記憶與族群認同〉，頁 11～12。

刻碑銘，以及隋唐時期的隋文帝畫像中。原本史書所載特異、嚴厲的形象，用以強調楊堅代周建隋是順應天理、符合天命；到隋唐時期的畫像卻變成一位和藹慈祥著長者，完全符合後來楊堅大力塑造的佛教護法聖王的形象。但不論是特異、嚴厲的形象，或是後來刻意營造的佛教君王形象，目的都是使楊堅在代周建隋之際、建立政權之後，都能夠獲取人民的支持，儘速的鞏固政權。故筆者認為，楊堅這些形象塑造的努力是成功的，這或許就是楊堅在代周建隋之後能快速且順利鞏固政權的原因之一。

第三節　代周建隋的天命依據─神話、儀式與正統

中國歷史上，以禪讓掩飾篡位的，王莽應是第一人。後世君主則視情況或模仿之，或學習之。因此，學界中對於此類禪讓模式的研究，多以王莽為核心或是切入點來討論。然而中國歷史上改朝換代的場合中，大多數是以武力取天下，群雄爭戰以求勝者為王。這類型的開國君主多半是到即位之後再藉由史官的記載，將出身背景寫入史書。如此一來，既為帝王，則祥瑞、異象就不可少了。但是王莽並非以武力取天下，而是以外戚身份先逐漸掌握朝政大權，再逐漸走向禪讓。因此在即位之前，王莽有許多時間來規劃他的祥瑞異象。就這點而言，就不能把所有以禪讓為藉口的開國帝王都等同論之。

筆者以為，繼王莽之後，最接近王莽篡位手法的人，就是楊堅。〔註92〕因為楊堅同樣是以外戚身份進而掌握朝政，非經過群雄爭戰的過程，在奪位之前也有一段時間可以規劃自己的祥瑞異象。更甚者，王莽從掌握朝政到正式篡位，時間長達三年，然而楊堅從上台輔政到正式篡位，不過短短八個月的時間！從前文的研究得知，楊堅在此八個月內做了許多政治謀畫，為其代周建隋做準備。然除了政治謀畫之外，如何證明自己是天命所歸者？沒有顯赫戰功，也沒有如王莽那樣充裕的時間，楊堅卻能在八個月內和平轉移政權，他是如何向人民證明自己是天命所歸，以尋求人民的支持？

據此，本節要討論的問題即是，楊堅透過哪些面向表現出自己是天命所歸的新君王？前文所言的政治謀畫，是否又與這些天命依據相輔相成？楊堅

〔註92〕一般來說，繼王莽之後，學界討論以禪讓掩飾篡位的例子，便是曹丕。雖曹丕不是以武力天下的君王，然而曹魏的開國基礎卻是曹操打天下得來的，故曹丕在此一基礎上成為曹魏的開國君主，仍是屬於武力取得政權一類，與王莽不同。

是否透過這些謀畫與天命依據，才能夠和平轉移政權？

一、代周建隋的政治神話

在中國歷史上，朝代轉換之際，總會出現一些祥瑞之說。這些祥瑞之說不外乎祥雲、瑞氣、紅光、龍鳳以及帝王相貌之異常等等。〔註 93〕本文前一節即已討論到，楊堅在代周建隋之際，也出現許多類似的記載。然而這些「異象」的出現以及被記載，都是有其目的的，總地來說是爲了「政治目的」。因爲政治需求，所以必須有這些異象。孫廣德將這些無法證實的君王傳說與異象，統稱爲中國歷史上的政治神話。〔註 94〕

中國歷史上以禪代來掩飾篡位行爲的第一人應是王莽，爲了強調取得政權的合法性，王莽也製造了所謂的政治神話。如《漢書・王莽傳》所記平帝死後：

> 是月，前輝光謝囂奏武功長孟通浚井得白石，上圓下方，有丹書著
> 石，文曰：「告安漢公莽爲皇帝」。符命之起，自此始矣。〔註 95〕

此符命一出，再經過旁人的敲邊鼓，王莽遂得以「居攝踐祚，如周公故事」。〔註96〕而此處也點出了此類符命政治的起源，正如學者所言「利用符命來爲禪讓開路，王莽已開風氣之先。以後的漢魏晉南北朝各代的禪讓，沒有不借用符命之名來行禪讓的」。〔註 97〕王莽在居攝之後，便有人上金匱石書，勸王莽登天子之位。〔註98〕然根據學者研究，這也都是王莽爲篡位所做的準備。〔註 99〕

這些被製造出來的政治神話，除了宣告自己是天命所歸之外，還有壯大聲勢以跟對手競爭的作用。誠如孫廣德所言：

> 中國古代政權的轉移，常以打天下方式行之，爭奪政權的人，爲了

〔註93〕 前引洪安全之文〈中國歷代帝王的相貌〉中即對中國歷代君王的相貌做過分析，或對史書上記載的遠古君王描摩面貌，或是將後代所畫的畫像與史書記載相對照。但不論如何，作者都認爲那只是一種誇大，要讓人民相信他們的不凡，事實上這些君王的相貌與今日人們也不過相去無幾。

〔註94〕 孫廣德，〈我國正史中的政治神話〉，《政治神話論》（臺北：臺灣商務印書館，民國 79 年 9 月），頁 297。原載於《社會科學論叢》，第 30 期，民國 71 年 9月，頁 29～76。

〔註95〕 《漢書》卷九十九〈王莽傳上〉，頁 4079。

〔註96〕 《漢書》卷九十九〈王莽傳上〉，頁 4079。

〔註97〕 楊永俊，《禪讓政治研究》（北京：學苑出版社，2005 年 7 月），頁 163。

〔註98〕 《漢書》卷九十九〈王莽傳上〉，頁 4095。

〔註99〕 楊永俊，《禪讓政治研究》，第四章。

在群雄逐鹿中獲勝，常常製造一些神話，以張大自己的聲勢，爭取
人民的擁護。……中國古代政權的轉移又常出於篡竊，欲篡位竊權
的人，也常製造一些神話，以幫助篡竊的進行。〔註100〕

所以說，這些政治神話有其實質作用，後世的開國君主才會跟著模仿之。而
這些政治神話既然是要幫助篡竊的進行，於是內容便多是對篡竊者有利的
話。尤其是出生的神話，其目的在凸顯此人從一出生就與眾不同，是註定要
統治國家的人。所以從漢代以來，幾乎所有的開國君王，都有關於出生的神
話。如楊堅出生時的神話，依《隋書・高祖紀》所載：

皇妣呂氏，以大統七年六月癸丑夜，生高祖於馮翊般若寺，紫氣充
庭。有尼來自河東，謂皇妣曰：「此兒所從來甚異，不可於俗間處之。」
尼將高祖舍於別館，躬自撫養。皇妣嘗抱高祖，乎見頭上角出，徧
體鱗起。皇妣大駭，墜高祖於地。尼自外入見曰：「已驚我兒，致令
晚得天下。」爲人龍顏，額上有五柱入頂，目光外射，有文在手曰：
「王」。長上短下，深沈嚴重。……〔註101〕

被女尼收養一事尚可理解，但「頭上角出，徧體鱗起」就很明顯是一種傳說、
一種神話，無法被證實。而之所以會有這樣的異象，也是爲了要凸顯楊堅生
來與眾不同，且手上有「王」字，表示有帝王之相。〔註102〕但本文前一節也
由唐初的圖畫證明了，楊堅的畫像裡並沒有呈現出史書上記載的特殊長相，
容顏既不像龍，額上也沒有五柱入頂，頭上更無長角，所以說這些的異象應
該都是因應當時的政治需要而做的神話。

除了出生的神話之外，還有其他的傳說表明了楊堅當爲聖人。如同爲《隋
書・高祖紀》所載北周時：

（建德中，楊堅）與宇文憲齊任城王高湝於冀州，除定州總管。先是，
定州城西門久閉不行。齊文宣帝時，或請開之，以便行路。帝不許，
曰：「當有聖人來啓之。」及高祖至而開焉，莫不驚異。〔註103〕

〔註100〕孫廣德，《政治神話論》，頁117。
〔註101〕《隋書》卷一〈高祖上〉，頁1。其他如《續高僧傳》等佛教典籍亦載有大同
　　　　小異的傳說，前文亦有論及。但因此處論及政治神話的作用，故以政治性強
　　　　的官修史書《隋書》爲主。
〔註102〕佛教典籍中注重的是楊堅對佛法的復興，與官修史書的政治目的不同，故《隋
　　　　書》中記載楊堅手上有「王」字，佛教典籍卻無記載此事，顯見這應是針對
　　　　政治目的所製造的故事。
〔註103〕《隋書》卷一〈高祖上〉，頁2。

此事《北齊書》並無記載，只有《隋書·高祖紀》及《北史·隋本紀》有載，顯然這也是北周或隋的片面之詞。況且齊文宣既爲皇帝，難道自己不算是聖人嗎？爲何還要等別的聖人來開啓？因此這樣的說法是值得存疑的。

這些關於開國君王的神話，多半發生在帝王出生時或者建國之前，建國之後還陸續有神話出現的十分少。〔註104〕原因就在於，建國之時爲了與對手競爭，證明自己是天命所歸，所以有塑造形象的政治需求，也才會有政治神話出現。建國之後，政權穩定了，就沒有這樣的需求，所以再沒有神話出現。也因此，這些政治神話大多是在這些開國君主打天下時才出現的，不論是出生的神話，或是早年的神話，多半都是在打天下時因應當前政治需求而產生的。只是在史書的記載中，會將這些神話按照其「應該」出現的時間點寫入史書罷了。〔註105〕

就像前文所言的，楊堅因爲崇信佛教，北周時期佛教又遭受周武帝的廢毀，所以楊堅建立自己佛教君王的形象，這也是一種政治目的。雖然楊堅本人崇信佛教是事實，但利用佛教信仰來建立個人佛教君王的形象，終究是爲其政治目的。而那些關乎出生與聖人表現的神話，就更是要凸顯楊堅在輔政之前就已經與眾不同的表象。

那麼，爲什麼製造政治神話對於權位的篡奪會有幫助呢？根據孫廣德的研究，大抵上是因爲一般人對於特殊人物的崇拜之情。如果這位君王太過平凡，跟普通人沒有兩樣，那麼就很難得到人民的信服。尤其是地位較低的人突然成爲上位者，那些原本地位較他爲高的人自然覺得不服氣。所以必須製造一些神話，顯示自己異於常人，才能夠取得人民的信服。〔註106〕這個論點，若以楊堅爲例則是再適當不過了。

從前文的討論中可以得知，楊堅在輔政之前並無大功於北周，在功臣子弟當中地位不甚崇高。因此當楊堅因緣際會獲得輔政的機會時，許多北周功臣反對的最大原因就是楊堅「無大功」。〔註107〕既然楊堅無大功於北周，跟那些北周功臣比起來地位不高，無法取信於人，只好從別的方面取得臣民的信服。於是楊堅便有了製造政治神話的需求，不僅出生時有異象，入北齊時

〔註104〕根據孫廣德的研究，即位之後還有神話出現的開國君主，只有元太祖帖木眞。
　　　　見氏著〈我國正史中的政治神話〉。
〔註105〕參見孫廣德，〈我國正史中的政治神話〉。
〔註106〕《政治神話論》，頁119。
〔註107〕見本文第二章第一節。

有異象，還建立佛教君王的形象，讓自己成爲護法聖王，幾乎是「造神」。
〔註108〕

其他的帝王，如漢高祖劉邦縱使是以武力打天下，並非王莽、楊堅等以權臣篡位取得政權的方式，卻仍需要製造政治神話，證明自己能夠取得最後的勝利，不只是自己的實力，也是天命所歸。〔註109〕所以這樣的政治神話，在每個朝代轉換之際都可能會出現，只是需求的強烈與否罷了。而楊堅因爲在北周朝中的地位不高，被部分北周宗室反對，所以非常需要一些異於常人的記載以凸顯他的天命所在。據此，楊堅不僅模仿前人製造符命、出生傳說，甚至還塑造佛教聖王以及仁君的形象，目的就在補充其功勳不足的背景，以求服民心。

二、代周建隋的儀式及其效用

經過一連串的政治謀畫，最終的步驟就是讓周帝退位，自己登上大位。而縱使運用了許多符命與神話營造與眾不凡的氣勢，但由於楊堅並非以武力打天下，所以不是一舉攻破長安城就可以坐上寶座的。正因爲是由權臣奪位，更需要一步一步謹愼的進行各種象徵的授命與儀式，來逐漸往帝位前進，以免因爲躁進又引發另外一場反抗。

前文已經提到，從奪位之前的角色來看，楊堅較近似王莽，以外戚、權臣的身份奪取權位。故此，楊堅得以在奪位之前，可以善加運用自己輔政者地位，營造一些有利於自己的符命或是氣勢。但是到了要代周建隋的前夕，象徵政權轉移的繁複儀式，究竟從何根據？楊堅的奪位模式近似王莽，則儀式也模仿王莽嗎？筆者查閱《漢書·王莽傳》發現，《漢書》對於王莽即位的過程並沒有大篇幅記載，只有如前文所言，有人上了金匱石書，之後王莽便「即眞天子位，定有天下之號曰新」。〔註110〕對於改朝換代的儀式，也簡單記錄爲「其改正朔，易服色，變犧牲，殊徽幟，異器制」〔註111〕如此而已。然而《周書》與《隋書》中記載楊堅即位的過程，卻是載有繁複的禮儀。從即位前的升官進爵提高禮儀，到即位時北周靜帝的禪位詔書與百官勸進，再到

〔註108〕有關佛教君王的形象，見本文第三章第三節、第四章第二節。
〔註109〕如《漢書》卷一〈高祖紀〉載：「其先，劉媼嘗息大澤之陂，夢與神遇。是時雷電晦冥，太公往視之，則見蛟龍於其上。已而有身，遂產高祖。」此神話亦在顯示漢高祖出生就與常人不同，所以才會得天下。
〔註110〕《漢書》卷九十九〈王莽傳上〉，頁4095。
〔註111〕《漢書》卷九十九〈王莽傳上〉，頁4095。

即位告天，都記載得十分翔實。那麼究竟這一套儀式過程的根據，是從何而來？

根據楊永俊的研究，由王莽開始，王朝禪代的過程安排，爲後代起了很大的示範作用。然因爲王莽是第一人，所以許多手法都是第一次的嘗試，跟後代比起來稍顯粗糙。如前文提到的有人上金匱石書，是很明顯可以造假的符命。因此到曹魏篡漢時，手段便高明許多，利用圖讖、天象曆數、五行更替等不容易被掌握的條件，來輔佐禪代的進行。〔註112〕據此而言，楊堅代周建隋自然不會再沿用王莽時期那樣粗糙的模式，而是跟隨後來逐漸發展的「精緻化」模式才對。

從《周書》的記載來看，楊堅在代周建隋之前，歷經了一連串的「升等」：

> （大定元年二月庚申）大丞相、隨王楊堅爲相國、總百揆，更封十郡，通前二十郡。劍履上殿，入朝不趨，贊拜不名，備九錫之禮，加璽、鉞、遠遊冠，相國印綠綟綬，位在諸王上。又加冕十有二旒，建天子旌旗，出警入蹕，承金根車，駕六馬，備五時副車，置旄頭雲罕，樂舞八佾，設鍾虡宮懸。王后、王子爵命之號，竝依魏晉故事。甲子，隨王楊堅稱尊號，帝遜於別宮。〔註113〕

這些「升等」過程，應該是其來有自。從最早的王莽來看，王莽爲新都侯時，哀帝崩，之後開始「升等」，由大司馬，再任安漢公，又任宰衡，再加九錫之禮。繼而平帝崩，王莽遂得以居攝，稱攝皇帝，再進位假皇帝，進而即眞皇帝位。〔註114〕除非以武力打天下可以直接登基之外，既以權臣、外戚身份欲從國家內部轉移政權，就必須經過類似如此的升等過程，一步一步向權力中央邁進，並在最後由眾人擁戴登上皇帝位。

這一連串的過程中，有一個很重要的步驟是「九錫之禮」。根據朱子彥的研究，權臣若被加以九錫之禮，表示其已掌握政治軍事大權，尤其是掌有「專

〔註112〕楊永俊，《禪讓政治研究》，頁166。

〔註113〕《周書》卷八〈靜帝紀〉，大定元年二月條，頁136。《周書》所記的時間與《隋書》略有差異，如《隋書・高祖紀》記楊堅以相國總百揆的時間，應是在二月甲寅的靜帝策。建天子旌旗、出警入蹕等儀禮，《隋書》記爲二月丙辰，均與《周書》有些微出入。但《周書》是一連串過程的記載，而忽略每一項事件的詳細日期。且因《周書》在同一條中一併記載整個過程，不若《隋書》之依時間分散各處，故引《周書》較爲方便檢閱整個過程。

〔註114〕見《漢書》卷九十九〈王莽傳上〉。

殺征伐」的大權。〔註115〕然而王莽加九錫時身爲宰衡，上有太后臨朝稱制，
故縱使加九錫也是在群臣上奏之後由太后下詔加之九錫。〔註116〕直到曹操
時，才以自授自受九錫開後代先例。〔註117〕加九錫之禮必有九錫之文，雖王
莽已加九錫，但趙翼並不認爲王莽爲九錫文之始。根據《廿二史箚記》中的
說法：

> 每朝禪代之前，必先有九錫文，總敘其人功績，進爵封國，賜以殊
> 禮，亦自曹操始。（案王莽篡位，已先受九錫，然其文不過五百餘字，
> 非如潘勖爲曹操撰文格式也。勖所撰，乃仿張竦頌莽功德之奏，逐
> 件鋪張，至三五千字，勖文體裁正相同。）其後晉、宋、齊、梁、
> 北齊、陳、隋皆用之。其文皆鋪張典麗，爲一時大著作，故各朝正
> 史及南北史俱全載之。〔註118〕

據此，朝代更替之際以九錫文宣布加權臣九錫之禮，自曹魏以後成爲常例，
而王莽不過是開其先例，尚不成定例。而自曹魏以九錫之禮作爲篡位基礎，
後代不只學習其用九錫之文，亦習其假禪讓爲攘奪的手段，甚至是打天下的
開國君主亦承襲此風。正如《廿二史箚記》所載云：

> 至曹魏則既欲移漢之天下，又不肯居篡弒之名，於是假禪爲攘奪。
> 自此例一開，而晉、宋、齊、梁、北齊、後周，以及陳、隋，皆傲
> 之。此外尚有司馬倫、桓玄之徒，亦援以爲例。甚至唐高祖本以征
> 誅起，而亦假代王之禪。朱溫更以盜賊起，而亦假哀帝之禪。至曹
> 魏創此一局，而奉成爲成式者且十數代。歷七八百年，眞所謂奸人
> 之雄，能建非常之原著也。〔註119〕

因此，楊堅在代周建隋之前的進爵封國並加九錫諸多「升等」，事實上都是從
曹魏以來的慣例。其他諸如「加冕十有二旒，建天子旌旗，出警入蹕，承金
根車，駕六馬，備五時副車，置旄頭雲罕，樂舞八佾，設鍾虡宮懸」等等禮

〔註115〕朱子彥，〈九錫制度與易代鼎革〉，《文史哲》，2005 年第 6 期，頁 54～61。
〔註116〕《漢書》卷九十九〈王莽傳上〉，頁 4073～7074。
〔註117〕晉·陳壽 《三國志·魏書》（臺北：鼎文，民國 86 年 5 月）卷一〈武帝紀〉
　　　　建安十八年五月條，頁 37～39。另參見朱子彥，〈九錫制度與易代鼎革〉。因
　　　　曹操挾天子以令諸侯，故雖漢獻帝仍在位，亦非孺子，但軍政大權仍掌握在
　　　　曹操手中。且依朱子彥的說法，正因爲曹操領兵，功高震主，故得以軍事力
　　　　量迫使漢獻帝下詔爲其加九錫。
〔註118〕《二十二史箚記》卷七〈三國志晉書〉，「九錫文」條，頁 91。
〔註119〕《二十二史箚記》卷七〈三國志晉書〉，「禪代」條，頁 87。

制，也是從曹魏開始。曹操漢末爲相時，就已陸續被授以上述禮制，只差未即位而已。〔註120〕曹丕繼承魏王之後也繼承上述禮制，並爲其父完成即位的過程。之後南朝各開國君主亦都承襲此過程，完成以禪代掩飾篡位的開國程序。而筆者翻查南朝諸史發現，關於楊堅代周建隋前夕被授予這一連串的禮制，事實上與南朝諸史開國君主的記載並無二致。

然曹操時，授予這些禮制都是隔一段時間增加一項或兩項，至南朝時，已演變成即位前夕短時間內一連串的授予。或許是因爲曹操與王莽同樣身爲權臣，故在鼎革之前有較多的時間一一布置；但是南朝君主多是武力爭奪而來，故在即位登基前夕才匆匆完成這些程序所致。遲至北周末年，楊堅也是權臣奪位，雖然布置的時間只有短短八個月，但自南朝以來禪讓程序已成定例，楊堅遂直接仿南朝程序而作。況且南北朝對峙之時，仍以南朝爲中國文化之衣冠正統，故楊堅在制度上仍以南朝爲模仿對象。

除了鼎革前夕的禮制之外，即位之後宣告天地的儀式，楊堅也明顯承襲了曹魏以來的慣例。《三國志・魏書》對於曹丕禪代過程的記載，跟王莽一樣簡略，都是九錫文之後，便行即位之禮，完成了改朝換代的過程。但與王莽不同的是，曹魏開始有燎祭天地之禮，這在《漢書・王莽傳》中是沒有的。《三國志・魏書》中關於這件事的記載爲：

> （延康元年十月）庚午，王升壇即阼，百官陪位。事訖，降壇，視
>
> 燎成禮而反。改延康爲黃初，大赦。〔註121〕

根據裴松之的注，曹丕在登壇受禪時「公卿、列侯、諸將、匈奴單于、四夷朝者數萬人陪位，燎祭天地、五嶽、四瀆」。〔註122〕故上文所指「燎」即指「燎祭天地」。自此之後，南朝各開國君主，都「設壇南郊」進行「柴燎告天」的儀式。〔註123〕楊堅也承襲此一慣例，「設壇於南郊，遣使柴燎告天」。〔註124〕

〔註120〕《三國志・魏書》卷一〈武帝紀〉。

〔註121〕《三國志・魏書》卷二〈文帝紀〉，延康元年十月條，頁62。

〔註122〕《三國志・魏書》卷二〈文帝紀〉，延康元年十月條，頁75。

〔註123〕宋、齊、梁、陳諸史都有幾乎一模一樣的記載，見梁・沈約《宋書》（臺北：鼎文，民國85年11月）卷三〈武帝下〉，永初元年六月條，頁51。梁・蕭子顯《南齊書》（臺北：鼎文，民國85年11月）卷二〈高帝下〉，頁31。隋・姚察、謝炅，唐・魏徵、姚思廉等合撰《梁書》（臺北：鼎文，民國85年5月）卷二〈武帝中〉，天監元年四月條，頁33。隋・姚察，唐・魏徵、姚思廉等合撰《陳書》（臺北：鼎文，民國85年11月）卷二〈高祖下〉，永定元年十月條，頁31。

〔註124〕《隋書》卷一〈高祖上〉，開皇元年二月條，頁13。

　　從鼎革之前的進爵封國到易代之後的柴燎告天，楊堅謹守前代禮制。但值得注意的是，楊堅學習的儀式並非西魏北周鼎革之際的模式，而是與北朝對立的南朝。北周孝閔帝在即天王位時，並沒有使用這一整套的禪讓儀式，只有魏帝下詔禪位，然後宇文覺「即天王位，柴燎告天，朝百官於路門」〔註125〕如此而已。反倒是北齊文宣帝即位時不但有九錫文、加九錫禮，也「即皇帝位於南郊，升壇柴燎告天」。〔註126〕

　　楊堅在代周建隋時選擇北齊、南朝的禮制，而非北周較簡單的儀禮，爲什麼？根據陳寅恪的研究，隋文帝在隋代所採用的禮制，乃是根據江左文物而來，此見陳寅恪《隋唐制度淵源略論稿》曰：

> 隋文帝繼承宇文氏之遺業，其制訂禮儀則不依北周之制，別採梁禮
> 及後齊儀注。所謂梁禮並可概括陳代，以陳禮幾全襲梁舊之故，亦
> 即梁陳以降南朝後齊之典章文物也。所謂後齊儀注即北魏孝文帝摹
> 擬採用南朝前期之文物制度，易言之，則爲自東晉迄南齊，其所繼
> 承漢、魏、西晉之遺產，而在江左發展演變者也。〔註127〕

隋文帝在隋代採用江左典章文物的概念，實在代周建隋之際便已落實，非到隋代才出現，從其代周建隋的過程與儀式便可知。而楊堅在代周建隋之際選擇採用南朝儀禮，恐怕也是因爲南朝向來是中原衣冠文物之所在。如高歡亦曾言南方因事衣冠禮樂，固爲正朔之所在，見《北齊書‧杜弼傳》載高歡言詞云：

> 天下濁亂，習俗已久。今督將家屬多在關西，黑獺常相招誘，人情
> 去留未定。江東復有一吳兒老翁蕭衍者，專事衣冠禮樂，中原士大
> 夫望之以爲正朔所在。我若急作法網，不相饒借，恐督將盡投黑獺，
> 士子悉奔蕭衍，則人物流散，何以爲國？〔註128〕

由此可見，雖然南北分立，不可否認的是，南方仍然是衣冠正統，否則何以士子願意「悉奔蕭衍」？正是因爲留在北方的世家大族很清楚這一點，若北方政權不加以籠絡，則北方士族恐不願依附之。

　　除了禮制之外，楊堅在代周建隋後對官儀的修正，也可以看出他對於漢魏以來制度的依循，如《隋書‧高祖紀》載云：

〔註125〕《周書》卷三〈孝閔帝〉，孝閔帝元年正月條，頁46。
〔註126〕《北齊書》卷四〈文宣紀〉，東魏武定八年五月條，頁49。
〔註127〕陳寅恪，《隋唐制度淵源略論稿》卷二〈禮儀〉，頁13。
〔註128〕《北齊書》卷二十四〈杜弼〉，頁347～348。

> 開皇元年二月甲子，上自相府常服入宮，備禮即皇帝位於臨光殿。
> 設壇於南郊，遣使柴燎告天。是日，告廟，大赦，改元。京師慶雲
> 見。易周氏官儀，依漢魏之舊。〔註129〕

楊堅代周建隋之時，國際局勢雖已從三方鼎立變爲南北對峙，但典章制度在南方的觀念仍然沒有改變。故楊堅利用南朝儀禮、魏晉舊制，象徵自己爲中原衣冠文物之繼承者，與南方政權作一抗衡。此外，亦宣示繼承了魏晉以來的漢人政權在北方重生。

三、代周建隋的符命與正統

朝代轉換之時，新興的朝代總要證明自己是符合天命的新朝代，因此都要製造符命以證明自己是繼承正統王朝而來。正統論本身就是一個非常難解的問題，史學界早有多方討論，但因非本文之重點，故不多論述。此處要討論的是，在政權轉換之際，新朝代如何證明自己繼承正統？

縱看中國歷史上的經驗，新朝證明自己出於正統的方式有幾個。其一，利用五行思想，相生或相剋的理論，證明政權承前而來；其二，爲前朝修史，既爲前朝修史，代表繼承前朝而來。歷史上朝代更換時，爲了證明正統所用的方法，這兩個是最常見的，而這兩者之間也是相輔相成的。因爲利用五行理論證明自己承襲正統之後，就要趕緊爲前朝修史，修史時也會將兩朝之間的勢力消長，依照五行思想寫入史書之中。

本文前一節也曾明白提出，《隋書》中就有記載北周時出現的異象，這些異象都帶著五行思想的色彩，用以表明周德將衰、隋德將興的印象。如《隋書・五行志》所載黑、黃、赤三牛相鬥之情事，最後是黑牛死，暗示北周將亡。這裡就牽涉到北周與隋朝的服色問題。根據《周書・孝閔帝紀》的記載，北周屬於木德，但是服色卻尚黑：

> （孝閔帝）元年春正月辛丑，即天王位，柴燎告天，朝百官於路
> 門。……是日，槐里獻赤雀四。百官奏議云：「帝王之興，固弗更正
> 朔，明受之於天，革民視聽也。逮於尼父，稽諸陰陽；云行夏之時，
> 後王所不易。今魏曆告終，周氏受命，以木承水，實當行錄，正用
> 夏時，式尊勝道。惟文王誕玄氣之祥，有黑水之讖，服色宜烏。」
> 制曰可。〔註130〕

〔註129〕《隋書》卷一〈高祖上〉，開皇元年二月條，頁 13。
〔註130〕《周書》卷三〈孝閔帝〉，孝閔帝元年正月條，頁 46。

北周建立，即根據北魏水德而來。但北周既「以木承水」，卻「服色尚烏」，
是跟宇文泰出生神話有關。據《周書・文帝紀》所載云：

> 太祖，德皇帝之少子也。母曰王氏，孕五月，夜夢抱子昇天，纔不
> 至而止。寤而告德皇帝，德皇帝喜曰：「雖不至天，貴亦極矣。」生
> 而有黑氣如蓋，下覆其身。及長，身長八尺，方顙廣額，美鬚髯，
> 髮長委地，垂手過膝，背有黑子，宛轉若龍盤之形，面有紫光，人
> 望而敬畏之。〔註131〕

而隋代的火德，也是據北周木德而來。根據《隋書・崔仲方傳》記載云：

> 及（高祖）受禪，上召仲方與高熲議正朔服色事。仲方曰：「晉爲金
> 行，後魏爲水，周爲木。皇家以火承木，得天之統。又聖躬載誕之
> 初，有赤光之瑞，車服旗牲，並宜用赤。」〔註132〕

火德原就尚赤，所以隋代的旗幟均用赤色。然戎服卻用黃色，見《隋書・高
祖紀》所載：

> （開皇元年）六月癸未，詔以初受天命，赤雀降祥，五德相生，赤
> 爲火色。其郊及社廟，依服冕之儀，而朝會之服，旗幟犧牲，盡令
> 尚赤，戎服以黃。〔註133〕

雖然此處並沒有說明何以戎服尚黃的原因，但可以確定的是，隋代的旗幟服
色有赤、黃二色。而根據前文所載北周服色尚黑，所以北周時期赤、黃、黑
三牛相鬥，即在暗示北周將亡而隋代將興的天命印象。雖在隋代尚未建立之
前，服色也尚未確定，但有心人士仍可藉由相生或相剋觀念，建立北周將亡
的符命。因北周是木德，木生火，故隋代有可能是火德尚赤；又北周服色尚
黑，黑有水德之意，故也有可能是土勝水，土德尚黃。不管相生或相剋，總
之是北周將亡，這個印象的建立是符命異象會出現的最主要原因。

〔註131〕《周書》卷一〈文帝紀〉，北周以前，頁2。由此亦可見，宇文泰出生時也有
政治神話，北周建立時甚至因此神話而決定服色。故開國主出生時的政治神
話，的確對國家建立是有所影響的。

〔註132〕《隋書》卷六十〈崔仲方〉，頁1448。由此亦可看出，北魏水德是承自晉之
金德。隋承周，周承魏，魏又承晉，故北朝乃承自晉室正統。而北魏承晉而
爲水德，應是爲了與南朝爭正統之故。原來北魏建立之時是遙繼黃帝之土德，
後來孝文帝漢化之後有以中國文化正統自居之意，遂在經過大辯論之後，改
採水德，意在承晉之後，用以否定南朝正統。參見雷家驥，《中古史學觀念史》，
第十章。

〔註133〕《隋書》卷一〈高祖紀〉，開皇元年六月條，頁15。

故除了三牛相鬥之外，前文也有提到，《周書》載大象年間有赤、黑二龍相鬥，黑龍死。這也是周衰隋興的天命印象。再者，前文引《隋書‧五行志》載北周青城門崩，表宣帝之無道；也可以視為北周木德，尚青，故青城門無故自崩，乃表示北周將崩之意。不論如何，這些帶有五行色彩的異象之所以發生，都是為了政治目的，也是就為了建立代周建隋的天命印象。

事實上從漢代以來，就有以五行思想配合政治作為朝代更替的天命觀。漢代以後天下分裂，用五行思想製作符命來宣示天下正統，更成為開國之君的要務。從北魏雖以鮮卑族建國，卻在漢化之後也想用五行思想來與南朝爭正統，就可以看出以五行製作符命，宣示天命正統的重要性。〔註134〕

除了符命之外，利用為前朝的修史權，也可以證明繼承前朝。既「國可亡而史不可亡」，又「勝者為王敗者為寇」，於是修史權落到本朝手中。由本朝為前朝修史，不但時間最近，資料保存充足，而且對於本朝崛起的背景自然可以隱諱或美化。除了隱諱跟美化，也可以藉由史書記載，將本朝得以建國的祥瑞異象、天命依歸都納入史書記載，不僅宣告天下，更流傳後世。

如楊堅代周建隋後，為了證明自己繼承北魏─北周─隋的系統，故需重修《北魏書》，並開始修《北周書》。併滅陳朝統一南北之後，又要修南朝史。〔註135〕今天所見《周書》、《隋書》等雖然成書於唐初，但唐代修史的資料依據必然來自隋代官方所記。而那些隋代所修的史書，也應當將楊堅得以代周建隋的符命與祥瑞一一放入適當位置。雖然因隋朝國祚短暫，致使這些工作都未及完成，但楊堅知道為前朝修史的重要性不只在保存歷史，更重要的是證明隋朝是繼承這些朝代的正統，所以要為前代修史。

這就如同本文在一開始時，討論唐初官修史書的動機，目的除了「恐事蹟湮沒，無可記錄」之外，最重要還是因為唐代受禪於隋，需宣示隋唐正統之承續。就如同《舊唐書‧令狐德棻》所載其言曰：

〔註134〕北魏以鮮卑建國，卻在孝文帝漢化之後意欲以五行思想爭取政權之正統。然十六國以來政權紛擾，各有歷運，孝文帝以其漢化之功可承漢之後，故採水德，以其承晉之金德。故曹魏以土德承漢之火德，晉以金德承魏之土德，北魏以水德承晉之土德，北周以木德承北魏之水德，隋再以火德承北周之木德，此一循環建立說明正統之承繼。參見羅新，〈十六國北朝的五德歷運問題〉，《中國史研究》，2004年第3期，頁47～56。
〔註135〕參見雷家驥，《中古史學觀念史》，第十一章。

　　陛下（唐高祖）既受禪於隋，復承周氏歷數，國家二祖功業，並在

周時。如文史不存，何以貽鑑今古？〔註136〕

因此，為前朝修史的重點應是在於「受禪於隋，復承周氏歷數」，目的在宣示
其正統地位。楊堅在代周建隋之後即進行修前朝史的工作，也是基於相同因
素，只是未及完成，留下許多殘編。〔註137〕幸而這些殘編，後來應成為唐初
修前朝史的基礎，故楊堅以符命祥瑞宣示天命依歸的過程，也得以在唐初修
史時，一一被保存在《周書》與《隋書》中。

　　綜上所述，楊堅在代周建隋之際，仍免不了要依循前朝之例，宣示自己
的天命依歸何在，故由五行配合政治，木德生火德，象徵隋朝承北周而來。
除了在天命上要有所依歸之外，並藉由修前朝史宣告繼承其統緒，並掌握周
隋鼎革之際的歷史解釋權。雖然因隋代國祚短暫而中斷，但幸賴唐初有相同
理念，大修諸前代史，楊堅代周建隋的過程與符命祥瑞、天命所歸，都被保
存下來。

四、小結

　　在中國歷史上，朝代轉換之際，總會出現一些祥瑞之說。這些祥瑞之說
不外乎祥雲、瑞氣、紅光、龍鳳以及帝王相貌之異常等等。會出現這樣異象，
目的即在於建立開國君主的不平凡形象。建國之時為了與對手競爭，證明自
己是天命所歸，所以有塑造形象的政治需求，也就會有此類的政治神話出現。
楊堅既然在北周時的功勳沒有特別突出，只好在代周建隋之際多用政治神話
來彌補這一先天之不足，所以楊堅不只有出生之神話、從政時的神話，更有
塑造佛教君王形象的「造神」現象。

　　此外，在代周建隋之際，楊堅選擇遵循自魏晉、南朝以來較為繁複的禪
代儀式，而非北周時期的簡單儀式，也象徵了繼承中原衣冠文物之正統。除
此之外，禪讓儀式完成之後，又必須讓天下人知道隋代乃是承續天下之正統，
故依漢代以來五行配合政治運作的思想，確立隋代之火德，以其承晉—北魏—
北周—隋統緒的過程。這些儀式與程序的完成，除了象徵易代鼎革之外，也
象徵了北方漢人王朝的重新出現。

〔註136〕《舊唐書》卷七十三〈令狐德棻〉，頁 2597。
〔註137〕如《隋書》卷三十三〈經籍二〉，頁 956 載有「《周史》十八卷未成，吏部尚
　　　　　書牛弘撰」。《隋書》卷四十二〈李德林〉頁 1208 亦載李德林「勑撰《齊史》
　　　　　未成」。

　　而在政權建立之後，周隋易代之際的政權轉移過程，當然要由隋朝來著
筆，故楊堅也進行了修前朝史的工作。不僅重修《魏書》，修北周史，亦修北
齊史，象徵北朝諸多政權的整合與繼承。雖然最終沒有完成，但代周建隋之
際的過程終究被保留下來，成爲唐初修史的基礎。

第五章　結　論

　　國家權位之篡奪，在歷史上是屢見不鮮的事，然而能被評為「史上最易」的，也只有楊堅一人。究竟楊堅得天下是如何之易？又是否真如前人所言如此之易？若確如前人所謂楊堅是「徒以外戚之尊」、「憑藉女資」，又如何能結束四百年動亂再造一統？楊堅之所以能奪得天下，除了外在形式的條件之外，其自身應有一番作為。除了政治勢力的角力之外，在廣大的社會群眾與抽象的意識型態上，楊堅似都做了努力。因此，本文即從過去史家、學者對此事之評價與研究著手，先釐清歷史上的幾處盲點，再重新檢討楊堅能夠代周建隋，其在社會文化層面的努力。

　　首先是過去史家、學者對此事的評價與研究。楊堅代周建隋一事在中國歷史研究上早已不是新題，從唐代開始即有討論。唐初官修史書對於楊堅代周建隋的評價多著重於北周政權的腐敗，楊堅不過是順應時勢而起，拯生民於塗炭。就此來看，評價未見好壞。然唐太宗對楊堅取得政權一事，卻傾向認為是其憑藉女資、以外戚身份竊得政權，由此顯見是負評。唐太宗與其下詔所修的官修史書之間，言論會出現這樣的落差，應與唐初開國事蹟有關。因李唐開國與隋初相仿，同有皇帝之暴虐與幼帝之無能。而官修正史為楊堅建隋作迴護，也就等同於為李淵開國作迴護。且為了宣告李唐承襲隋之正統，自然需對隋之正統作證明。否則若隋非出於繼承北周之正統，則李唐之正統從何而來？至於唐太宗的言論，因其為廷殿之上對於歷史統治經驗之討論，自然無須為楊堅奪權作迴護。據此，才會出現唐初官修史書與君臣言論間有落差的情形。

　　宋代以後，由於義理之學發達，文人政治的背景之下，對於儒家忠君觀

念也大爲強調，因此對於楊堅代周建隋之評價便未見好評。如《新唐書》將安、史之輩類比楊堅，亦即同爲「逆臣」，即屬負評。《通鑑》也從君臣名分之角度譴責楊堅不應奪人政權且潛害舊主。除此之外，《通鑑》也客觀的從歷史演變角度觀察出，楊堅代周建隋乃以人謀運用時勢以得之。比起唐初官修史書只評北周政治之敗壞，以及《新唐書》只一昧譴責逆臣等評論，《通鑑》所記更見歷史中的「變」。

明代前期由於文字獄的影響，對於政權興衰的言論極少，因此對於楊堅代周建隋一事自無深刻議論出現。至明中葉以後，內憂外患漸起，知識份子開始尋找使國家富強之道，如楊堅此等促使國家滅亡的權臣在史家筆下，變成了被撻伐的對象。明末清初，由於明朝亡於異族之手，受到傳統中國天下觀的影響，使得楊堅成爲「以中國代夷狄」的代表，其巧奪權位的行徑也似被略過。至清朝政權穩固之後，以高壓懷柔的雙重統治政策讓人民漸漸遺忘明朝，在此背景之下，楊堅不再是取代夷狄的漢人君主，而再度成爲危害政權的權臣。

唐宋時期對於楊堅代周建隋的歷史評論，多著重於政權腐敗或是君主的功勳：即沒有顯赫功勳的外戚，趁著北周內部政權腐敗不穩的時期，一躍而成爲天子。但在明清時期歷史評論中，很明顯的，楊堅個人的作爲只是其次，最重要的是對國家興衰的影響。其篡位，使前朝滅亡；其奪權，使華夏代夷狄；其濫殺，使後代子孫亡國。這一切的重點不在於其如何得權，亦不在其爲篡位或禪代，而在於其對前朝及後世的影響。由此亦可看出，唐宋史家與明清史家對於歷史事件的關懷角度不同。或許唐宋時期文人史家對政權的責任感較重，故著重於關乎當前政治的問題；然自明代以後，專制政權達到頂峰，文人史家縱使關懷當前政治卻也無從使力，所以轉爲關懷歷史上國家興衰的借鑑。

近代學者對楊堅代周建隋的研究，已從評價問題轉到原因分析的層面。近代早期的學者研究認爲，楊堅得權原因在於楊堅承襲父爵、婚姻關係等等。但筆者認爲這都只是讓他進入北周權力核心的基本背景，而非讓他登上寶座的直接關鍵。因爲與他同輩的功臣子弟所在多有，楊堅在同輩當中的地位並不突出。而與獨孤氏的婚姻關係，隨著明帝遇害、獨孤信被賜死，也無法對其政治地位有所助益。其後長女雖爲宣帝皇后，然宣帝暴虐無道，雖貴爲皇后與國丈仍無法自保。此外，北周政權的窄化、政權集中於宇文氏，都只是

讓北周的大權極度集中。宣帝死後能夠入朝輔政的宇文宗室不乏其人，論資歷與血緣，楊堅也絕非首選。況且，北周宣帝的暴虐也只是讓北周政權提早走向衰弱。但不可否認的是，若非楊堅身為功臣子弟、宣帝岳父，也無法在宣帝崩時成為考慮的人選之一。而鄭譯與劉昉的矯詔權力、楊堅與舊友的交情，恐怕才是將楊堅推上輔政地位的關鍵因素。

在楊堅身出名門的問題上，目前學界研究大致認為楊堅家族並非出於弘農楊氏，但楊堅卻認同於弘農楊氏的出身，並在周隋之際大力提拔朝中漢人至高階武官的地位。不論是楊堅藉由掌權提拔漢人以作為其奪權之輔助，或是北周朝中的漢人在楊堅掌政之後受其驅策以期獲得更好的政治地位，都顯示了漢人地位真正大量提高到高階將領的層級，是在楊堅掌政之後。從另一角度來說，這些漢人願意支持楊堅，或是楊堅拉攏這些漢人，其立場終究是政治利益大於族群利益的。

此外，北周末年楊堅輔政之時，曾嘗試透過下詔去除宇文泰時期所賜的胡姓，並且恢復舊姓，過去學者認為這是恢復漢人政權的表徵。然因楊堅的親信集團中尚且包含大量的胡人，故此一措施可能並非以建立漢人集團為目的。而應該說，此一政策的目的是為了去除宇文泰時期加諸在西魏北周政權的影響力，就像宇文泰時期欲去除北魏政權的影響力是一樣的。

雖然說楊堅復舊姓的政策看似與建立漢人政權無關，他的親信集團在如今看來也參雜大量胡人，但若從當時的角度來看，他的親信集團還是以漢人為絕大多數的。因為那些今日考證為胡人的親信成員，有一部分是在當時已經漢化的胡人。從五胡以來長時間的漢化，使得他們早已認同自己是漢人，當時社會也認為他們是漢人。故在當時，楊堅的親信集團的確是以漢人為絕大多數的。因此，楊堅不僅以自己弘農楊氏的出身為號召，也藉這個漢人親信集團為號召，拉攏北周朝中各方漢人勢力，並給予山東漢族名門比北周朝更高的政治利益，藉以建立一個漢人政權的旗幟，以此打倒北周政權。

再者，從北周至隋代的統治人物來看，其地域的結構組成上有很大的差別，此與楊堅代周建隋之際建立親信集團的用人取向有所關連。在北周時期，北鎮地區、關隴地區、河南河東地區三方地區的比例相去無幾，北鎮人士甚至因為征戰損失，雖為政權核心，卻在人數比例上屈居弱勢。再加上一部份的南方人士與一部份的的山東人士，北周政權雖偏狹關中，卻呈現地域上的多元情形。其後楊堅在代周建隋之際，欲對抗代表宇文氏政權的北鎮人士，

但只憑關中地區的力量尚不足以與北鎮人士對抗，故不僅提升河南河東的力量，也極力拉攏山東人士力量。尤其是山東人士，比例大幅上升，雖然仍比不上關隴與河南河東，其增加比例仍是驚人。於是，楊堅透過聯合關隴地區、河南河東地區以及山東地區的力量對抗北鎮勢力，獲取了壓倒性的勝利。後北周政權既已傾覆，北鎮地區的人士大幅減少，南方在隋統一南北之後又有叛亂，故出仕者亦少。因此，隋代統一天下之後，統治的區域比起北周更爲擴大，但政權組成的地域性卻沒有更廣泛。就此來看，周隋兩代統治階層結構的轉變，其關鍵點就在於周隋之際，而其轉變的主要因素，還是因爲楊堅代周建隋的政治需求。

除了在政權當中建立屬於自己的勢力之外，楊堅對廣大人民亦有許多收服民心的作爲。如其透過北周人民對武帝廢佛之痛恨厭惡，以復佛者的形象出現，並以其崇信佛教的家庭背景來包裝其政治目的，以復佛的行動來掩飾其政治手段。從修復佛像、重建塔寺、重抄經文，再到鼓勵造像、建寺立塔，楊堅處處顯示其以復佛爲己任的形象。甚至在人民心中展現「轉輪王」的形象，以「護教聖王」的身份來治理國家，因此深得廣大佛教信徒的崇拜。也正因爲如此，楊堅代周建隋不但沒有招致太多的反彈力量，反而得到民間大力的支持，

楊堅形象的建立不只是在佛教君王的部分，他也利用靜帝的名義發佈一連串的詔令，除了宣揚楊堅的功績之外，也行寬大之政，以惠澤臣民的輔政者形象來籠絡民心。這樣的努力，成果可以反映在隋唐時期所出現的隋文帝畫像中。隋唐時期的畫像中，楊堅呈現出一位謙沖和藹長者的相貌，完全符合後來楊堅大力塑造的佛教護法聖王的形象。而且在隋代人民所建立的寺廟、佛像、石碑上，也記錄了許多當時人民對於楊堅復佛的感念。

除了佛教君王的形象，楊堅也利用中國歷史上常見的符命、政治神話等，來建立自己天命所歸的形象。所以楊堅不只有出生之神話、從政時的神話，還選擇遵循自魏晉、南朝以來較爲繁複的禪代儀式，象徵繼承中原衣冠文物之正統。又依漢代以來五行配合政治運作的思想，確立隋代之火德，以宣示其繼承晉—北魏—北周之統緒。這些儀式與程序的完成，除了象徵易代鼎革之外，也象徵了北方漢人王朝的重新出現。最後再透過爲前朝修史的動作，正式宣告北周走入歷史、隋朝建立，並在史書中記錄楊堅代周建隋一切是天命所歸。

　　總的來說，楊堅在北周末年上台輔政之時即遭受尉遲迥爲首的反抗，原因在於楊堅並沒有顯赫的功勳，論資歷、論輩份，楊堅均非輔政之首選，只是憑藉外戚身份、劉昉鄭譯的職權，及其與鄭譯的交情，楊堅才得以上台輔政。然正因爲楊堅的先天條件不足，所以才需要其他的條件來補足。爲此，楊堅利用弘農楊氏的身分拉攏北周朝中各方漢人的勢力，並聯合關隴當地、河南河東以及山東地區的力量對抗以宇文氏爲首的北鎮力量；並用復教政策吸引北周廣大佛教信徒的支持；再加上利用符命、政治神話以及佛教的力量，建立自己仁君、護教聖王、天命所歸的形象。

　　就本文研究成果來看，楊堅得天下實不如古人所說如此之易。而應該說，楊堅得以上台輔政的確是很幸運的；然而之後對輔政地位的努力維持、平定尉遲迥爲首的反對勢力、策劃代周建隋的多方部署等等，不能不說也有其個人的一番努力。所以說，楊堅在宣帝暴崩的契機之下，幸運的上台輔政，卻能夠把握機會，扭轉劣勢爲優勢，才能進而代周建隋。若非楊堅自己的積極掌握、努力策劃，也不一定能夠順利完成政權轉移。故楊堅之所以能得天下，實不如趙翼所說如此容易。

徵引書目

一、古籍文獻

（一）正　史

1. 漢・班固《漢書》，臺北：鼎文，民國 67 年。

2. 晉・陳壽《三國志》，臺北：鼎文，民國 86 年 5 月九版。

3. 北齊・魏收，《魏書》，臺北：鼎文，民國 85 年 11 月八版。

4. 梁・沈約，《宋書》，臺北：鼎文，民國 85 年 11 月八版。

5. 梁・蕭子顯，《南齊書》臺北：鼎文，民國 85 年 11 月八版。

6. 隋・姚察、謝炅，唐・魏徵、姚思廉等合撰，《梁書》，臺北：鼎文，民國 85 年 5 月九版。

7. 隋・姚察，唐・魏徵、姚思廉等合撰，《陳書》，臺北：鼎文，民國 85 年 11 月八版。

8. 唐・令狐德棻，《周書》，臺北，鼎文，民國 85 年 11 月八版。

9. 唐・魏徵等撰，《隋書》，臺北，鼎文，民國 86 年 10 月九版。

10. 唐・李延壽，《北史》，北京：中華書局，1974 年 10 月出版，2003 年 7 月七刷。

11. 唐・李延壽，《南史》，北京：中華，1974 年 10 月出版，2003 年 7 月七刷。

12. 後晉・劉昫，《舊唐書》，臺北：鼎文，民國 87 年 10 月。

13. 宋・歐陽修，宋祁等撰，《新唐書》，臺北：鼎文，民國 87 年 10 月。

14. 宋・歐陽修，《新五代史》，臺北：鼎文，民國 74 年 1 月四版。

15. 清・張廷玉等撰，《明史》，臺北：鼎文，民國 71 年 11 月四版。

（二）佛教史料

1. 隋・費長房，《歷代三寶紀》，收入《大藏經》，臺北：新文豐，民國 72 年 1 月。

2. 隋・釋灌頂，《國清百錄》，國家圖書館微卷。

3. 唐・釋道宣，《廣弘明集》，《大藏經》，臺北：新文豐，民國 72 年 1 月。

4. 唐・釋道宣，《續高僧傳》，《大藏經》，臺北：新文豐，民國 72 年 1 月。

5. 宋・釋志磐，《佛祖統紀》，《大藏經》，臺北：新文豐，民國 72 年 1 月。

6. 元・釋念常，《佛祖歷代通載》，《大藏經》，臺北：新文豐，民國 72 年 1 月。

（三）其他古籍

1. 唐・吳競撰，謝保成集校，《貞觀政要集校》，北京：中華書局，2003 年 11 月。

2. 唐・許敬宗編，羅國威整理，《日藏弘仁本文館詞林校正》，北京：中華書局，2001 年 10 月。

3. 唐・劉餗，《隋唐嘉話》，北京：中華書局，1979 年 10 月出版，2005 年 1 月第三刷。

4. 唐・劉肅，《大唐新語》，北京：中華書局，1984 年 6 月出版，2004 年 5 月第四刷。

5. 唐・張彥遠，《歷代名畫記》，北京：中華書局，1985 年出版。

6. 宋・王溥，《唐會要》，北京：中華書局，1985 年。

7. 宋・司馬光《資治通鑑》，北京：中華書局，1997 年 11 月。

8. 宋・司馬光，《稽古錄》，北京：中華書局，1991 年。

9. 宋・邵博，《邵氏聞見後錄》，北京：中華書局，1983 年 8 月出版，1997 年 12 月二刷。

10. 宋・郭茂倩，《樂府詩集》，北京：中華書局，1979 年 11 月 1 版，2003 年 9 月六刷。

11. 宋・蘇軾，《東坡志林》，北京：中華書局，1981 年 9 月。

12. 元・陶宗儀，《南村輟耕錄》，北京：中華書局，1959 年 2 月出版，1997 年 11 月三刷。

13. 明・李贄，《藏書》，收入《續修四庫全書》，上海：上海古籍出版社，1995 年。

14. 明・余繼登，《典故紀聞》，北京：中華書局，1981 年 7 月出版，1991 年 12 月二刷。

15. 明・鄭曉，《今言》，北京：中華書局，1984 年 5 月出版，1997 年 12 月二

刷。

16. 清・王夫之，《讀通鑑論》，北京：中華書局，1975 年 7 月 1 版，2002 年 6 月五刷。

17. 清・杜文瀾輯，《古謠諺》，北京：中華書局，1958 年 1 月 1 版，2000 年 1 月三刷。

18. 清・梁章鉅，《樞垣記略》，北京：中華書局，1984 年 10 月出版，1997 年 12 月二刷。

19. 清・陸以湉，《冷廬雜識》，北京：中華書局，1984 年 1 月出版，1997 年 12 月二刷。

20. 清・趙翼，《二十二史箚記》，臺北：世界書局，1962 年 3 月，1996 年 3 月十一刷。

21. 清・劉聲木，《萇楚齋隨筆續筆三筆四筆五筆》，北京・中華書局，1998 年 3 月。

22. 清・劉體仁，《通鑑箚記》，北京：北京圖書館出版社，2004 年 5 月。

23. 清・蕭奭，《永憲錄》，北京：中華書局，1959 年 8 月出版，1997 年 12 月二刷。

24. 清・嚴可均輯，《全上古三代秦漢三國六朝文》，北京：中華書局，1958 年。

25. 逯欽立輯校，《先秦漢魏晉南北朝詩》，北京：中華書局，1983 年 9 月 1 版，1998 年 5 月四刷。

26. 二十五史刊行委員會編，《二十五史補編》，北京：中華書局，1955 年 2 月出版，1998 年 2 月七刷。

27. 《域外所藏中國古畫集・漢晉六朝畫》，四川：成都古籍書店影印版，1990 年 8 月。

28. 饒宗頤主編，《魏晉南北朝敦煌文獻編年》，臺北：新文豐，民國 86 年 12 月出版。

二、金石史料

1. 清・陸增祥，《八瓊室金石補正》，臺北：新文豐，民國 71 年。

2. 清・胡聘之，《山右石刻叢編》，臺北：新文豐，民國 71 年。

3. 清・王昶，《金石萃編》，臺北：新文豐，民國 71 年。

4. 清・陸耀遹，《金石續編》，臺北：新文豐，民國 71 年。

5. 吳鋼主編，《全唐文補遺》一～八輯，西安：三秦出版社，1994 年 5 月。

6. 吳鋼主編，《全唐文補遺・千唐誌齋新藏專輯》，西安：三秦出版社，2006 年。

7. 韓理洲輯校編年，《全隋文補遺》，西安：三秦出版社，2004 年 3 月。

8. 羅新、葉煒，《新出魏晉南北朝墓志疏證》，北京：中華書局，2005 年 3 月。

三、工具書

1. 譚其驤，《中國歷史地圖集》，北京：中國地圖出版社，1982 年 10 初版，1996 年 6 月 3 刷。

四、近人著作

（一）專書

1. 文崇一，《歷史社會學》，臺北：三民，民國 84 年 11 月。

2. 毛漢光，《中國中古社會史論》，臺北：聯經，民國 77 年初版，民國 86 年 9 月初版二刷。

3. 毛漢光，《中國中古政治史論》，臺北：聯經，民國 79 年 1 月初版，民國 80 年 4 月第二次印行。

4. 王仲犖，《北周六典》，臺北：華世，民國 71 年 9 月。

5. 王仲犖，《北周地理志》，北京：中華書局，1980 年 8 月出版。

6. 王仲犖，《隋唐五代史》，上海：上海人民出版社，1988 年 6 月。

7. 王明珂，《華夏邊緣～歷史記憶與族群認同》，臺北：允晨，民國 90 年 5 月。

8. 王壽南，《隋唐史》，臺北：三民書局，民國 75 年 12 月初版。

9. 古正美，《從天王傳統到佛王傳統——中國中世佛教治國意識型態研究》，臺北：商周，民國 92 年 6 月。

10. 布目潮渢，《隋唐史研究：唐朝政權の形成》，東京都：東洋史研究会，昭和 43 年。

11. 本尼迪克特・安德森，《想像的共同體：民族主義的起源與散佈》，上海：上海人民出版社，2003 年 1 月。

12. 吳懷祺主編、向燕南著，《中國史學通史・明代卷》，合肥：黃山書社，2002 年 2 月出版。

13. 呂春盛，《關隴集團的權力結構及其演變—西魏北周政治史研究》，臺北：稻鄉，民國 91 年 3 月。

14. 岑仲勉，《隋唐史》，北京：中華書局，1982 年 5 月新 1 版，1985 年 12 月 2 刷。

15. 谷川道雄，《隋唐帝國形成史論》，東京都：筑摩書房，昭和四十六年。中文本見谷川道雄著，李濟滄譯，《隋唐帝國形成史論》，上海：上海古籍，2004 年 10 月出版。

16. 孟森，《明清史講義》，臺北：里仁書局，民國 71 年 9 月初版。

17. 彼得・柏克（Peter Burke）著，許綬南譯，《製作路易十四》，臺北：麥田，民國86年5月出版，民國90年1月三刷。

18. 芮沃壽（Arthur F. Wright），*The Sui Dynasty*，臺北：敦煌，民國74年3月臺灣版。

19. 保羅・康納頓（Paul Connerton）著，納日碧力戈譯，《社會如何記憶》，上海：上海人民出版社，2000年12月。

20. 姚薇元，《北朝胡姓考》，北京：中華書局，1962年10月。

21. 孫廣德，《政治神話論》，臺北：臺灣商務，民國79年9月。

22. 孫廣德，《晉南北朝隋唐俗佛道爭論中之政治課題》，臺北：臺灣中華書局，民國61年5月。

23. 馬長壽，《碑銘所見前秦至隋初的關中部族》，北京：中華書局，1985年1月。

24. 崔瑞德，《劍橋中國隋唐史》，北京：中國社會科學出版社，1990年12月。

25. 張偉國，《關隴武將與周隋政權》，廣東：中山大學出版社，1993年6月。

26. 梁啟超，《中國近三百年學術史》，臺北：華正書局，民國78年8月出版。

27. 梁滿倉，《漢唐間政治與文化探索》，貴陽：貴州人民出版社，2000年9月。

28. 莫理斯・哈布瓦赫著，華然、郭金華譯，《論集體記憶》，上海：上海人民出版社，2002年10月。

29. 郭朋，《漢魏兩晉南北朝佛教》，山東：齊魯書社，1986年6月。

30. 野村耀昌，《周武法難の研究》，東京都：大學教育社，昭和五十一年九月。

31. 陳寅恪，《金明館叢稿二編》，北京：三聯，2001年7月。

32. 陳寅恪，《唐代政治史述論稿》，北京：三聯，2001年4月。

33. 陳寅恪，《隋唐制度淵源略論稿》，北京：三聯，2001年4月。

34. 湯用彤，《漢魏兩晉南北朝佛教史》，北京：崑崙出版社，2006年4月。

35. 湯承業，《隋文帝政治事功之研究》，臺北：商務，民國56年8月

36. 塚本善隆，《塚本善隆著作集》第二卷《北朝佛教史研究》，東京都：大東出版社，昭和四十九年十月。

37. 塚本善隆，《塚本善隆著作集》第三卷《中國中世佛教論考》，東京都：大東出版社，昭和五十年三月。

38. 楊永俊，《禪讓政治研究》，北京：學苑出版社，2005年7月。

39. 雷依群，《北周史稿》，西安：陝西人民教育出版社，1999年。

40. 雷家驥，《中古史學觀念史》，臺北：學生書局，民國79年10月出版。

41. 雷家驥，《隋唐中央權力結構及其演進》，臺北：東大，民國84年2月。

42. 熊德基,《六朝史考實》,北京:中華書局,2000 年 7 月。

43. 劉安彥,《社會心理學》,臺北:三民,民國 84 年。

44. 錢穆,《國史大綱》,臺北:臺灣商務,民國 85 年三版。

45. 韓昇,《隋文帝傳》,北京:人民出版社,1998 年 9 月。

46. 韓國磐,《隋唐五代史綱》,北京:人民出版社,根據三聯書店 1961 年 6 月第 1 版修訂重排,1977 年 6 月第 1 版。

47. 藍文徵,《隋唐五代史》,臺灣:商務印書館,民國 75 年 3 月臺四版。

48. 藍吉富,《隋代佛教史述論》,臺北:臺灣商務,民國 65 年 5 月初版,民國 82 年十月二版,民國 87 年 7 月二版 2 刷。

(二)期刊與專書論文

1. 丁愛伯(Albert Dien)著,楊翠微譯,〈西魏北周時期軍人政治集團所起的作用〉,《漢學研究》,北京:中華書局,2000 年 9 月,頁 348～366。

2. 內田吟風,〈北朝政局に於ける鮮卑‧匈奴等諸北族系貴族の地位〉,收入氏著《北アジア史研究‧匈奴篇》,東京都:同朋舍,昭和 50 年 9 月出版,昭和 63 年 1 月再版。

3. 片岡理,〈北周の宗教廢毀をめぐる史料の一考察〉,《史觀》,第 118 冊,昭和 63 年 3 月,頁 32～45。

4. 王永平,〈隋代江南士人的浮沉〉,《歷史研究》,1995 年 01 期,頁 42～54。

5. 王永平、張朝富,〈隋煬帝的文化旨趣與江左佛、道文化的北傳〉,《江海學刊》,2004 年 5 月,頁 138～144。

6. 王永興,〈楊隋氏族問題述要—學習陳寅恪先生史學的一些體會〉,收錄於李錚、蔣忠新主編,《季羨林教授八十華誕紀念論文集》,南昌:江西人民出版社,1991 年,頁 365～372。

7. 王明珂,〈「起源」的魔力及相關探討〉,《語言暨語言學》,二卷一期,民國 90 年 1 月,頁 261～267。

8. 王明珂,〈集體歷史記憶與族群認同〉,《當代》,第 91 期,民國 82 年 11 月,頁 6～19。

9. 王明珂,〈過去的結構—關於族群本質與認同變遷的探討〉,《新史學》,第五卷第三期,民國 83 年 9 月,頁 119～140。

10. 王明珂,〈論攀附:近代炎黃子孫國族建構的古代基礎〉,《中央研究院歷史語言研究所集刊》,第七十三本第三分,民國 91 年 9 月,頁 583～623。

11. 王美秀,〈庾信羈旅北朝的處境與心境〉,《文理通識學術論壇》,第四期,民國 89 年 8 月,頁 153～165。

12. 王桐齡,〈楊隋李唐先世系統考〉,《女師大學術季刊》,第 2 卷第 2 期,1932 年,頁 1199～1220。

13. 甘懷眞，〈隋文帝時代軍權與「關隴集團」之關係〉，收入《唐代文化研討會論文集》，臺北：文史哲，民國 80 年 7 月，頁 487～519。

14. 甘懷眞，〈隋朝立國文化政策的形成──以楊堅集團爲分析對象〉，《第四屆唐代文化學術研討會論文集》，臺南：國立成功大學，1999 年 1 月，頁 711～743。

15. 朱希祖，〈西魏賜姓源流考〉，收入《朱希祖文集》，臺北：九思，民國 68 年 5 月。

16. 朴漢濟，〈西魏北周的賜姓與鄉兵的府兵化〉，《歷史研究》，1993 年第 4 期，頁 29～46。

17. 朴漢濟，〈西魏北周時代胡姓的重行與胡漢體制──向 "三十六國九十九姓" 姓氏體制回歸的目的和邏輯〉，《北朝研究》，1993 年第 2 期，頁 71～81。

18. 牟發松，〈舊齊士人與周隋政權〉，《文史》，2003 年第 1 輯，2003 年 2 月，頁 87～101。

19. 竹田龍兒，〈門閥としての弘農楊氏についての一考察〉，《史學》，第三十一卷第 1～4 號，1958 年 2 月，頁 613～643。

20. 佐藤智水，〈北朝造像銘考〉，收入《日本中青年學者論中國史·六朝隋唐卷》，上海，上海古籍出版社，1995 年 12 月，頁 56～115。

21. 呂春盛，〈北周前期的政局與政權的弱點〉，《臺大歷史學報》，第 18 期，民 83 年 12 月，頁 89～120。

22. 呂春盛，〈宇文泰親信集團與魏周革命〉，《文史哲學報》，第 41 期，民 83 年 6 月，頁 19～48。

23. 呂春盛，〈關於楊堅興起背景的考察〉，《漢學研究》，第 18 卷第 2 期，民 89 年 12 月，頁 167～196。

24. 李文才，〈試論西魏北周時期的賜、復胡姓〉，《民族研究》，2001 年第 3 期，頁 40～47。

25. 李叔玲，〈從政治及社會背景論魏晉南北朝時代佛教之興衰〉，《慧炬》，第 250 期，民國 74 年 4 月，頁 8～12。

26. 李燕捷，〈魏周府兵組織系統與賜姓之關係〉，《河北學刊》，1988 年第 5 期，頁 73～75。

27. 沈松橋，〈我以我血薦軒轅──黃帝神話與晚清的國族建構〉，《臺灣社會研究季刊》，第二十八期，民國 86 年 12 月，頁 1～77。

28. 周雁飛，〈隋文帝發展佛教意識型態背景之探討〉，《普門學報》，第十六期，2003 年 7 月，頁 135～151。

29. 林國良，〈論西魏北周之協和政策及其演變〉，《吳鳳學報》，第 12 期，民國 93 年 5 月，頁 19～31。

30. 芮沃壽（Arthur F. Wright）著，段昌國譯，〈隋代思想意識的形成〉，收入《中國思想與制度論集》，臺北，聯經，民國 68 年，頁 77～122。

31. 姜必任，〈庾信對北朝文化環境的接受〉，《文學遺產》，2001 年第 5 期，頁 11～21。

32. 洪安全，〈中國歷代帝王的相貌〉，《故宮文物月刊》，第一卷第一期，民國 72 年 5 月，頁 122～130。

33. 胡如雷，〈北周政局的演變與楊堅的以隋代周〉，《社會科學戰線》，1990 年第 2 期，1990 年 9 月，頁 162～171。

34. 胡如雷，〈周隋之際的三方之亂及其平定〉，《河北學刊》，1989 年第 6 期，1989 年 11 月，頁 57～66。

35. 胡如雷，〈隋文帝楊堅的篡周陰謀與即位後的沉猜成性〉，收入中國唐史學會編《中國唐史學會論文集》，西安：三秦出版社，1991 年 9 月出版，頁 144～161。

36. 孫緒秀、賴紅衛，〈隋文帝的用人政策〉，《山東大學學報》，1996 年第 4 期，頁 85～90。

37. 高敏，〈隋初江南地區反叛的原因初探〉，《中國史研究》，1988 年第 4 期，1988 年 11 月，頁 110～120。

38. 張箭，〈北周廢佛特點初探〉，《佛學研究》，2003 年 00 期，頁 162～169。

39. 張箭，〈論北周武帝廢佛的作用和意義〉，《西南民族學院學報》，總第 23 卷，第 3 期，2002 年 3 月，頁 127～133。

40. 曹仕邦，〈史稱「五胡源出中國聖王之後」的來源〉，《食貨月刊》，第 4 卷第 9 期，民國 63 年 12 月，頁 396～399。

41. 陳金鳳、梁瓊，〈山東士族與隋朝政治論略〉，《山東師範大學學報》，第 48 卷第 6 期，2003 年，頁 66～70。

42. 陳葆真，〈圖畫如歷史：傳閻立本《十三帝王圖》研究〉，《國立臺灣大學美術史研究集刊》，第 16 期，民國 93 年 3 月，頁 1～48。

43. 陶賢都、劉偉航，〈論北朝時期漢族士人的政治心態〉，《許昌師專學報》，第 21 卷第 3 期，2002 年，頁 41～45。

44. 楊希義，〈隋文帝評價中的若干問題當議〉，《西北大學學報》，1983 年第 4 期，頁 107～111。

45. 楊翠微，〈論宇文泰建立府兵制——鮮卑部落制與漢化及軍權的初步中央集權化的結合〉，《中國文化研究》，1998 年第 1 期，頁 66～73。

46. 楊翠微，〈論楊堅代周建隋〉，《齊魯學刊》，1998 年第 3 期，頁 47～54。

47. 楊翠微〈西魏北周政治鬥爭與中央集權之加強〉，《中國文化研究》，2000 冬之卷，頁 127～136。

48. 葉慕蘭，〈從庾信「奉和闡弘二教應詔」、「奉和法延應詔」詩作談北周武帝宇文邕之毀佛〉，《源遠學報》，第 12 期，民國 89 年 11 月，頁 95～103。

49. 雷家驥，〈漢趙國策及其一國兩制下的單于體制〉，《國立中正大學學報》，第三卷第一期，民 81 年，頁 51～96。

50. 寧夏回族自治區博物館、寧夏固原博物館，〈寧夏固原李賢夫婦墓發掘簡報〉，《文物》，1985 年 11 期，頁 1～20。

51. 榎本あゆち，〈西魏末・北周の御正について〉，《名古屋大學東洋史研究報告》，第二十五號，2001 年 3 月，頁 160～174。

52. 劉思剛，〈庾信：南北民族文化融合中的"文化特使"〉，《四川師範學院學報》，1995 年第 2 期，頁 57～61。

53. 劉國石〈簡論西魏北周改革～兼論孝文改制未盡之歷史任務〉，《民族研究》，1999 年第 3 期，頁 53～61。

54. 劉淑芬，〈五至六世紀華北鄉村的佛教信仰〉，《中央研究院歷史語言研究所集刊》，第六十三本第三分，民國 82 年 7 月，頁 497～544。

55. 劉淑芬，〈從民族史的角度看北魏太武帝的滅佛〉，《中央研究院歷史語言研究所集刊》，第七十二本第一分，民國 90 年 3 月，頁 1～48。

56. 樊廣平，〈楊堅建隋以及對全國的統一〉，《集寧師專學報》，1995 年第 1 期，頁 115～120。

57. 濱口重國，〈西魏に於ける虜姓再行の事情〉，收入《秦漢隋唐史研究》，東京都：東京大學出版社，昭和 41 年，頁 737～759。

58. 韓府，〈"太武滅佛"新考〉，《佛學研究》，2003 年，頁 152～161。

59. 韓昇，〈隋文帝時代中央高級官員成分分析〉，《學術月刊》，1998 年第 9 期，頁 97～102。

60. 韓昇，〈論隋朝統治集團內部鬥爭對隋亡的影響〉，《廈門大學學報》，1987 年第 2 期，頁 90～98。

61. 顏尚文，〈隋「龍藏寺碑」考（一）——定州地區與國家佛教政策關係之背景〉，收入《第二屆國際唐代學術會議論文集》，臺北：文津，民國 82 年，頁 937～969。

62. 羅新，〈十六國北朝的五德歷運問題〉，《中國史研究》，2004 年第 3 期，頁 47～56。

63. 蘇慶彬，〈元魏北齊北周政權下漢人勢力之推移〉，《新亞學報》，第 6 卷第 2 期，1964 年 8 月，頁 63～161。

64. 樂貴川，〈北魏太武帝滅佛原因新論〉，《中國史研究》，1997 年第 2 期，1997 年 5 月，頁 65～69。

（三）學位論文

1. 宋德喜，《「關隴集團」中的代北外戚家族研究—以獨孤氏及竇氏爲例》，國立臺灣大學歷史學研究所博士論文，民國 86 年 6 月，頁 104。

2. 張箭，《三武一宗滅佛研究》，四川大學博士學位論文，2001 年 11 月。

3. 鍾盛，《關隴本地豪族與西魏北周政治》，武漢大學碩士學位論文，2004 年 5 月。

附錄一 〈大象二年任命上柱國表〉

	時　間	姓　名	支持楊堅與否	備　註
1	五月	宇文贊		
2		宇文贄		
3	六月	宇文善		
4		竇毅		
5		侯莫陳瓊		
6		閻慶		
7		宇文椿		
8		于寔		
9		賀拔伏恩		
10	九月	王誼	○	與楊堅同學，以行軍元帥討司馬消難。
11		于翼	○	上表勸進
12		宇文忻	○	楊堅舊識，楊堅為相後每參帷幄，出入臥內。
13	十二月	梁睿	○	勸進，為行軍總管平王謙
14		楊雄	○	楊堅族子，護宣帝葬以防諸土有變
15		賀蘭蕢	○	即韋蕢，有定策之功，京兆韋氏
16		梁士彥	○	從韋孝寬討尉遲迥
17		叱列長乂		
18		崔宏度	○	以行軍總管從韋孝寬討尉遲迥
19		宇文恩		
20		宇文述	○	從韋孝寬平尉遲迥
21		和干子		

22		王景		
23		楊銳		
24		李崇	○	李穆家族，自稱隴西成紀人
25		李詢	○	隨韋孝寬擊尉遲迥
26		豆盧勣	○	拒王謙
27		楊勇	○	楊堅之子

註：本表依據《周書・靜帝紀》整理而成，個人支持楊堅的事蹟則依其本傳記載。

附錄二　〈西魏時期賜姓總簡表〉 〔註1〕

	姓名	出身	族別	賜姓	賜姓時間	備註	出處
1	王勇	代郡武川	胡	庫汗氏	西魏恭帝元年	姚書：樂浪王氏，屬東夷。	《周書》卷29頁491《北史》卷66頁2320
2	王康	太原祁縣	漢	拓王氏	魏廢帝二年		《北史》卷62頁2209
3	工雄	太原	胡	可頻氏	魏恭帝元年	姚書：樂浪王氏，屬東夷。	《周書》卷19頁319～320《北史》卷60頁2151
4	王傑	金城直城	漢	宇文氏	不詳	姚書中王氏無提到此人，亦無提到此地有胡人，故猜測爲漢人	《周書》卷29頁489《北史》卷66頁2319
5	王盟	其先樂浪	胡	拓王氏	西魏	姚書：樂浪王氏，屬東夷。宇文泰舅父。	《周書》卷20頁334《北史》卷61頁2164
6	王德	代郡武川	胡	烏丸氏	孝武西遷後	姚書：代郡王氏，本姓烏丸，鮮卑族也	《周書》卷17頁285～286《北史》卷65頁2306
7	田弘	高平	漢	紇干氏	大統三年		《周書》卷27頁449《北史》卷65頁2314
8	令狐整	燉煌	胡	宇文氏	北周建立之前	隋代才興起的燉煌令狐氏	《周書》卷36頁643《北史》卷67頁2350

〔註1〕 本表根據《隋書》、《周書》、各墓志所得。篩選條件爲賜姓時間在西魏時期者，或爲賜姓時間不明，但依其敘述賜姓時間可推約在西魏時期，或戰功及主要事蹟在西魏時期者。

9	叱羅協	代郡	胡	宇文氏	西魏恭帝三年		《周書》卷11頁179～180 《北史》卷57頁2067
10	申徽	魏郡	漢	宇文氏	西魏廢帝二年	相州，宇文泰元從幕僚	《周書》卷32頁556 《北史》卷32頁2390
11	宇文述	代郡武川	胡	宇文氏		本姓破野頭，從其主爲宇文氏	《隋書》卷61頁1463
12	宇文建崇	不詳	不詳	宇文氏	宇文泰時期	本性呂，蒙太祖賜姓宇文建崇	《魏晉南北朝敦煌文獻編年》頁267
13	辛威	隴西	漢	普屯氏	大統十三年		《周書》卷27頁447 《北史》卷65頁2311
14	李和	隴西狄道	胡	宇文氏	大統初年	父僧養，以累世雄豪，善於統御，爲夏州酋長	《周書》卷29頁498 《北史》卷66頁2323
15	李虎	隴西狄道	胡	大野氏	西魏時期		《舊唐書》卷1頁1 《新唐書》卷1頁1
16	李彥	梁郡下邑	漢	宇文氏	西魏恭帝三年以前		《周書》卷37頁666 《北史》卷70頁2420
17	李昶	頓丘臨黃	漢	宇文氏	恭帝三年前		《周書》卷38頁686 《北史》卷40頁1466
18	李弼	遼東襄平	胡	徒河氏	西魏廢帝元年	《北史》記隴西成紀，蓋爲西魏時改〔註2〕	《周書》卷15頁240～241 《北史》60頁2130
19	李穆	隴西成紀	胡	拓拔氏	于謹平江陵之後	據姚薇元考證爲高車族，但據〈李賢墓誌〉記載，原爲鮮卑拓拔氏	《周書》卷25頁413 《隋書》卷37頁1115 《北史》卷59頁2115 〈李賢墓誌〉
20	李賢之妻	不詳		宇文氏	西魏時		《周書》卷25頁417
21	韋孝寬	京兆杜陵	漢	宇文氏	恭帝元年或二年	京兆杜陵韋氏	《周書》卷31頁538 《北史》卷64頁2262
22	韋瑱	京兆杜陵	漢	宇文氏	西魏恭帝二年	京兆杜陵韋氏世爲三輔著姓	《周書》卷39頁694 《北史》卷64頁2276

〔註 2〕 參見陳寅恪《唐代政治史述論稿》，頁 199～200。

23	侯莫陳崇	代郡武川	胡	侯莫陳氏		姚書：鮮卑人本姓應姓劉氏	《新出魏晉南北朝墓志疏證》頁366～370
24	侯莫陳順	代郡武川	胡	侯莫陳氏		本姓應姓劉氏	《新出魏晉南北朝墓志疏證》頁366～370
25	侯植	上谷	胡	侯伏侯賀屯氏	大統元年	燕人	《周書》卷29頁505～506《北史》卷66頁2326
26	段永	遼東石城	胡	爾綿氏	西魏大統	姚書：東部鮮卑	《周書》卷36頁637《北史》卷67頁2348
27	柳敏	河東解縣	漢	宇文氏	益州平	河東解縣柳氏	《周書》卷32頁561《北史》卷67頁2357
28	耿豪	鉅鹿	漢	和稽氏	大統十五年	定州鉅鹿，漢人為主	《周書》卷29頁495《北史》卷66頁2322
29	唐瑾	北海平壽	胡	宇文氏万紐于氏	西魏建後伐江陵前	原居敦煌晉安郡，有一說原居万紐于山，因以為氏。後蒙賜姓宇文氏	《周書》卷32頁564《北史》卷67頁2355
30	張軌	濟北臨邑	漢	宇文氏	西魏廢帝二年		《周書》卷37頁665《北史》卷70頁2419
31	張煚	河間鄚	漢	叱羅氏	宇文泰時		《隋書》卷46頁1261《北史》卷75頁2580
32	陳忻	宜陽	漢	尉遲氏	西魏恭帝二年		《周書》卷43頁778《北史》卷66頁2329
33	梁臺	長池	漢	賀蘭氏	大統年間		《周書》卷27頁453《北史》卷65頁2313
34	崔猷	博陵安平	漢	宇文氏	大統十七年	博陵安平崔氏	《周書》卷35頁616《北史》卷32頁1175
35	崔說	博陵安平	漢	宇文氏	不詳	博陵安平崔氏	《周書》卷35頁714《北史》卷32頁1168
36	崔謙	博陵安平	漢	宇文氏	大統十五年	博陵安平崔氏	《周書》卷35頁613《北史》卷32頁1166
37	陸通	吳郡人	漢	步六孤氏	大統九年	吳郡吳縣陸氏，宇文泰元從幕僚	《周書》卷32頁559《北史》卷69頁2392
38	寇儁	上谷昌平	漢	若口引氏	西魏恭帝三年	上谷昌平寇氏	《周書》卷37頁659《北史》卷27頁993
39	蓼允	安定	胡	宇文氏	不詳		《周書》卷37頁671

40	楊忠	弘農華陰	漢	普六茹氏	魏恭帝初		《周書》卷 19 頁 317〜319
41	楊尙希	弘農	漢	普六茹氏	宇文泰時期	弘農楊氏	《隋書》卷 46 頁 1252 《北史》卷 75 頁 2579
42	楊紹	弘農華陰	漢	叱利氏	大統四年	《北史》作叱呂引氏	《周書》卷 29 頁 501 《北史》卷 68 頁 2369
43	楊濟	弘農華陰	漢	越勤氏	西魏末	據楊濟家族墓誌推論應是受賜越勤氏〔註3〕	《新出魏晉南北朝墓志疏證》頁 284 《全唐文補遺‧新千唐誌齋新藏專輯》
44	楊纂	廣寧	胡	莫胡盧氏	大統九年至北周建	依本傳推論	《周書》卷 36 頁 636 《北史》卷 67 頁 2347
45	劉亮	中山	胡	侯莫陳氏		姚書疑爲匈奴劉氏	《周書》卷 17 頁 285 《北史》卷 65 頁 2305
46	趙佺	天水上邽	漢	尉遲氏	大統年間		《魏晉南北朝敦煌文獻編年》頁 261
47	趙貴	天水南安	漢	乙弗氏	應在西魏恭帝三年以前		《周書》卷 16 頁 262〜263 《北史》卷 59 頁 2104
48	趙肅	河南洛陽	漢	乙弗氏	大統十七年		《周書》卷 37 頁 663 《北史》卷 70 頁 2417
49	裴文舉	河東聞喜	漢	賀蘭氏	西魏恭帝二年	河東聞喜裴氏	《周書》卷 37 頁 669 《北史》卷 38 頁 1404
50	劉雄	臨洮子城	胡	宇文氏	大統年間	姚書疑爲匈奴劉氏	《周書》卷 29 頁 503 《北史》卷 66 頁 2326
51	樊深	河東猗氏	漢	万紐于氏	西魏恭帝三年以前		《周書》卷 45 頁 812 《北史》卷 82 頁 2743

〔註 3〕 〈楊濟墓誌〉本文並無記載所受賜姓爲何，然據《周書‧楊敷傳》及《全唐文補遺‧千唐誌齋新藏專輯》（西安：三秦出版社，2006 年 6 月）中其他家族成員之墓誌，可以補足之。據《周書‧楊敷傳》，楊敷爲北魏華州刺史楊暄之子，楊寬之兄子。〈楊濟墓誌〉亦載「父暄，魏華州刺史，臨貞忠公」。故可知，楊寬與楊暄是兄弟，楊敷與楊濟爲楊暄之子。〈楊濟墓誌〉只知受賜姓，卻不知受賜何姓。楊敷之子楊操、楊戾在《全唐文補遺‧千唐誌齋新藏專輯》中亦均收有墓誌銘（頁 445、446），記其載爲「越勤氏」，故可推知，楊濟、楊敷家族可能受賜越勤氏。然由於《周書‧楊敷傳》並無載受賜姓一事，其子楊操、楊戾之墓誌確有「越勤氏」之記載，不知究竟受賜姓者是楊暄、楊敷、楊濟何人？而楊操、楊戾應是繼承祖、父輩之賜姓才是。然因〈楊濟墓誌〉有記載賜姓一事，而〈楊敷傳〉無，因此表格以楊濟爲主。

52	蔡祐	其先陳留圉縣	漢	大利稽氏	大統十三年	宇文泰親信。	《周書》卷 27 頁 444 《北史》卷 65 頁 2310
53	鄭孝穆	滎陽開封	漢	宇文氏	大統十六到北周建	河南開封鄭氏	《周書》卷 35 頁 610
54	閻慶	河南河陰	胡	大野氏	應是西魏末	宇文泰姻親〔註4〕	《周書》卷 20 頁 342～343 《北史》卷 61 頁 2183
55	獨孤楷	不知何許人	不詳	獨孤氏		原姓李氏,與獨孤信親故賜獨孤氏	《隋書》卷 55 頁 1377 《北史》卷 73 頁 2530
56	獨孤讓		不詳	獨孤氏	西魏	即是「檀讓」,可能在西魏時曾被賜姓獨孤	《新出魏晉南北朝墓志疏證》頁 483
57	薛善	河東汾陰	漢	宇文氏	大統三年至魏恭帝三年之間	河東汾陰薛氏	《周書》卷 35 頁 624 《北史》卷 36 頁 1342
58	薛端	河東汾陰	漢	宇文氏	大統十六年至魏恭帝三年間	河東汾陰薛氏代爲河東著姓	《周書》卷 35 頁 622 《北史》卷 36 頁 1328
59	韓褒	潁川潁陽	漢	侯呂陵氏	宇文泰爲丞相時	宇文泰元從幕僚	《周書》卷 37 頁 660 《北史》卷 70 頁 2415
60	蘇椿	武功	漢	賀蘭氏	大統初	蘇綽之弟	《周書》卷 20 頁 395 《北史》卷 63 頁 2250

〔註 4〕閻慶在《周書》卷二十的本傳中記爲「河南河陰人」,但其子閻毗在《隋書》卷六十八的本傳中記爲「榆林盛樂人」。按閻慶爲宇文氏姻親,宇文護之母閻氏即爲閻慶之姑母,故閻慶既爲代郡人士又是宇文姻親,胡人的可能性較大,河南籍貫應是在北魏漢化時改籍的。

附錄三　〈周隋之際依附楊堅人物表〉

		姓名	出身	事　蹟	出　處
關隴地區	1	李穆	高平	不附尉遲迴，上楊堅天子之服	周書卷30
	2	韋孝寬	京兆杜陵	隋文帝輔政，詔韋孝寬代尉遲迴爲相州總管，平之	周書卷31
	3	梁士彥	安定烏氏	從韋孝寬討尉遲迴	周書卷31 隋書卷40
	4	李渾	高平	李穆譴李渾入京，奉熨斗給楊堅	隋書卷25
	5	李詢	高平	三方之亂時，隨韋孝寬擊尉遲迴	隋書卷25
	6	李崇	高平	本不願附楊堅，李詢諭之乃附	隋書卷25
	7	梁睿	安定烏氏	楊堅輔政，代王謙爲益州總管，平王謙	隋書卷37
	8	皇甫績	安定朝那	宣帝崩，高組總己，績有力焉	隋書卷38
	9	韋暮	京兆	有定策之功	隋書卷38
	10	竇榮定	扶風平陵	楊堅姊夫，少時即識，深自推結。楊堅作相，鎮天臺宿禁中	隋書卷39
	11	宇文忻	朔方→京兆	楊堅輔政前與忻交情甚好，後從韋孝寬擊尉遲迴，與高熲密謀監軍。之後每參帷幄，出入臥內。	隋書卷40
	12	宇文善	朔方→京兆	楊堅受禪，遇之甚厚	隋書卷40
	13	王世積	闡熙新囶	楊堅爲丞相，從韋孝寬擊尉遲迴	隋書卷40
	14	趙芬	天水西人	三方之亂，密告楊堅尉遲迴與司馬消難謀，深見親委	隋書卷46
	15	韋世康	京兆杜陵	楊堅爲相，尉遲迴亂，委世康鎮汾絳	隋書卷47
	16	韋洸	京兆杜陵	楊堅爲丞相，隨季父韋孝寬擊尉遲迴於相州	隋書卷47

	17	李安	隴西狄道	楊堅作相,引之左右。	隋書卷50
	18	史萬歲	京兆杜陵	楊堅作相,從梁士彥擊尉遲迴	隋書卷53
	19	劉方	京兆長安	楊堅作相,從韋孝寬破尉遲迴於相州	隋書卷53
	20	王長述	京兆霸城	楊堅作相,王謙遣使送書欲拉攏,長述執其使上其書,並陳平王謙之策受行軍總管討王謙	隋書卷54
	21	田仁恭	平涼長城	楊堅作相,從韋孝寬破尉遲迴於相州	隋書卷54
	22	杜彥	朔方→幽州	楊堅作相,從韋孝寬擊尉遲迴於相州有功	隋書卷55
	23	李圓通	京兆涇陽	楊堅重用之,為相時委以心膂。周氏諸王欲謀楊堅,賴圓通保護獲免數矣,參預政事	隋書卷64
	24	李景	天水休官	平尉遲迴	隋書卷65
	25	權武	天水	楊堅為丞相,引置左右。	隋書卷65
	26	張季珣	京兆	父張祥,少為楊堅所知,後引為丞相參軍事。	隋書卷71
	27	辛公義	隴西狄道	楊堅作相,授內史上士,參掌機要	隋書卷73
	28	田式	馮翊下邽	楊堅總百揆,從韋孝寬擊尉遲迴	隋書卷74
	29	趙仲卿	天水隴西	王謙作亂,發兵拒之	隋書卷74
	30	來和	京兆長安	楊堅微時,武帝有疑,詭對楊堅只是節臣。	隋書卷78
	31	楊弘	弘農華陰	楊堅為丞相時,常置左右,委以心腹	隋書卷43
	32	楊雄	弘農華陰	楊堅為丞相,告畢王賢之謀。護宣帝葬以防諸王有變。	隋書卷43
	33	楊尚希	弘農	宣帝崩時與尉遲迴在相州,懷疑尉遲迴有異謀而奔還長安。楊堅以尚希宗氏之望又背迴而至,待之甚厚。	隋書卷46
河南河東地區	34	鄭譯	滎陽開封	與楊堅有同學之舊,與劉昉謀引楊堅輔政	隋書卷38
	35	柳裘	河東解人	與劉昉、鄭譯、皇甫績、韋䕫謀,引楊堅輔政	隋書卷38
	36	于義	河南洛陽	與梁睿討王謙	隋書卷39
	37	于宣道	河南洛陽	楊堅為丞相時,引為外兵曹	隋書卷39
	38	元景山	河南洛陽	楊堅為丞相時,尉遲迴拉攏之,不附,告相府	隋書卷39
	39	王誼	河南洛陽	與楊堅為同學。為行軍元帥伐司馬消難,妻楊堅女	隋書卷40
	40	長孫平	河南洛陽	楊堅龍潛時與其交情頗佳。及為丞相,恩禮彌厚	隋書卷46
	41	柳旦	河東解人	隨梁睿討王謙	隋書卷47
	42	柳肅	河東解人	楊堅作相,引為賓曹參軍	隋書卷47
	43	柳謇之	河東解人	楊堅作相引為田曹參軍,仍諮典籤事	隋書卷47
	44	柳昂	河東解人	楊堅為丞相,深自結納	隋書卷47

45	楊素	弘農華陰	楊堅作相，楊素深自結納，楊堅甚器之	隋書卷 48
46	楊文思	弘農華陰	楊堅作相，從韋孝寬拒尉遲迴	隋書卷 48
47	楊文紀	弘農華陰	楊堅作相，從梁睿討王謙	隋書卷 48
48	宇文慶	河南洛陽	與楊堅有舊。楊堅作相，以行軍總管南征江表。上書楊堅勿忘過去情誼，以求仕進。	隋書卷 50
49	李禮成	隴西狄道	知楊堅有非常之表，聘楊堅之妹爲繼室。楊堅作相，委以心膂。	隋書卷 50
50	元孝矩	河南洛陽	楊堅在北周時重其門第，爲楊勇娶其女，楊堅作相，拜少冢宰進位柱國。	隋書卷 50
51	元褒	河南洛陽	楊堅作相，從韋孝寬擊尉遲迴	隋書卷 50
52	郭榮	自云太原	與楊堅有舊，少與楊堅親狎，榮深自結納。楊堅作相，拜相府樂曹參軍	隋書卷 50
53	長孫熾	河南洛陽	楊堅作相擢爲丞相府功曹參軍，破王謙	隋書卷 51
54	韓僧壽	河南東垣→新安	楊堅作相，從韋孝寬平尉遲迴	隋書卷 52
55	韓洪	河南東垣	楊堅作相，從韋孝寬平尉遲迴於相州	隋書卷 52
56	賀婁子幹	代人→關右	楊堅作相，從韋孝寬討尉遲迴，破鄴城。入隋。	隋書卷 53
57	元亨	河南洛陽	梁康附尉遲迴而欲圖謀元亨，破之	隋書卷 54
58	和洪	汝南	從韋孝寬平尉遲迴。	隋書卷 55
59	楊汪	弘農華陰→河東	楊堅居相，引知兵事，遷掌朝下大夫	隋書卷 56
60	薛道衡	河東汾陰	楊堅作相，從梁睿討王謙	隋書卷 57
61	于仲文	河南洛陽	楊堅爲相，從韋孝寬討尉遲迴。稱楊堅善以服宇文忻	隋書卷 60
62	郭衍	自云太原介休	楊堅爲相，從韋孝寬平尉遲迴。密勸楊堅殺周氏諸王早行禪代，大被親昵	隋書卷 61
63	趙綽	河東	楊堅爲相，知其清正，引爲錄軍參事	隋書卷 62
64	陳茂	河東猗氏	隋國公時引爲僚佐，楊堅爲相，委以心膂	隋書卷 64
65	裴矩	河東聞喜	楊堅爲定州總管時招之。楊堅作相，參相府記室事	隋書卷 67
66	賀若誼	河南洛陽	楊堅輔政時拜亳州總管，抗司馬消難及尉遲迴	隋書卷 39
67	元諧	河南洛陽	與楊堅同學，楊堅作相，引致左右。擊尉遲迴	隋書卷 40
68	元冑	河南洛陽	楊堅受詔，委以腹心，恒宿臥內。即爲丞相，典軍禁中。趙王招邀宴，保楊堅身全退	隋書卷 40
69	于翼	河南洛陽	不附尉遲迴，歸楊堅，上表勸進	周書卷 30

	70	陰壽	武威	楊堅爲丞相，引爲掾。隨韋孝寬討尉遲迥	隋書卷 39
北鎮地區	71	源雄	西平樂都	尉遲迥亂曾招之，不附之	隋書卷 39
	72	龐晃	榆林	知楊堅非常人，深自結納。曾勸楊堅謀反，楊堅作相命督左右，甚爲親侍。	隋書卷 50
	73	達奚長儒	代人	楊堅作相，破王謙	隋書卷 53
	74	伊婁謙	本鮮卑人	楊堅作相授亳州總管	隋書卷 54
	75	宇文述	代郡武川	楊堅爲相，從韋孝寬平尉遲迥	隋書卷 61
	76	楊義臣	代人	知楊堅相貌非常，每自結納，楊堅甚親待之。楊堅爲相，令馳驛入朝，恒置左右。	隋書卷 63
	77	陸玄	代人	爲隋文相府內兵參軍。	周書卷 28
山東地區	78	崔彥穆	清河東武城	行軍總管討司馬消難	周書卷 36
	79	劉昉	博陵望都	與鄭譯引楊堅輔政	隋書卷 38
	80	盧賁	涿郡范陽	楊堅爲大司武時，知楊堅非常人，深自結納。楊堅輔政時引置左右，典宿衛。	隋書卷 38
	81	豆盧勣	昌黎徒河	三方起兵，拒王謙。	隋書卷 39
	82	豆盧通	昌黎徒河	三方起兵，抗尉遲迥。妻楊堅之妹昌樂長公主。	隋書卷 39
	83	高熲	自云渤海脩人	楊堅輔政之後引之爲相府司錄，後委以心膂	隋書卷 41
	84	李德林	博陵安平	楊堅輔政後引之左右，平三方起兵及禪代之際儀式文書均由之	隋書卷 42
	85	李雄	趙郡高邑	楊堅總百揆，徵爲司會中大夫	隋書卷 46
	86	張奫	河間鄭人	楊堅爲相，深自推結，楊堅以其有幹用，甚親遇之	隋書卷 46
	87	李衍	遼東襄平	楊堅作相，從梁睿擊王謙。	隋書卷 54
	88	崔彭	博陵安平	楊堅爲丞相，遣其強執陳王純至長安。	隋書卷 54
	89	高勱	渤海脩人	楊堅作相甚器之。	隋書卷 55
	90	乞伏慧	馬邑鮮卑	楊堅作相，從韋孝寬平尉遲迥	隋書卷 55
	91	李孝貞	趙郡栢人	楊堅爲相，從韋孝寬擊尉遲迥	隋書卷 57
	92	崔仲方	博陵安平	楊堅同學，楊堅爲相即歸心。勸楊堅應天受命，規劃正朔服色之事。	隋書卷 60
	93	段文振	北海期原	楊堅引爲丞相掾，領宿衛驃騎	隋書卷 60
	94	樊子蓋	廬江	楊堅受禪，以儀同領鄉兵。	隋書卷 63
	95	劉權	彭城豐人	楊堅受禪以車騎將軍領鄉兵。	隋書卷 63
	96	張齟	自云清河家於淮陰	楊堅作相，授大都督，領鄉兵。	隋書卷 64

97	李諤	趙郡	見楊堅有奇表，深自結納。楊堅爲相，甚見親侍	隋書卷 66
98	郎茂	恒山新市	王誼薦之楊堅見而悅之，命掌書記。郎茂陰自結納，楊堅亦親禮之。楊堅爲相，以書召之。	隋書卷 66
99	張虔威	清河東武城	楊堅得政，引爲相府典籤。	隋書卷 66
100	榮建緒	北平無終	與楊堅有舊。楊堅爲相，加位開府	隋書
101	李子雄	渤海脩人	楊堅作相，從韋孝寬破尉遲迥於相州，拜上開府	隋書卷 70
102	劉弘	彭城叢亭里	尉遲迥亂，勒兵拒之，以功受儀同	隋書卷 71
103	陸彥師	魏郡臨漳	尉遲迥作亂，潛歸長安。楊堅嘉之，授內史下人夫	隋書卷 72
104	樊叔略	陳留	尉遲迥亂，楊堅令之鎮大梁，擊走尉遲迥將	隋書卷 73
105	崔弘度	博陵安平	以行軍總管從韋孝寬討尉遲迥。	隋書卷 74
106	崔弘昇	博陵安平	與兄從韋孝寬擊尉遲迥，斬其頭，進位上柱國。	隋書卷 74
107	獨孤羅	雲中	楊堅爲相，常置左右	隋書卷 79
108	蕭子寶	蘭陵	隋义帝輔政引爲相府典籤，深被識遇	周書卷 42
南方地區	109	劉行本	沛	楊堅爲相，率吏民拒尉遲迥，拜儀同	隋書卷 62
	110	周法尙	汝南安成	楊堅爲相，拒尉遲迥，不支	隋書卷 65
	111	鮑宏	東海郯人	楊堅作相，奉使山南。爲王謙執於成都，不從王謙	隋書卷 66
	112	何稠		楊堅爲相，召補參軍，兼掌細作屬。	隋書卷 68
	113	庾季才	新野人	楊堅爲相問受禪事	隋書卷 78

註：本表依據《周書》、《隋書》各本傳所載統計而成。

附錄四 〈周隋之際楊堅親信集團表〉

		姓 名	出 身	備 註	卷 數
關隴地區	1	李穆	祖鎮高平	不附尉遲迥,上楊堅天子之服	周書卷30
	2	韋孝寬	京兆杜陵	隋文帝輔政,平尉遲迥	周書卷31
	3	梁士彥	安定屋氏	隋文帝作相任亳州總管,平尉遲迥	周書卷31
	4	韋謩	京兆	有定策之功,	隋書卷38
	5	竇榮定	扶風平陵	楊堅姊夫,與楊堅少時即識,深自推結。楊堅作相,鎮天臺宿禁中	隋書卷39
	6	宇文忻	朔方→京兆	楊堅輔政之前與忻交情甚好,後從韋孝寬擊尉遲迥,與高熲密謀監軍。之後每參帷幄,出入臥內,禪代之際,忻有力焉。	隋書卷40
	7	李安	隴西狄道	楊堅作相,引之左右	隋書卷50
	8	李圓通	京兆涇陽	為相時委以心膂。周氏諸王欲謀楊堅,賴圓通保護獲免數矣。參預政事,	隋書卷64
	9	權武	天水	楊堅為丞相,引置左右。	隋書卷65
	10	張祥	京兆	少為楊堅所知,後引為丞相參軍事	隋書卷71
	11	辛公義	隴西狄道	楊堅作相,授內史上士,參掌機要	隋書卷73
	12	楊弘	弘農華陰	楊堅為丞相時,常置左右,委以心腹	隋書卷43
	13	楊雄	弘農華陰	楊堅為丞相,告畢王賢之謀。護宣帝葬以防諸王有變	隋書卷43
河南河東地區	14	鄭譯	滎陽開封	與楊堅有同學之舊,與劉昉謀引楊堅輔政	隋書卷38
	15	柳裘	河東解人	與劉昉、鄭譯、皇甫績韋謩謀,引楊堅輔政	隋書卷38
	16	于宣道	河南洛陽	楊堅為丞相時,引為外兵曹	隋書卷39
	17	王誼	河南洛陽	與楊堅為同學。三方之亂時,以王誼為行軍元帥,討司馬消難。妻楊堅第五女	隋書卷40
	18	柳肅	河東解人	楊堅作相,引為賓曹參軍	隋書卷47

	19	柳謇之	河東解人	楊堅作相引爲田曹參軍，仍諮典籤事	隋書卷47
	20	元冑	河南洛陽	楊堅受詔，委以腹心，恒宿臥內。即爲丞相，典軍禁中。趙王招邀宴，保楊堅身全退	隋書卷40
	21	李禮成	隴西狄道	知楊堅有非常之表，聘楊堅之妹爲繼室。楊堅作相，委以心膂	隋書卷50
	22	郭榮	自云太原人	與楊堅有舊，少與楊堅親狎，榮深自結納。楊堅作相，拜相府樂曹參軍。	隋書卷50
	23	長孫熾	河南洛陽	楊堅作相擢爲丞相府功曹參軍。三方之亂破王謙	隋書卷51
	24	楊汪	弘農華陰→河東	楊堅居相，引知兵事	隋書卷56
	25	郭衍	自云太原介休	楊堅爲相，從韋孝寬平尉遲迥。密勸楊堅殺周氏諸王早行禪代，大被親昵	隋書卷61
	26	趙綽	河東	楊堅爲相，知其清正，引爲錄軍參事	隋書卷62
	27	陳茂	河東猗氏	楊堅爲隋國公引爲僚佐，楊堅爲相，委以心膂	隋書卷64
	28	裴矩	河東聞喜	楊堅作相，遣使者馳招之，參相府記室事。	隋書卷67
	29	于翼	河南洛陽	三方之亂時，不附尉遲迥，歸楊堅，上表勸進	周書卷30
北鎮人士	30	龐晃	榆林	知楊堅非常人，深自結納。曾勸楊堅謀反，楊堅作相，命督左右，甚爲親侍。	隋書卷50
	31	楊義臣	代人	知楊堅相貌非常，每自結納，楊堅甚親待之。楊堅令馳驛入朝，恒置左右。	隋書卷63
	32	陸玄	代人	大象末年，爲隋文相府內兵參軍。	周書卷28
山東地區	33	劉昉	博陵望都	與鄭譯引楊堅輔政	隋書卷38
	34	盧賁	涿郡范陽	知楊堅非常人，深自結納。輔政時引置左右，典宿衛	隋書卷38
	35	高熲	自云渤海脩人	楊堅輔政之後引之爲相府司錄，後委以心膂	隋書卷41
	36	李德林	博陵安平	楊堅輔政後引之左右，平三方之亂均依德林。禪代之際儀式文書均由德林	隋書卷42
	37	崔仲方	博陵安平	與楊堅同學，楊堅爲相即歸心焉。勸楊堅應天受命，規劃正朔服色之事。	隋書卷60
	38	段文振	北海期原	楊堅引爲丞相掾	隋書卷60
	39	張虔威	清河東武城	楊堅得政，引爲相府典籤。	隋書卷66
	40	獨孤羅	雲中	楊堅爲相，拜儀同，常置左右	隋書卷79
南方	41	蕭子寶	蘭陵	隋文帝輔政引爲相府典籤，深被識遇	周書卷42
	42	何稠		楊堅爲相，召補參軍，兼掌細作屬。	隋書卷68

附錄五 〈武帝時期三教論辨表〉

	時　間	內	出　處
1	天和四年二月戊辰	戊辰，帝御大德殿，集百僚、道士、沙門等討論釋老義。	《周書》卷五〈武帝上〉頁76
2	天和四年三月十五日	天和四年，歲在己丑，三月十五日，勅召有德眾僧名儒道士文武百官二千餘人，帝御正殿，量述三教。以儒教爲先，佛教爲後，道教最上，以出於無名之前，超於天地之表故也。時議者紛紜，情見乖咎，不定而散。	《廣弘明集》卷八〈周滅佛法集道俗議事〉頁142
3	天和四年三月二十日	（接上）至其月二十日，依前集論，是非更廣，莫簡帝心。帝曰：「儒教道教，此國常遵；佛教後來，朕意不立，僉議如何？」時議者陳理，無由除削。帝曰：「三教被俗，義不可俱。」	同上
4	天和四年四月	（接上）至四月初，更依前集，必須極言陳理，無得面從。又勅司隸大夫甄鸞，詳度佛道二教，定其深淺，辨其眞僞。天和五年，鸞乃上笑道論三卷。	同上
5	天和五年五月十日	五月十日，帝大集群臣，詳鸞上論。以爲傷蠹道法，帝躬受之，不愜本圖，即於殿庭焚蕩。時道安法師，又上二教論，云內教外教也。練心之術名三承，內教也；教形之術名九流，外教也。道無別教即在儒流，斯乃易之謙謙也。帝覽論以問朝宰，無有抗者，於是遂寢。	同上
6	建德二年	帝集僧道，宣旨曰：「六經儒教，於世爲宜；眞佛無像，空崇塔廟；愚人信順，徒竭珍財。凡是經像，宜從除毀。父母恩重，沙門不敬。斯爲悖逆之甚，國法豈容。並令反俗，用崇孝養。」……三年五月，帝欲偏廢釋教…… ※不確定與下條資料是否爲同一次論辯※	《大藏經・佛祖統紀》卷三十八〈法運通塞志〉第十七之五〈北周武帝〉，頁358
	建德二年十二月癸巳	十二月癸巳，集群臣及沙門、道士等，帝升高座，辨釋三教先後，以儒教爲先，道教爲次，佛教爲後。	《周書》卷五〈武帝上〉頁83